A escola da liderança

Sérgio Danese

A escola da liderança

Ensaios sobre a política externa e a inserção internacional do Brasil

EDITORA RECORD
RIO DE JANEIRO • SÃO PAULO
2009

CIP-BRASIL. CATALOGAÇÃO-NA-FONTE
SINDICATO NACIONAL DOS EDITORES DE LIVROS, RJ

D18e   Danese, Sérgio, 1954-
        A escola da liderança : ensaios sobre a política
externa e a inserção internacional do Brasil / Sérgio
Danese. - Rio de Janeiro : Record, 2009.

        ISBN 978-85-010-8595-5

        1. Brasil - Relações exteriores. 2. Diplomacia.
3. Liderança. 4. Poder (Ciências sociais) I. Título.

09-0671.   CDD: 327.81
                                    CDU: 327(81)

Copyright © Sérgio França Danese, 2009

Diagramação de miolo
Abreu's System

Texto revisado segundo o novo Acordo
Ortográfico da Língua Portuguesa.

Todos os direitos reservados. Proibida a reprodução,
armazenamento ou transmissão de partes deste livro, através
de quaisquer meios, sem prévia autorização por escrito.

Direitos desta edição adquiridos pela
EDITORA RECORD LTDA.
Rua Argentina 171 - 20921-380 - Rio de Janeiro, RJ - Tel.: 2585-2000

PEDIDOS PELO REEMBOLSO POSTAL
Caixa Postal 23.052 - Rio de Janeiro, RJ - 20922-970

Impresso no Brasil
2009

Para a Angela, o Marcos e o Lucas, sempre

Sumário

Nota introdutória — A aprendizagem da liderança 9

Introdução — Um longo caminho percorrido 21

  I. A diplomacia no processo de formação nacional do Brasil 25

 II. A diplomacia da República Velha: lições de uma etapa decisiva 59

III. O Brasil e a América do Sul: apontamentos para a história de uma convergência 89

 IV. Dez pontos para uma política externa de consenso 127

  V. Algumas ideias sobre liderança brasileira 145

 VI. Nove ensaios em torno da aprendizagem da liderança 177
     (1) Os EUA de Ted Roosevelt e Wilson e o Brasil de hoje 177
     (2) Limites da hiperpotência 182
     (3) A hiperpotência e o *containment* pela diplomacia 187
     (4) Diplomacia e Estado em época de mudança 190
     (5) O interesse nacional e a lógica das alianças 195
     (6) O "gaullismo" da diplomacia brasileira 200
     (7) As lições dos *13 dias* de outubro 204
     (8) A crise dos mísseis, 40 anos depois 208
     (9) Redescobrindo a América do Sul 212

VII. Dois ensaios sobre diplomacia presidencial   217

(1)A diplomacia presidencial na política externa brasileira   217

(2)As viagens internacionais dos presidentes eleitos   240

VIII. Os paradigmas na diplomacia brasileira   245

Sobre o autor   277

Nota introdutória

A aprendizagem da liderança

"Leadership and learning are indispensable to each other."
John F. Kennedy

"On a appris enfin que la véritable primatie, la seule utile et raisonnable, la seule qui convienne à des hommes libres et éclairés, est d'être maître chez soi, et de n'avoir pas la ridicule prétention de l'être chez les autres. On a appris, et un peu tard sans doute, que pour les États comme pour les individus, la richesse réelle consiste non à acquérir ou envahir les domaines d'autrui, mais bien à faire valoir les siens."
Talleyrand

I

O tema da liderança se instalou no debate brasileiro sobre política externa e desperta não poucas interrogantes dentro e fora do Brasil — a quem, como, quando, a que custo, com que objetivos, com que experiência, com qual poder, em que temas e com que *capacidade de convocação* liderar. É uma discussão oportuna e transitiva em um país de características singulares, que continua a apostar em uma mudança qualitativa da sua inserção externa — regional, hemisférica e internacional — para atender plenamente as necessidades materiais e espirituais do seu povo. Que sabe que, para fazê-lo, precisa consolidar a sua própria identidade, melhorar sua base real de poder — com democracia, crescimento real e sustentado, progresso social e integração plena na sua região, a América do Sul — e desempenhar um papel mais articulado na sua política externa. E que está aprendendo que, para isso, precisará exercer formas de liderança mais explícitas, que, mesmo na variedade que melhor se coaduna com o poder nacional e a visão de mundo brasileira — uma liderança suave ou *soft leadership*, para cunhar um termo universal —, o país evitou ou não se sentiu à vontade para assumir no passado e que ainda não domina completamente.

É também uma discussão oportuna porque alguns temas e iniciativas de política externa passaram a ocupar um lugar de destaque sem precedentes no debate público brasileiro. A integração sul-americana, a ampliação e o aprofundamento do Mercosul, a questão da liberalização comercial no hemisfério (a chamada Área de Livre Comércio das Américas ou geometrias que a substituam parcialmente), as negociações na Organização Mundial do Comércio, as possibilidades de associação Sul-Sul em foros específicos (o G-20 na OMC) ou com vocação multissetorial (o Foro IBAS, reunindo Brasil, Índia e África do Sul, o Grupo BRICs, ainda que este inclua, ao lado de Brasil, China e Índia, a Rússia, membro do G-8) e a reforma do Conselho de Segurança das Nações Unidas são os exemplos mais flagrantes de uma nova projeção da política externa na política interna brasileira e nas relações do Brasil com os seus vizinhos e alguns dos seus principais parceiros; são também áreas onde naturalmente o tema da liderança brasileira e as suas implicações internas e regionais surgem como referência, inquietação ou indagação obrigatórias.

Liderança não se apregoa, se exerce. Porque, qualquer que seja a forma que assuma, é um ato de poder — poder que decorre da força militar ou econômica, da criatividade, da capacidade de articulação, de persuasão, de sedução; poder, enfim, em qualquer das múltiplas formas que ele pode assumir nas relações entre Estados e entre indivíduos (que conduzem as relações entre os Estados e as sujeitam até certo ponto às suas próprias idiossincrasias, personalidade, capacidade etc.). Poder, e não simplesmente vontade, embora a vontade também entre em grandes doses na composição da liderança.

Liderança não se apregoa, mas liderança também se aprende, e o seu aprendizado se faz com boas políticas, com a melhoria sensível daquela sua base real que é o poder, com a sua prática e também com a humildade de aprender com a própria experiência e com as lições da história e dos parceiros, que são numerosas e exemplares.

II

A acolhida que tem tido do público especializado o meu *Diplomacia presidencial* (Rio de Janeiro: Topbooks, 1999), em que examino detidamente a questão da liderança do mandatário como instrumento da diplomacia, e alguns dos artigos sobre política externa e internacional que bissextamente tenho publicado em revistas e jornais encorajaram-me a reunir em livro uma seleção destes últimos escritos, revistos e, em alguns casos, ampliados e atualizados. Eles expõem ideias e exemplos que julgo úteis para alimentar o debate que felizmente cresce e se aprofunda no Brasil sobre a nossa política externa, a inserção internacional do país e a liderança — ou lideranças — que é possível e razoável esperar de uma nação como a nossa, na etapa de desenvolvimento em que se encontra e com os meios e experiência de que dispõe.

Todos esses textos têm como fio condutor analítico uma profunda preocupação com a valorização e o fortalecimento da nossa diplomacia profissional — mas sem esquecer a sua dimensão presidencial — como uma das formas insubstituíveis para assegurar uma melhor inserção externa do Brasil e garantir o êxito de qualquer impulso de liderança diplomática, geral ou específico, internacional ou regional, momentâneo ou duradouro, que o Brasil imprima às suas relações exteriores.

Se o Brasil deve ou pode liderar em política internacional e regional, precisa atentar certamente para os elementos que constituem a base de poder de qualquer liderança e ter presente que a nossa base de poder tem sido minada pela desigualdade social, pelo crescimento econômico ainda insuficiente, pela lentidão das reformas, pelos conhecidos *handicaps* brasileiros, especialmente na área da educação. Mas o Brasil deve atentar também para o instrumento por excelência de que se valerá para exercer a liderança que lhe couber na defesa do interesse nacional: a sua diplomacia, nas vertentes tradicional e presidencial.

Essa diplomacia vem trilhando, há muito tempo, junto com o país (às vezes antecipando-se, às vezes seguindo o movimento da própria sociedade brasileira), o caminho da aprendizagem da liderança, desenvolvendo uma melhor percepção do que somos, do mundo em que operamos e do que ela própria deve ser, por um lado, e ensaiando passos que podem ser identificados como impulsos de liderança em alguns momentos, por outro. Nossa diplomacia tem sido uma escola da liderança por excelência, não no sentido de que ensina, mas no de que aprende. E esse é o sentido do título, à primeira vista ambicioso, mas na verdade realista, desta pequena obra que o leitor tem em mão.

Para desempenhar bem as suas funções, o diplomata — por excelência um funcionário do Estado, de quem a sociedade exige uma visão necessariamente nacional, republicana, suprapartidária e não comprometida com projetos específicos de poder — precisa ter uma vocação peculiar de anonimato ao lado da sua vocação monástica de serviço público. Afinal o diplomata, profissional que se deseja com visão estrutural do Estado e da soberania, deve ser apenas o funcionário diligente, na Chancelaria ou em missão no exterior, e que integra, como engrenagem, um sistema de avaliação e decisão que tem objetivos estritamente públicos a cumprir através de tarefas específicas: identificar corretamente o interesse nacional, zelar por ele e encontrar a melhor forma de defendê-lo e promovê-lo na interação com outros parceiros e no conjunto das relações internacionais e regionais do país ou do bloco supranacional em que este se insira por decisão soberana.

Felizmente, no entanto, o Itamaraty, refletindo a consciência aguda de que o diplomata é também cidadão, a quem incumbem direitos e deveres no plano individual, é uma instituição que há muito valoriza a liberdade de opinião e a participação dos seus diplomatas na vida acadêmica e no debate público, abrindo-lhes outra esfera de realização humana e profissional em nada contraditória — antes complementar, já que o reforça como agente do Estado — com o seu compromisso de serviço público, anônimo e impessoal.

A ESCOLA DA LIDERANÇA

Por isso — fenômeno raro nas diplomacias de carreira do mundo inteiro, mas muito salutar para uma instituição que se abre para a sociedade e tem muita segurança sobre si mesma, podendo exercer amplamente a autocrítica —, o Itamaraty oferece aos seus profissionais a possibilidade de, a título pessoal, sem engajar a responsabilidade do Estado, do governo ou do próprio ministério e do seu corpo de profissionais, debruçar-se sobre temas de política externa de interesse da opinião pública, seja ela especializada ou não.

Essa liberdade é ainda mais valorizada pelas novas gerações da carreira, criadas na democracia plena e ciosas do seu direito de participação. Ela também é valiosa na medida em que se amplia o espaço social de debate sobre numerosos temas de política externa, de que são expressões, por um lado, a ampliação do número de cursos de graduação e pós-graduação que se voltam direta ou subsidiariamente para as relações internacionais como área de formação profissional no Brasil, e, por outro, o número crescente de empresas e entidades que se dotam de especialistas em relações internacionais e comércio exterior para melhor operar em um contexto de crescente internacionalização.

O diplomata tem um ângulo privilegiado para coadjuvar esse debate e participar de forma construtiva na ampliação do número e da qualidade dos profissionais brasileiros que se dedicam de alguma forma às relações internacionais, seja na esfera pública ou no domínio privado, porque ele junta à experiência prática das relações exteriores do país a sensibilidade que lhe dão a grande mobilidade espacial e a grande variedade temática que são marcas próprias da carreira diplomática brasileira. É o sentimento do mesmo dever para com o Estado o que move muitos de nós a compartilhar, com outros interessados, na grande imprensa ou em meios especializados, essa experiência e essa sensibilidade que nos proporciona estar a serviço da diplomacia de um país dinâmico e crescentemente importante como o Brasil.

III

Procurei, com esta seleção, consolidar em uma única obra textos dispersos que, de outro modo, dificilmente chegariam a tomar a forma de um corpo coeso de reflexões sobre uma parte da nossa tarefa diplomática. Apenas um desses textos é inédito e foi escrito especificamente para compor, como fecho, este livro ("Os paradigmas na diplomacia brasileira"). Organizei-os, com as modificações que julguei necessárias em relação ao que originalmente publiquei, numa sequência a mais orgânica e funcional possível para um hipotético leitor, seja ele especializado ou não, e reuni-os sob esse título geral de *A Escola da Liderança*, título que poderia parecer algo ambíguo ou muito ambicioso, como disse anteriormente, mas que constitui simplesmente um epíteto que pode identificar a diplomacia brasileira ao longo de um extenso período de tempo até a contemporaneidade, projetando-se adequadamente para o futuro.

Ao adotá-lo, não me moveram, portanto, de forma alguma, nem a pretensão de ensinar sobre o tema, nem o desejo de propor a liderança como objetivo ou meio para defendermos os nossos interesses. Tive, sim, o ânimo de refletir sobre algumas das ideias motrizes que acredito devam estar na base deste debate — primeiro, que liderança se aprende, e se aprende valorizando o que se tem de positivo e olhando em volta, no presente e na história; e, segundo, que nossa própria história diplomática tem sido também uma aprendizagem — uma escola — da liderança. É um esboço dessa "escola", certamente incompleto, em que está em jogo um tema que ainda estamos longe de dominar, que agora ofereço àquele hipotético leitor que me lê neste momento.

Após a introdução deixada a cargo de artigo mais recente, em que apontava o crescimento inegável do papel internacional do Brasil comparado a algumas décadas atrás, segui com um texto genérico sobre a relação entre diplomacia e formação nacional do Brasil, que assume na nossa história uma dialética muito especial e afinal nos fornece elementos para compreender melhor um dos instrumentos centrais do exercício de qualquer liderança internacional, a própria diplomacia.

A ele acrescentei um artigo que examina as extraordinárias lições de continuidade e inovação que nos dá uma parte da diplomacia da República Velha, aquela que fechou o ciclo das negociações territoriais, definindo nosso espaço de soberania, e operou as primeiras grandes mudanças nos paradigmas da política externa brasileira, com o reconhecimento dos EUA como principal parceiro entre as grandes potências e os primeiros passos de uma política hemisférica mais além das questões territoriais da nossa vizinhança imediata.

Segue-se um texto sobre o processo de construção e reconhecimento da nossa identidade de país em desenvolvimento e sul-americano, como obra também da diplomacia, executada ao longo de todo o século XX e continuada neste início de século XXI, e como tarefas indispensáveis para que o país possa assumir os seus papéis em defesa do interesse nacional. A ele se somam um artigo sobre a necessidade de construir e preservar consensos em torno das múltiplas dimensões da nossa política externa e o texto em que entro plenamente na discussão que acabou inspirando o título da coletânea: a questão, que considero aberta, de uma desejável ou possível liderança brasileira na sua região e no mundo, nossas credenciais, limitações e deficiências, as resistências internas e externas à ideia de liderança.

Os pequenos ensaios que compõem a antepenúltima parte procuram chamar a atenção para alguns — apenas alguns — dos múltiplos aspectos e lições que a história — a universal e a nossa — nos oferece como referência para enriquecer o debate sobre a nossa identidade e a nossa diplomacia e extrair ensinamentos úteis para os nossos projetos na área externa. Na penúltima parte, incorporei dois textos em que trato da diplomacia presidencial, tema da minha particular predileção, mas felizmente de grande e crescente importância na política externa brasileira e que é central quando se reflete sobre a aprendizagem ou o exercício de formas da liderança em diplomacia.

Finalmente, fechei a obra com o texto sobre os paradigmas da política externa brasileira, chamando a atenção não apenas para a sua existência e importância, mas também para o fato de que qualquer discussão sobre liderança brasileira deve ser referida a um ou vários desses paradigmas, já que — e essa é outra lição cara a esta Escola — a liderança não se planeja ou executa no vazio, mas sobre a realidade concreta que combina contemporaneidade (o eixo "sincrônico") e história ou memória (o eixo "diacrônico").

IV

Não se espante o leitor com a insistência na continuidade fundamental que repetidamente identifico e defendo na política externa brasileira, descontados matizes próprios de todo tempo e da própria evolução histórica do Brasil, e reconhecidos os méritos de cada governo ou administração que soube inovar e atuar, respeitando a experiência, o patrimônio acumulado e as lições do passado, e tendo sempre em vista um conceito honesto, engajado e cioso do interesse nacional. Ressaltar a continuidade não significa de modo algum defender o continuísmo, o conservadorismo, a timidez diante do novo ou o temor reverencial e acrítico diante do velho, seja ele recente ou pretérito.

Funcionário do Estado brasileiro, orgulho-me de poder ver nessa política externa, desde tempos imemoriais, e contra tantas adversidades e limitações impostas pela nossa história e nossa geografia, traços de permanência, de continuidade e de consciência dos interesses mais amplos e duradouros da nação e que foram formando o patrimônio e o perfil de um país que se leva a sério e que sabe ousar quando é preciso. Reivindico para a carreira diplomática parte apenas do crédito por esse feito, que é mérito da própria sociedade brasileira, cedo consciente da importância de ter uma diplomacia definida como política de Estado e diplomatas de carreira, com o patrimônio de uma experiência de quase dois séculos, para conduzi-la.

Não estranhe o leitor, tampouco, se perceber certa insistência em alguns conceitos ou análises. Ela será não apenas consequência natural de uma coletânea de artigos que têm vida própria e que necessariamente giram em torno de certas convicções ou conhecimentos empíricos do autor, mas que são também fruto da convicção de que a transmissão das ideias se faz igualmente à base de repetição e insistência, que são positivas quando se originam de uma convicção amadurecida e de um espírito que se deseja aberto.

Já o disse antes, mas não custa reafirmá-lo: as opiniões aqui expressas são estritamente pessoais e não comprometem o governo brasileiro ou o Ministério das Relações Exteriores. As falhas, limitações ou vieses que tais ideias possam ter são da minha exclusiva responsabilidade. No que tiverem de aproveitáveis e úteis, devo-as em grande medida à experiência, à orientação e à inspiração com que me brindaram chefes e colegas — muitos deles grandes conhecedores da nossa história diplomática — com quem tenho tido o privilégio de trabalhar, em Brasília ou em postos no exterior, ao longo destes 29 anos de carreira diplomática, e ao Itamaraty inteiro, essa indiscutível escola de diplomacia que é patrimônio de todo o Brasil.

Argel, novembro de 2008

Introdução

Um longo caminho percorrido[1]

*"The only limit to our realization of
tomorrow will be our doubts of today."*

Franklin D. Roosevelt

Em *A torre do orgulho* (Editora Paz e Terra), de Barbara Tuchman (a célebre autora de *Canhões de agosto*), que analisa com maestria a *Belle Époque* e o quadro em que se situa e que em boa medida explica a Grande Guerra de 1914-18, o Brasil é objeto de uma única menção, na parte dedicada à II Conferência de Paz de Haia, em 1907, aquela que tanto orgulho nos dá pela atuação de Rui Barbosa, "o Águia de Haia". Tuchman cita o testemunho do delegado-chefe alemão, o barão Marschall von Bieberstein, exemplar da mais brilhante e soberba aristocracia alemã, sobre os representantes diplomáticos. Para ele, "Barbarosa [*sic*], do Brasil, (era) o mais chato". O erro no nome e o qualificativo impiedoso dão conta da irrelevância do

---

[1] Publicado originalmente em *Valor Econômico*, 29/6/2005, sob o título *A diplomacia brasileira sai do rodapé da história*. Artigo revisto.

Brasil no panorama da época que tanto afetaria a história mundial.

No seu *Paz em Paris, 1919* (Nova Fronteira), que analisa a conferência que redesenhou o mapa da Europa após a guerra e projetou no futuro os problemas gerados pela maneira prepotente com que os vencedores de 1914-18 trataram aliados e vencidos, Margaret MacMillan faz duas referências ao Brasil. Na primeira, o país figura em queixa em relação às arbitrariedades dos "4 Grandes" (EUA, Reino Unido, França e Itália): "Portugal, que havia contribuído com 60 mil soldados para a Frente Ocidental, pensava ser ultrajante dever ter apenas um delegado oficial, enquanto o Brasil, que tinha enviado uma unidade médica e alguns aviadores, tinha três." A outra ilustra o desprezo com que um típico representante dos Grandes, o assessor de Wilson, coronel House, tratava o pleito japonês de igualdade racial dos seus imigrantes: "Talvez [...] eles pudessem todos ir para a Sibéria — ou o Brasil."

Jean-Baptiste Duroselle, no utilíssimo *Histoire diplomatique de 1919 à nos jours*, trata também de forma acabrunhante a saída do Brasil da Liga das Nações, em 1926. Foi quando, durante o conturbado governo de Artur Bernardes (1924-28), exigimos, com grande estardalhaço, ao lado da Alemanha, um lugar semipermanente no conselho, o que foi negado pelas potências centrais e por nossos vizinhos, levando-nos a uma pueril e irresponsável retirada da Liga. Depois de descrever a fórmula que nos deixava de fora, resume Duroselle: "o Brasil recusou essa solução e fez saber que se retirava da organização." O mais visível (e patético) ato da diplomacia brasileira em décadas transformou-se em sumária referência num livro que cobre cinquenta anos da densa história diplomática do século XX e no qual o Brasil aparece mais quatro vezes: na lista de países que saíram da Liga, dos que não aderiram ao Pacto Briand-Kellog contra a guerra, dos países latino-americanos que declararam guerra ao Eixo em 1942 e finalmente dos que reconheceram o governo provisório da França em 1944.

Esses exemplos da insignificância do Brasil na cena internacional em quase toda a sua vida independente poderiam multiplicar-se. Enquanto outros países ditos periféricos — China, Índia, Argélia, Vietnã, Cuba, Egito — ocupavam um lugar de destaque na história das relações internacionais (é bem verdade que pela sua participação como atores ou cenários de conflitos e crises), o Brasil não foi mais do que isso: uma nota de rodapé, uma curiosidade, um país *en passant*.

Que longo caminho percorremos desde então! Quem quer que acompanhe a imprensa internacional hoje e mais adiante leia os livros de história diplomática que se referirão aos anos de passagem do século XX para o século XXI encontrará o Brasil, ao lado de alguns outros seletos países em desenvolvimento, como ator em muitos cenários, e não mais como espectador que celebra solitariamente os seus êxitos de política externa, como os feitos de Rio Branco e a atuação de Rui Barbosa em Haia.

Certamente, está por trás dessa mudança o fato de que, ao longo de todo o século XX, o país cresceu o suficiente para dar massa crítica — populacional, política, econômica, tecnológica — ao seu gigantismo territorial, antes vazio de todo significado, incluindo-se na lista curta de "potências em desenvolvimento", junto da China, Índia e Rússia, com as quais é capaz de fazer um jogo próprio. Mas também porque o país soube, com o concurso da sua diplomacia, e ao longo de décadas de maturação e acúmulo de experiências, assumir plenamente a dupla identidade de país em desenvolvimento (conceito dinâmico, que implica transformação e recusa ao conformismo) e sul-americano (conceito ontológico, que define física e historicamente).

Essa dupla assunção da identidade internacional do Brasil é o que nos tem permitido fazer diplomacia a sério: assumindo que podemos ter um papel ativo em vários âmbitos das relações internacionais, inclusive através do uso sistêmico da diplomacia presidencial; propugnando uma integração real com os vizinhos platinos e com os demais vizinhos contíguos, deixando atrás uma convivência que alternava aproximação, rivalidade e indiferença sobretudo com relação à Argentina e buscando aumentar nosso poder para participar do jogo global a que nos obrigam nossas necessidades de desenvolvimento; organizando o espaço diplomático sul-americano para explorar as racionalidades que decorrem da unidade geográfica, da identidade de projeto, da força centrípeta da nossa economia e dos progressos institucionais da nossa democracia; atuando para conter a instabilidade política e econômica que continua a assolar a região; buscando todas as parcerias interessantes, sem exclusões nem limitações; obrigando-nos a uma "diplomacia de reivindicação" mais combativa na reforma de instâncias decisórias, como o Conselho de Segurança da ONU, e na criação de regras multilaterais que promovam o desenvolvimento sustentável e o comércio internacional, para proteger-nos do unilateralismo e de práticas desleais de parceiros desenvolvidos e em desenvolvimento e permitir-nos ter políticas autônomas de desenvolvimento econômico e social; e travando com êxito, na OMC, os combates que julgamos poder vencer, amparados em regras cuja defesa e aperfeiçoamento têm sido, com grande visibilidade, o carro-chefe da nossa diplomacia econômica, de que a criação do G-20 é um bom exemplo.

Embora tenhamos ainda de fazer muitos deveres de casa para sermos a "potência do século XXI", certamente percorremos já um longo caminho para sair das notas de rodapé e entrar mais plenamente na história diplomática contemporânea. É um resultado que se deve antes de tudo ao país, que mudou a sua estatura, mas também à sua diplomacia, que assumiu a sua identidade e tem sabido projetá-la.

I

A diplomacia no processo de formação nacional do Brasil[1]

"La vraie sagesse des nations est l'expérience."

Napoleão Bonaparte

INTRODUÇÃO

A noção de *construção da nacionalidade* — mesmo das nacionalidades supraestatais, como a europeia de hoje — interessa ao historiador como objeto de estudo; para o diplomata, ela é a própria razão de ser da sua profissão, um processo do qual ele pretende ser um agente, e não simples espectador; que vê como tarefa cotidiana e não como fato histórico.

Ao abordar o tema da construção nacional do ponto de vista da diplomacia, o que se deseja é valorizar antes de tudo a noção de dinamismo do processo histórico, de formação da nacionalidade e da soberania como uma tarefa que não se limita a uma data nem conclui em um período mais estendido, mas que se projeta no tempo,

---

[1] Publicado originalmente em *Política externa*, volume 8, n°. 1, junho-julho-agosto de 1999. Artigo revisto.

como um desafio; em suma, que exige um estado permanente de alerta e de dedicação, em particular da diplomacia e dos diplomatas, mas também de outros agentes do Estado, civis ou militares.

Isso é especialmente válido no caso dos países em desenvolvimento. Mesmo que com uma carga semântica muito mais de natureza econômica, a própria noção de desenvolvimento é, no fundo, uma atualização do conceito de formação ou construção nacional — uma etapa avançada desse processo. Não há identidade nacional nem soberania sem desenvolvimento; é a conclusão do processo básico de desenvolvimento e portanto a mudança qualitativa das condições internas e da inserção externa de um país — objetivo último da diplomacia — o que determinará se e como evolui um processo de construção de uma nacionalidade.

Corolário dessa noção básica de construção da nacionalidade é a constatação de que a independência de um país como o Brasil não é uma data fixa no passado, mas um processo que ainda não chegou ao seu final, que apenas se teria iniciado na data consagrada como sendo a da independência ou com o processo que levou a essa declaração formal de soberania. Em outras palavras, para nós, latino-americanos, a independência e a nacionalidade não são conquistas acabadas, mas ainda um trabalhoso desafio que se renova a cada momento e que exige esforço tanto no plano interno, o das transformações qualitativas da sociedade e da economia, quanto no externo, o da mudança qualitativa da inserção internacional.

DIPLOMACIA E NACIONALIDADE, DIPLOMACIA E ESTADO NACIONAL

Antes, porém, de entrar no exame das várias formas pelas quais a diplomacia participou ou vem participando no processo de construção da nacionalidade brasileira, é conveniente fazer algumas precisões conceituais. Elas são necessárias sobretudo porque não há uma relação direta, de causa e efeito, entre nacionalidade e soberania, entre nacionalidade e Estado soberano. Ou seja, a existência de um Estado pode não ter relação direta com uma base física de nacionalidade, expressa na unidade cultural, linguística, étnica e histórica do povo que vive no território daquele Estado.

Como então, estabelecer uma relação entre diplomacia e construção da nacionalidade, se a diplomacia é por definição a expressão de uma soberania estatal, que não necessariamente se confunde com nacionalidade?

ESTADO SOBERANO E DIPLOMACIA

Um Estado soberano não é uma entidade que flutue no espaço e no tempo. O Estado se define por uma base física chamada território, por ter uma população organizada e um governo que controla esse território e detém o monopólio do uso da força dentro dele (ou tem a pretensão de fazê-lo e a única legitimidade para isso). A menos que se trate de uma monarquia universal ao estilo da Roma dos Césares ou da China de antes da Era dos Descobrimentos europeus, o Estado se define também por oposição a outros Estados e por inter-relações com eles. Essas inter-relações podem ser de coexistência, cooperação ou competição: a conquista de territórios ou de mercados, a atração de investimentos, a busca de cooperação, a busca de parcerias para alcançar objetivos comuns, a atração de contingentes populacionais para povoar o seu território etc.

Várias dessas características definitórias de um Estado apresentam, como se percebe, uma dimensão internacional. Para lidar com essas múltiplas dimensões internacionais da sua existência — o seu próprio território e as relações que são forçados a estabelecer com outros Estados —, os Estados recorrem a alguns instrumentos básicos de projeção do seu poder. Um deles são as Forças Armadas. Outro é a diplomacia.

A diplomacia é uma atividade do Estado por excelência. Seu desenvolvimento não apenas ajuda a garantir e promover os interesses do Estado no plano externo, mas também a fortalecer o aparelho do Estado dentro do próprio país. A rigor, muitas vezes a diplomacia precede mesmo a existência de um Estado soberano; outras vezes, ela se segue imediatamente a ações de guerra, de conquista ou de reconquista de territórios para definir ou redefinir uma soberania; outras vezes, ainda, é a diplomacia que garante a sobrevivência de um Estado soberano ou limita-lhe as perdas em uma derrota militar. Essas constatações apenas reforçam a noção de centralidade da diplomacia em relação ao Estado e aos elementos básicos da sua soberania.

Ainda hoje, a diplomacia é uma atividade essencial do Estado, mesmo que alterada nas suas funções tradicionais pela revolução nas comunicações, pelo surgimento de novos atores internacionais e pela multiplicação dos canais através dos quais um Estado se comunica internacionalmente. A atividade diplomática é essencial na vida de um Estado. E o Estado soberano constitui a unidade básica, o núcleo referencial da atividade diplomática. Não há diplomacia sem um Estado nacional que a promova, e se hoje falamos em diplomacia europeia para referir-nos à ação diplomática da Comissão, é porque ela fala em nome de um espaço supranacional que em muitos aspectos se assemelha, em tudo e por tudo, a um Estado nacional tradicional, mesmo que federativo.

NACIONALIDADE, ESTADO E DIPLOMACIA

Ao contrário do Estado, a nacionalidade — *latu sensu* — é uma realidade que pode estar dotada de bases físicas e de poder muito menos definidas. Povos dispersos pelo mundo nem por isso deixam de ter forte caráter nacional no seu conjunto. A história registra inúmeros casos de Estados supranacionais. Várias nacionalidades encontram-se ainda hoje sob a soberania de diferentes Estados, enquanto vários Estados ainda hoje são plurinacionais. Algumas nacionalidades encontram-se confinadas a regiões dentro de Estados soberanos e aceitam tranquilamente que o Estado fale internacionalmente por elas. Outras mantêm uma relação mais tensa com o Estado sob cuja soberania vivem e almejam uma vida independente ou procuram estreitar os laços com outros Estados aos quais se sentem mais identificadas.

Estado e nacionalidade, portanto, nem sempre se identificam, e muito menos ainda se confundem inteiramente. Por isso mesmo, nação, nacionalidade, cultura nacional, *ethos* nacional são conceitos que só se tornam operacionais em diplomacia na medida em que sejam compreendidos na sua relação com o Estado, ou em que influenciem a sua definição e o seu comportamento internacional.

A diplomacia não é sempre a expressão de uma nacionalidade, e sim de um Estado. Sendo uma atividade típica do Estado soberano, a diplomacia exige um mínimo de organização estatal para existir. É o que ocorre com alguns movimentos de libertação nacional, cuja organização e grau de reconhecimento lhes permite assumir internacionalmente um perfil estatal mesmo que ainda não exista o Estado que representam. Povos e nações só têm diplomacia quando assumem ou se julgam preparados para assumir a condição de Estados soberanos, para isso necessitando de elementos básicos já presentes ou em definição, como território, organização social e um governo reconhecido interna e internacionalmente.

Por isso mesmo, a análise do papel da diplomacia na formação de uma nacionalidade necessita de um exame prévio do grau de coincidência entre essa nacionalidade e um ou mais Estados soberanos.

ESTADO E NACIONALIDADE NO BRASIL

Essa análise é grandemente facilitada no caso do Brasil.

É somente porque o Brasil apresenta um elevado grau de coincidência entre Estado e nacionalidade que se pode falar com mais facilidade em um papel decisivo da diplomacia na formação da nacionalidade brasileira; do contrário, deveríamos falar apenas nesse papel em relação à formação do Estado brasileiro, dentro, portanto, dos limites precisos de definição da diplomacia tradicional.

Na verdade, entretanto, é preferível que se inverta a fórmula e se considere que, se a diplomacia tem um papel na formação da nacionalidade brasileira, é porque o Estado teve uma ascendência central na formação disso que hoje se identifica com certa facilidade como *nação brasileira*, ou *povo brasileiro*.

De fato, o Brasil é um dos poucos exemplos de países no mundo em que a estrutura do Estado precedeu até mesmo a incipiente unidade colonial e, portanto, naturalmente, a ideia de nação. Tão logo decidiu colonizar as terras americanas submetidas à soberania de Portugal de acordo com o Tratado de Tordesilhas, a Coroa portuguesa encarregou-se de organizar administrativamente a colônia antes mesmo que ela tivesse qualquer núcleo significativo de povoamento. Leis aplicáveis à colônia, divisão administrativa, governo-geral, autoridades nomeadas — tudo isso antecedeu e orientou o rumo da colonização propriamente dita. O peso da máquina estatal foi sempre imenso na vida brasileira.

De certa forma, o Estado brasileiro, desde os tempos coloniais, passaria a ser uma parte importante da própria identidade do ser brasileiro. Quando um francês pensa na sua identidade como francês, provavelmente a imagem que lhe vem à mente é a de alguma das múltiplas lutas para formar a nação francesa ou defendê-la dos seus inimigos, e por isso personagens como Joana d'Arc ou Napoleão têm tanto apelo ontológico; para um brasileiro, essa imagem muitas vezes é a das formas que o Estado brasileiro assumiu (Colônia, Império, República), e por isso muitas das nossas figuras históricas de destaque são de certa forma "inauguradores" de administrações, formas de governo e regimes políticos. Isso porque a nossa história é majoritariamente a história de uma sucessão de governos e de experimentos institucionais.

A partir, portanto, da instituição desse Estado prévio à ideia de nação, o território colonial passou a ser uma virtualidade político-administrativa que foi sendo preenchida por contingentes humanos e por atividades produtivas, tudo submetido a um rigoroso controle da metrópole. Mas não apenas isso: o processo se deu através da combinação de diferentes forças de homogeneização — mestiçagem, migrações internas, imigração internacional mesclada, submissão a uma autoridade central, primeiro colonial, depois tecnicamente soberana.

Colonos portugueses e escravos africanos originários da costa oeste da África (do golfo da Guiné e de Angola) superpuseram-se, em intensa mestiçagem, a um substrato étnico indígena que já se caracterizava por uma relativa homogeneidade, de que é indicação a designação de "língua geral" dada ao tupi-guarani, a língua falada pela maioria das tribos espalhadas pelo território brasileiro.

A essa base de povoamento mestiço se superpuseram várias correntes de imigração europeia e asiática que, por motivos diversos, mas sempre com o mesmo efeito homogeneizador, procuraram integrar-se o melhor e o mais rapidamente possível à nova sociedade, fazendo do Brasil um país em que só tenuemente se dá o fenômeno das "colônias" ou "minorias", tão característico de outros países de imigração recente. É o que reforça a constatação de que no povo brasileiro se tenham dissolvido de forma quase integral as individualidades das diferentes correntes migratórias que chegaram da Europa, do Oriente Médio e da Ásia no final do século XIX e ao longo de todo o século XX.

Diversas e sucessivas migrações ao longo do litoral ou pelo interior, ocorridas ao sabor do apogeu ou decadência de atividades econômicas (o açúcar, a mineração, o algodão, a pecuária, a borracha, o café, mais recentemente a soja) e da busca de riquezas pelo interior (o ouro, as "drogas do sertão"), garantiram que a população brasileira tivesse uma miscigenação não apenas racial, mas regional, garantindo uma relativa homogeneidade étnica, linguística e cultural à colônia e depois ao país independente.

Essa base de homogeneidade étnica e cultural foi sem dúvida reforçada pelo centralismo administrativo, primeiro da Coroa portuguesa, depois do Império, depois ainda da própria República, que mesmo sendo federativa guardou por muitas décadas uma vocação centralista, se não de direito, pelo menos de fato. A ninguém ocorrerá dizer que o federalismo contemporâneo do Brasil se equipara ao da Alemanha ou ao dos Estados Unidos.

É essa homogeneização em vários graus que explica isso que muitas vezes parece um assombro aos povos europeus: que um país de dimensões continentais e população relativamente esparsa comporte apenas algumas variantes sociolinguísticas, que se manifestam no sotaque e em alguns poucos regionalismos, nada que se pareça a um dialeto.

País de imigração, só recentemente o Brasil conheceu, com pequena força, o fenômeno da emigração. Menos de 2% dos brasileiros vivem temporária ou definitivamente fora do Brasil. Por isso, e sobretudo porque incorporou no passado, com base no *uti possidetis*, territórios onde se haviam instalado nacionais seus, o Brasil foi constituindo, ao longo da sua formação, um exemplo perfeito de coincidência plena entre geografia e demografia, entre soberania e cidadania, entre Estado e nação.

Se por um lado a diplomacia ajudou a operar essa coincidência, contribuindo para superpor Estado e nação no Brasil, ela também teve facilitado por essa mesma coincidência o seu trabalho de projetar no exterior os interesses de ambas as esferas, Estado e nação brasileiros. É essa coincidência que nos permite falar em um papel da diplomacia na construção da nacionalidade brasileira, pois, no Brasil, ao ajudar a formar e consolidar o Estado, suas fronteiras e suas relações internacionais, ao ajudar a projetar no exterior os interesses do Estado brasileiro, a diplomacia estava de fato trabalhando pela construção da nacionalidade brasileira.

Vamos ver agora de que múltiplas formas e com que intimidade a diplomacia brasileira participou e continua participando nesse processo de construção da nacionalidade.

A ORIGEM DIPLOMÁTICA DO ESTADO BRASILEIRO

A história do Brasil tem uma intimidade muito específica com a diplomacia, mais talvez do que na imensa maioria dos países.

O Brasil é um dos poucos países da história universal que deve a sua origem a um ato de diplomacia pura, o Tratado de Tordesilhas, assinado em 1494 entre a Espanha e Portugal, antes mesmo que se tivessem noções da extensão ou mesmo provas concretas da existência dos territórios em disputa.

Tordesilhas foi em grande medida um exercício genial de diplomacia preventiva: Portugal garantia direitos efetivos sobre territórios virtuais, que tinham apenas forte probabilidade de existir.

Essa origem específica, puramente diplomática, da formação nacional brasileira contrasta claramente com o processo de formação da nacionalidade dos países europeus, por exemplo, a começar pelo próprio Portugal. Enquanto na Europa a maior parte das nacionalidades derivou de um processo de aglutinação em torno de um poder central e de uma certa matriz cultural — que deixou espaço para as especificidades regionais, que duram até hoje e mesmo ganham força crescente —, o Brasil foi formado a partir de um processo exógeno, de fora para dentro, organizado e imposto por uma metrópole — sua administração e sua diplomacia —, que concebeu e dirigiu a vocação de colônia de exploração que marcaria tão profundamente a nacionalidade brasileira. É um processo de construção da nacionalidade *a posteriori* da formação da unidade política que se tornaria o país soberano de 1822.

Portanto, o nosso processo de formação nacional, que em 1822 teve seu curso definido com o processo de independência, teve um sentido diverso e mesmo inverso ao da maioria dos Estados nacionais da idade moderna, só sendo igualado quase um século e meio depois pelo processo de formação nacional dos países descolonizados no segundo pós-guerra, que tiveram em grande medida de inventar a sua própria identidade, em processos por vezes dolorosos e, em muitos casos, malogrados. Ainda assim, o Brasil guarda certa originalidade fundacional.

Eis aqui uma característica peculiar da formação nacional brasileira, que já se apontou brevemente mais acima: o Brasil começa a existir primeiro como uma virtualidade diplomática, depois como uma administração organizada pela metrópole. Só depois passa a existir como colônia de fato e posteriormente como nação soberana. Diplomacia e formação estatal precedem a nação, no Brasil. Embora se possa falar de um embrião de nacionalidade antes da independência, a tônica da vida brasileira durante três séculos de regime colonial foi o localismo, fortalecido pela capacidade da metrópole de estabelecer vínculos diretos com os núcleos populacionais brasileiros. Mesmo movimentos ditos "nacionais" como a Inconfidência mineira, no plano político, ou o arcadismo, no plano literário, são fortemente marcados pelo localismo, por uma noção de confinamento.

No caso brasileiro, portanto, a nacionalidade não está na origem do processo de independência e de soberania, sendo consequência desse processo. E nele a diplomacia desempenhou, como se disse, um papel central. Voltaremos a isso logo adiante. Antes, recordemos que não é apenas nessa peculiaridade que se estabelece uma forte relação entre diplomacia e história brasileira. Nossa própria metrópole, Portugal, fez um uso intensivo da diplomacia no seu próprio processo de consolidação da nacionalidade e criou a tradição da qual o Brasil seria tributário.

O EXEMPLO DA TRADIÇÃO DIPLOMÁTICA PORTUGUESA

Um traço básico da nossa metrópole, Portugal, o mais antigo Estado nacional europeu, foi sempre a sua relativa fraqueza política e militar.

Essa fraqueza — derivada da própria dimensão reduzida do território e da população de Portugal e da sua localização periférica na Europa — não impediu que o reino se tornasse independente já em 5 de outubro de 1143 (Tratado de Zamora) e mantivesse essa independência durante a quase totalidade dos seus quase novecentos anos de existência — excetuados os anos de 1580 a 1640, o chamado período da União das Coroas Ibéricas, quando o trono português passou às mãos do monarca espanhol até a rebelião que restaurou a independência e fundou a dinastia de Bragança. Ainda assim, o país guardou plenamente a sua identidade e na primeira oportunidade reivindicou-a e reconquistou-a plenamente, ficando com o saldo favorável de uma expressiva expansão dos seus territórios coloniais na América do Sul enquanto se apagaram tecnicamente os limites jurídicos entre as duas soberanias.

Essa fraqueza tampouco impediu que Portugal conquistasse um imenso império colonial que ia da América do Sul ao Extremo Oriente (mesmo que a presença portuguesa quase sempre se limitasse à costa e às áreas próximas), que preservou praticamente intacto durante mais de trezentos anos, até a independência do Brasil em 1822, e cujos restos ainda conservaria por mais 150 anos, até a descolonização africana, já entrados os anos 1970, o abandono do Timor-Leste em agosto de 1975 e a entrega de Macau à China, em dezembro de 1999.

A explicação mais imediata, superestrutural, para essa extraordinária capacidade portuguesa de definir-se como nacionalidade e manter-se independente e atuante como potência marítima global encontra-se certamente, em grande medida, na habilidade da diplomacia portuguesa, treinada em embates vitais para o Estado português.

A diplomacia, na melhor acepção da palavra, tem um papel central nos momentos mais decisivos da vida nacional portuguesa. Foi graças à sua capacidade diplomática que Portugal soube criar e defender para si um papel estrutural no sistema internacional dos séculos XV a XVIII. Através de alianças e complexas negociações marcadas por um grande sentido de oportunidade e pragmatismo diante da história, a diplomacia compensou quase sempre as fraquezas relativas do Estado português.

Os exemplos são numerosos. Três deles são marcos na história portuguesa e brasileira: a negociação e firma do Tratado de Tordesilhas, em 1494, grande marco dessa tradição diplomática; o Tratado de Methuen, de 1703, que consolidou a aliança luso-britânica e assegurou apoio político e militar de qualidade indiscutível a Portugal, em troca da preeminência inglesa na economia portuguesa; e a negociação e firma do Tratado de Madri, de 1750, que significou o reconhecimento jurídico da expansão das fronteiras coloniais no Brasil, que mais do que dobrou a extensão das terras antes definidas pela linha de Tordesilhas. O Tratado de Madri garantiu a Portugal a posse de um imenso e rico território que asseguraria a sua sobrevivência econômica ("O Brasil é minha vaca leiteira", diria Dom João V, com certo excesso de sinceridade) e deu ao Brasil, aproximadamente, a sua forma contemporânea — quase 16 vezes a superfície da França.

Mas há outros exemplos dessa habilidade diplomática portuguesa, muitas vezes criticada porque vista apenas pelo lado das concessões a que Portugal se viu obrigado em troca de objetivos maiores, como a própria sobrevivência do Estado português.

Foi assim em 1807 e 1808, quando a monarquia portuguesa, movida pelo instinto de conservação, alienou parte da sua soberania em mãos britânicas para escapar ao *Diktat* napoleônico representado pela decretação do bloqueio continental e pela aproximação das tropas de Junot, encarregadas de impô-lo à titubeante vontade portuguesa.

Foi assim na negociação dos chamados "Tratados Desiguais", de 1810, que garantiram a proteção britânica a Portugal em troca de onerosas concessões comerciais e jurídicas a Londres. Foi assim na negociação do reconhecimento da independência do Brasil, que rendeu a Portugal, graças à intermediação britânica, a alienação de uma parte da sua dívida na Praça de Londres, assumida pelo Brasil.

Foi assim também — e não entra aqui nenhum juízo de valor — com a decisão portuguesa de manter a neutralidade na Segunda Guerra Mundial, quando as afinidades entre o regime salazarista e as ditaduras fascistas tornariam natural que o país se inclinasse em favor do Eixo, especialmente após as sucessivas e impressionantes vitória alemãs nos dois primeiros anos da guerra. E foi assim também — sempre sem juízos de valor — durante os longos anos da descolonização pós-1945, quando Portugal, em franca minoria nas Nações Unidas, logrou estender (a grande custo, é certo) o seu domínio sobre o que teimosamente designava como suas "províncias ultramarinas" — Angola, Cabo Verde, Guiné-Bissau, Moçambique e São Tomé e Príncipe. Finalmente, depois de ter garantido ao país o exitoso ingresso na União Europeia, a diplomacia foi o que permitiu que Portugal fosse o último país do mundo a restituir à poderosa China uma parte do seu território, Macau, que voltou às mãos de Pequim dois anos depois de o Reino Unido ter entregue a sua última grande e valiosa colônia, Hong Kong.

São essas realizações que permitem falar em uma verdadeira escola da diplomacia portuguesa, marcada pela habilidade, sutileza, senso de oportunidade (e de oportunismo), pragmatismo e prudência. É nessa tradição diplomática que se enraíza a diplomacia brasileira. É muito feliz, para ilustrar a imbricação dessas duas diplomacias, o fato de que o principal negociador português do Tratado de Madri, Alexandre de Gusmão, tenha sido na verdade um brasileiro nascido em Santos, que levou para a mesa de negociações, além do interesse português, a sensibilidade de quem trazia no sangue um sentimento poderoso em relação à sua terra natal. Não por acaso Alexandre de Gusmão é um dos patronos da diplomacia brasileira, ao lado de Rio Branco.

A própria independência brasileira, em 1822, é um episódio importante de diplomacia, de diplomacia dinástica, antes de mais nada, é bem verdade, mas também de diplomacia entre Estados — Grã-Bretanha, Brasil e Portugal. Mais uma vez o Brasil deve uma etapa da sua existência à diplomacia, que substituiu as violentas guerras que deram a liberdade aos povos hispano-americanos. Mais uma vez, na história luso-brasileira, a força do argumento substituiu o argumento da força.

Mesmo que o reconhecimento da independência brasileira por Portugal se dê apenas em 1825, o 7 de setembro tem um duplo significado diplomático: foi a conclusão de um acerto dinástico entre pai e filho, que garantiu a sobrevivência da Casa de Bragança na América (quando todos os demais países hispano-americanos haviam optado pela forma republicana de governo), e foi a conclusão de um arranjo político-econômico entre o Brasil e a Grã-Bretanha, que patrocinou diplomaticamente a independência em troca da continuação da sua preeminência no país, representada pela continuação em vigor dos tratados desiguais e sua posterior renovação em 1827 — eles só seriam repudiados pelo Império brasileiro mais tarde, em outra demonstração de grande realismo e pragmatismo diplomáticos. O país nasceu, portanto, sob o signo da mesma diplomacia pragmática que garantiu a Portugal séculos de sobrevivência, mesmo que às vezes precária, ao lado de grandes potências europeias.

A DIPLOMACIA E O PROCESSO DE CONSTRUÇÃO DA NACIONALIDADE BRASILEIRA

A diplomacia tem, portanto, um papel central na história brasileira. Já examinamos brevemente esse papel na etapa da relação colonial, identificando dois momentos cruciais, de diplomacia pura, que asseguraram a base física do Estado brasileiro: Tordesilhas, marco inicial da história brasileira, e o Tratado de Madri, marco jurídico básico que deu nas suas grandes linhas o contorno territorial do que seria o futuro Estado brasileiro e permitiu que se reunisse em um mesmo território o contingente humano que estava formando o que viria a ser a nacionalidade brasileira.

Identificamos também esse papel central da diplomacia no processo de transição da relação colonial para a independência, no período que vai de 1807, quando a Coroa portuguesa recorre à proteção britânica para sobreviver face à ameaça napoleônica, a 1825, quando Portugal, com a intermediação britânica, finalmente reconhece a independência política brasileira.

São portanto obras de engenharia diplomática que se encontram na origem do Estado brasileiro, que, como vimos, praticamente se confunde, para os nossos propósitos analíticos, com a nacionalidade brasileira. Em outras palavras, a nacionalidade brasileira pré-independência se define em boa medida graças à diplomacia.

Entretanto, o papel da diplomacia na construção da nacionalidade brasileira pós-independência torna-se algo mais complexo. Para compreendê-lo melhor em todas as suas dimensões e ao longo do tempo — até os dias de hoje, na verdade — é interessante analisar brevemente as diferentes dimensões em que se dá o processo de construção da nacionalidade a partir da independência. É o que faremos a seguir.

AS VÁRIAS DIMENSÕES DA CONSTRUÇÃO DO ESTADO E DA NACIONALIDADE BRASILEIROS

O Brasil é um Estado nascido da primeira grande descolonização da história moderna. Seus dilemas, desafios e opções, em grande medida, assemelham-se aos de outros países que com ele compartilharam esse movimento da história no início do século XIX na América Latina. Assemelham-se, também, aos de países surgidos da segunda grande descolonização, depois da Segunda Guerra Mundial, na Ásia e na África, sobretudo.

Em linhas gerais, o Estado e a nação brasileiros enfrentaram-se a dois grandes grupos de tarefas definitórias da sua identidade e do seu espaço na comunidade das nações.

Em um primeiro grupo, encontram-se projetos de longa maturação, mas de contornos e objetivos menos precisos. São projetos que decorrem do próprio caráter invertido do processo de construção nacional do Brasil e de vários países que tiveram de alguma maneira de inventar a sua nacionalidade. Ou seja: países que, ao contrário dos Estados soberanos típicos da história moderna, não foram uma etapa superior de evolução de uma nação organizada, mas de alguma maneira precederam essa organização ou deram-lhe nova forma a partir de um estado muito incipiente de organização.

Se é certo que muitas dessas tarefas são em geral atribuições de qualquer Estado, no caso do Brasil e de países assemelhados o que importa ressaltar é a magnitude da tarefa diante da exiguidade relativa do tempo disponível para realizá-la e a concomitância entre elas.

Entre as tarefas desse primeiro grupo, identificam-se claramente no Brasil pós-independência as seguintes:

- A criação de uma cultura nacional, com traços próprios de identidade e a função de incorporar no seu referencial aspectos da realidade geográfica, social, étnica e cultural do país.

Nada exprime melhor esse projeto do que a obra de José de Alencar, por exemplo, que, ao mesmo tempo que se exercita na tarefa de dotar o Brasil de uma expressão literária própria, vai reconhecendo o território temático nacional (os índios, as regiões, o meio urbano, a história, os mitos fundadores).

Há um caráter programático no romantismo brasileiro, que assume traços peculiares de nacionalismo e que mostra muito claramente fazer parte de um projeto político da classe dominante do Império: dotar o Brasil de uma cultura nacional que justifique, no plano ideológico, a própria independência do país, valorizando os seus símbolos (especialmente os naturais) e construindo o mito de um destino de grandeza.

- O aperfeiçoamento das estruturas políticas.

Esse projeto se expressa na continuada experimentação de estruturas políticas, de que são consequência as frequentes alterações constitucionais e a sucessão de diferentes regimes políticos — o centralismo monárquico da Constituição de 1824, a experiência protorrepublicana das Regências, a descentralização do Ato Adicional de 1834, a recentralização do Ato Interpretativo do Ato Adicional de 1840, o parlamentarismo bipartidário do Segundo Império, o jacobinismo republicano dos dois primeiros governos militares da República, o federalismo republicano da Constituição de 1891, o sistema oligárquico-liberal forjado com a política do *café com leite*, o centralismo revolucionário de 1930, a quase social-democracia de 1934, o autoritarismo civil do Estado Novo, a democracia liberal de 1946, o autoritarismo militar de 1964 e a democracia federativa consolidada pela Constituição de 1988.

É uma sucessão de projetos que vão sendo superados ou derrotados pela própria evolução do país. Na medida em que o país se torna mais complexo, vão-se esgotando as estruturas políticas que respondem a determinadas injunções históricas e passa-se a outras estruturas, no que pode parecer aos olhos mais desavisados uma febre de experimentação, um desapego irresponsável às instituições. É o que explica que o Brasil, no difícil caminho do amadurecimento político, sempre se tenha mostrado aberto à possibilidade de mudança das suas estruturas políticas, do que foi exemplo o plebiscito, em 1993, sobre a forma de governo.

- O aperfeiçoamento das estruturas sociais.

Embora pareça contraditório com o fato de que o Brasil fez a sua independência sem qualquer alteração na sua estrutura social, a experimentação social passou rapidamente a fazer parte do projeto nacional brasileiro, na medida em que ficava clara, pela pressão internacional contra o tráfico de escravos e a favor da abolição, a obsolescência do regime escravocrata.

O Brasil nasceu como Estado-nação sob o signo de uma transformação necessária nas suas estruturas sociais, e foi operando como pôde essa transformação: confinando o tráfico,

A ESCOLA DA LIDERANÇA

adotando o gradualismo na abolição da escravidão e incentivando cada vez mais a imigração, primeiro europeia, depois japonesa, como forma — que logo escapou ao controle das classes dominantes — de resolver o problema do trabalho na estrutura produtiva do país.

Essa experimentação social de certa forma entrou pelo século XX adentro, com a experiência cada vez mais intensa das migrações internas, com a diversificação das imigrações oriundas da Europa e Ásia e com uma participação cada vez maior — às vezes duramente conquistada — dos trabalhadores e classes médias no processo decisório do país.

- Finalmente, o desenvolvimento, o grande projeto mobilizador da história independente do Brasil.

Sob nomes tão diversos como progresso (presente na divisa positivista da bandeira, "ordem e progresso"), fomento, crescimento, industrialização ou desenvolvimento econômico, e incorporando progressivamente os objetivos de desenvolvimento da infraestrutura (transportes, energia, comunicações), a ampliação qualitativa e quantitativa da capacidade produtiva do país na agricultura e na indústria, o desenvolvimento do setor de serviços, o desenvolvimento científico e tecnológico e a melhoria dos termos de inserção internacional do país e de interação com a economia internacional, o "desenvolvimento" assumiu a condição de verdadeiro projeto nacional brasileiro, sendo de certa forma responsável pelo baixo grau de prioridade atribuído aos demais subprojetos (especialmente o do aperfeiçoamento das estruturas sociais), quando se assumiu, de alguma maneira, e muito equivocadamente, que o desenvolvimento por si só geraria os ganhos indispensáveis nas demais áreas.

Em certa medida, essa hierarquização de projetos, que colocava o desenvolvimento no topo da escala de prioridades, decorria da própria crença, firmemente enraizada nas classes dominantes brasileiras, de que todas as mazelas sociais, materiais e espirituais do Brasil seriam solucionadas com o progresso. Mesmo os mais ufanos românticos brasileiros viam o atraso, mas prontamente procuravam compensá-lo com a ideia de um potencial incomensurável de riquezas e de grandeza que decorreria dos recursos naturais abundantes e da generosidade dos habitantes da terra.

Com uma história de sucesso em matéria de crescimento econômico e com uma consciência clara, embora quase sempre "amena" (para utilizar um conceito de Antonio Candido) do seu atraso material, era natural que o desenvolvimento se tornasse o grande consenso nacional no Brasil, um conceito supraideológico, suprapartidário e suprarregional. O próprio bom desempenho relativo do país em matéria de crescimento, ao longo de mais de 120 anos (há analistas que asseguram tratar-se do melhor desempenho mundial, mesmo se comparado ao do Japão no mesmo período), ajudou a consolidar o consenso em torno do projeto de desenvolvimento e a comprovar, às vezes de forma ingênua, a tese da ligação causal entre abundância de recursos e potencial de desenvolvimento (como lembra o mesmo Antonio Candido, a ingênua ligação causal entre "terra bela e pátria grande" que animou os nossos românticos).

DIPLOMACIA E PROJETO DE DESENVOLVIMENTO

Era também natural que, passadas as necessidades mais imediatas (como o reconhecimento da independência e a solução das questões vitais da definição do território e da contenção dos excessos das pressões hegemônicas sobre a soberania nacional), esse consenso em torno do desenvolvimento se transformasse cedo em um objetivo que permearia todos os campos da atividade brasileira e por isso marcasse profundamente a própria concepção do Estado brasileiro — transformado em instrumento por excelência do desenvolvimento, que passou a hierarquizar também na ação do Estado os demais grandes projetos nacionais, o social, o educacional e o cultural.

Era natural também, por tudo isso, que o desenvolvimento passasse a ser o objetivo central da diplomacia brasileira, a qual, uma vez resolvidos os problemas territoriais e encaminhadas as relações políticas com os nossos principais parceiros, passou a assumir expressamente a condição de instrumento do desenvolvimento nacional no plano externo, especialmente a partir dos anos 1930.

Não que a diplomacia não tivesse tido, esporadicamente, no século XIX, o papel de instrumento de defesa e promoção da atividade econômica brasileira, às vezes defendendo o indefensável, como a manutenção do tráfico negreiro, outras vezes como instrumento de políticas de poder que assegurassem a liberdade de navegação no Prata e o acesso por rio ao interior do Brasil. Mas o certo é que um perfil sistemático de diplomacia do desenvolvimento só começaria a se firmar a partir da crise dos anos 1930, quando as relações internacionais do Brasil, antes reduzidas praticamente a escoar o café e outros produtos primários, passariam a assumir um papel mais visível no sistema produtivo, político e social do país, e a diplomacia, liberada das questões de fronteira e em busca de um conteúdo, encontraria no desenvolvimento o grande tema ordenador da sua ação.

Esse papel se foi consolidando em cinco dimensões paralelas e complementares.

Primeiro, a diplomacia começou a empenhar-se na promoção da integração física (pontes, estradas, hidrovias) e energética (eletricidade, gás, petróleo, carvão) com os nossos vizinhos, começando pela área do Prata, mas estendendo essa integração também aos países amazônicos.

Segundo, a diplomacia procurou negociar melhores condições de cooperação e de intercâmbio econômico-comercial com nossos principais parceiros. Desde a negociação dos acordos bilaterais de comércio com os Estados Unidos e com a Alemanha nazista, na década de 1930, até o tratamento das grandes disputas comerciais e dos grandes projetos de parceria econômica a partir dos anos 1970 e 1980, a diplomacia esteve na linha de frente da política econômica e comercial do Brasil a partir da década de 1930.

Terceiro, a diplomacia passou a marcar a presença do Brasil nos principais foros de natureza econômica e de promoção do desenvolvimento, seja de caráter universal (as Nações Unidas e suas ramificações como a Unctad, o Gatt, depois sucedido pela OMC etc.) ou regional (a OEA, a Alalc, depois Aladi).

Quarto, a diplomacia passou a trabalhar intensamente para colocar o Brasil no caminho da integração regional, com o lançamento e a consolidação do Mercosul, que daria ao Brasil uma nova dimensão internacional e uma nova identidade como parceiro, e com a reivindicação de uma identidade sul-americana, funcional e dinâmica.

Finalmente, a diplomacia seria instrumental para ajudar o país a operar, consolidar e administrar a tripla revolução econômica representada pela estabilização da moeda, a abertura da economia e as reformas estruturais que ampliam a atratividade do Brasil como parceiro internacional, e para promover a defesa externa de interesses concretos do país em matéria de desenvolvimento econômico e social.

Em outras palavras, a diplomacia deu e procura continuar dando uma contribuição expressiva naquela dimensão da construção da nacionalidade que tem relação direta com o avanço do projeto de desenvolvimento nas suas ramificações externas. Se é certo que a internacionalização é um traço da construção da nacionalidade brasileira hoje, um traço que se foi fortalecendo ao longo de muitas décadas, é então correto atribuir um papel central à diplomacia, *latu sensu*, em todo esse processo.

DIPLOMACIA, SOBERANIA E RELAÇÕES INTERNACIONAIS DA NAÇÃO BRASILEIRA

Mas não foi apenas em um dos quatro grandes projetos definidores da história independente do Brasil que a diplomacia encontrou uma função de primeiro plano na construção da nacionalidade. Ela também o fez, e com certa exclusividade, em um segundo grupo de tarefas que o Estado brasileiro teve de realizar para firmar-se como soberania. O êxito relativo da diplomacia brasileira nessas tarefas foi o que lhe permitiu mudar o seu enfoque e passar a concentrá-lo na promoção do desenvolvimento brasileiro no plano externo.

Nesse segundo grupo, encontram-se tarefas de natureza prática e objetivos mais ou menos definidos, alguns deles realizáveis em um determinado espaço de tempo, mas todos eles campo privilegiado de ação da diplomacia. A sua simples descrição já nos dá a pista do papel que a diplomacia desempenhou e, em alguns casos, continua a desempenhar na execução dessas tarefas:

- O reconhecimento da independência e da soberania nacionais por outros Estados.

Esta é uma área da competência exclusiva da diplomacia e constituiu a primeira tarefa diplomática do novo Estado, a primeira razão de ser da sua diplomacia; foi tarefa tornada mais complexa pela incidência das teses da legitimidade emanadas do Concerto Europeu, pela arguciosa resistência portuguesa e pela desconfiança que gerava na América Hispânica um colossal Império escravocrata, lusófono e governado por uma casa real ainda reinante na Europa.

Por isso mesmo, o reconhecimento da independência foi o primeiro grande campo de provas para a diplomacia brasileira e o primeiro grande movimento de aproximação do Brasil com alguns dos seus principais parceiros históricos, a começar pelos

Estados Unidos, primeiro país a reconhecer o novo Estado, em 1823.

- A criação de um aparelho de Estado, ou seja, de instituições político-administrativas com funções definidas que agem dentro e fora do país em nome do Estado.

Aqui também a diplomacia acabaria desempenhando um papel central, na medida em que ela iria constituindo uma instituição estatal e um quadro de servidores do Estado, especializados na defesa de interesses nacionais muito concretos, como negociações territoriais e sobretudo a complexa relação do Brasil com seus vizinhos no Prata.

Em grande medida, a diplomacia foi uma escola de formação de estadistas e funcionários do Estado brasileiro; quase todos os grandes políticos e administradores do Império foram em algum momento diplomatas; a pasta dos Negócios Estrangeiros era extremamente prestigiosa e foi ocupada por diversos presidentes de gabinete. Nas primeiras décadas da independência do Brasil, não se concebia uma vocação de serviço público que não se interessasse pelos negócios estrangeiros, nem tampouco uma grande carreira pública que não tivesse sido testada na política externa, sobretudo no Prata.

Há, portanto, desde o alvorecer da vida independente do Brasil, uma ligação estreita entre formação do aparelho estatal brasileiro e diplomacia. É o que explica a grande profissionalização da diplomacia brasileira, no sentido de que desde cedo se transformou em carreira do Estado, regulamentada, prestigiosa, respeitada e influente.

É o que explica também que a própria formação dos diplomatas brasileiros desde cedo tenha acompanhado as grandes linhas da política externa do país. Essas grandes linhas geraram, da independência até os dias de hoje, cinco grandes escolas de diplomacia brasileira: 1) a escola da diplomacia de fronteiras (a única que se pode considerar fechada no tempo, embora seja ainda uma referência central quando se trata de questões ligadas aos limites territoriais do Brasil e zonas de fronteira); 2) a escola dos assuntos americanos, em particular dos assuntos do Prata, consagrada na historiografia como a "Escola do Prata", formadora de grande número de diplomatas e estadistas do Império, que nela militaram em algum momento das suas carreiras, e que hoje continua como a Escola da América do Sul, região de particular sensibilidade política para o Brasil; 3) a escola das Nações Unidas e da diplomacia multilateral política; 4) a escola do Gatt/OMC e da diplomacia multilateral econômica; e, mais recentemente, 5) a escola do Mercosul e da integração regional e hemisférica. Embora a especialização não seja ainda, felizmente, um traço do serviço diplomático brasileiro, a filiação a uma dessas escolas acaba constituindo muitas vezes o traço essencial do perfil e da personalidade do diplomata brasileiro, influenciando-o quando transita por outras áreas ligadas às outras escolas de formação.

- A definição do espaço territorial sobre o qual o Estado exerce a sua soberania.

É a área por excelência de consolidação e de prestígio da diplomacia brasileira, aquela em que diretamente maior contribuição prestou à definição do perfil territorial do Estado brasileiro e à consolidação da nacionalidade.

Desde 1851, data do primeiro tratado de fronteiras (com o Uruguai), até 1909, quando se resolveram os últimos detalhes da fronteira com a Colômbia — ao longo, portanto, de sessenta anos em que manteve notável continuidade da sua política de fronteiras —, a diplomacia brasileira foi estabelecendo de forma sistemática, um a um, os limites do Brasil com seus vizinhos, 11 então (o Equador fazia fronteira com o Brasil), sendo três deles potências europeias.

Seja recorrendo a negociações bilaterais diretas, sobre a base do *uti possidetis* de fato, seja recorrendo a arbitragens internacionais, quando havia segurança quanto aos títulos jurídicos, a diplomacia brasileira definiu com estabilidade e sem contestação fronteiras de 15.735 quilômetros, às vezes com países que mantiveram por muitas décadas litígios graves com os seus outros vizinhos no restante da América do Sul.

Com essa realização, a diplomacia brasileira eliminou qualquer hipoteca que pudesse mais tarde pesar no relacionamento do Brasil com qualquer dos seus vizinhos, deu garantia jurídica à ocupação do território brasileiro nos seus mais remotos confins, assegurou a unidade da nacionalidade brasileira ao não permitir que ficassem fora da nossa soberania contingentes de nacionais brasileiros, e assentou as bases para o que seria a primeira grande etapa da política sul-americana do Brasil — a integração física com os vizinhos, sobretudo do Prata, condição básica para o que se está fazendo hoje no domínio da integração regional sul-americana e da consolidação do Mercosul.

Não é sem razão que o barão do Rio Branco, o patrono da diplomacia brasileira e o arquiteto de boa parte da política de fronteiras do Brasil, seja um herói nacional brasileiro, um dos poucos diplomatas profissionais que entrou para o panteão de um país em desenvolvimento tendo construído a sua glória pessoal em complexas negociações de fronteira das quais saiu imaculadamente consagrado. Seria preciso um estudo à parte para mostrar o papel decisivo que a diplomacia de fronteiras teve na consolidação da República e da nacionalidade no Brasil. É o que explica que Rio Branco, um monarquista convicto, seja ironicamente o grande estadista republicano do Brasil, e que um homem que passou a maior parte da sua vida na Europa, como cidadão do mundo da *Belle Époque*, seja um herói da nacionalidade brasileira.

- As relações com outros Estados, seja quando há relativa simetria de poder, seja quando há relações de dependência.

A ESCOLA DA LIDERANÇA

Trata-se de outra área de competência quase exclusiva da diplomacia, ao menos nas primeiras décadas da vida independente, até bem entrado o século XX.

O país teceu uma rede mínima de relações diplomáticas, com duas áreas privilegiadas: as relações com a potência hegemônica, primeiro a Grã-Bretanha, depois os Estados Unidos, quando as relações econômicas do Brasil com o exterior mostraram um crescimento continuado da parceria norte-americana em detrimento da parceria britânica; e as relações na área do Prata, único domínio em que o Brasil realizou intervenções na política interna dos seus vizinhos, participou diretamente de uma guerra e protagonizou uma disputa de hegemonia sub-regional com um vizinho de poder comparável ao seu, a Argentina.

Ambas as esferas — a das relações assimétricas com a potência hegemônica do período e a das relações simétricas com o principal vizinho sul-americano — marcariam profundamente o projeto nacional brasileiro e a própria ontologia da nação. Grã-Bretanha, Estados Unidos e Argentina seriam, ao longo da construção da nacionalidade brasileira desde a independência, as principais referências externas do Brasil, em função das quais se definiria grande parte das nossas políticas nas áreas diplomática, econômica e estratégica.

A diplomacia intermediaria, portanto, parte importante desse processo de definição da nacionalidade que se faz em função de relações capitais no plano externo — capitais porque oferecem elementos de contraste, de competição, de cooperação, de resistência, de influência, que vão ajudando a forjar a nacionalidade.

Neste domínio também recai a progressiva participação do Brasil em organismos regionais e internacionais que passariam a constituir área importante da vida internacional e uma arena de grande visibilidade para a defesa de interesses políticos, econômicos e estratégicos. Tanto no caso das relações com parceiros fundamentais quanto na ampliação da participação do país na vida internacional, acompanhando as tendências das relações internacionais, trata-se de tarefas centrais na construção da nacionalidade brasileira que recaem sob a competência da diplomacia.

A DIALÉTICA DA TRANSFORMAÇÃO: FORÇAS ENDÓGENAS E FORÇAS EXÓGENAS

Esse rápido panorama evidentemente não dá conta dos detalhes, das muitas iniciativas específicas, da intensa e crescente atividade que foram marcando a evolução da política externa brasileira, de todos os seus êxitos e também das suas frustrações, que foram muitas. Há um excesso de atividade, de fato, nos diversos planos nos quais atua a diplomacia: o das relações bilaterais com parceiros-chave, o das políticas regionais, o da diplomacia política multilateral, o da diplomacia econômica multilateral. O certo é que a atividade diplomática brasileira passou por uma evolução acentuada quando deslocou o seu principal eixo de atuação das tarefas de delimitação do território para a tarefa de coadjuvar no plano externo as políticas de desenvolvimento e de melhor inserção internacional do país.

Essa evolução, naturalmente, é a resultante de duas forças fundamentais, que no caso brasileiro não são contraditórias e interagiram para dar uma intensidade sem precedentes à atividade diplomática.

Primeiro, uma força endógena, do próprio país, e que poderia ser genericamente apresentada como "desenvolvimento". O desenvolvimento — misto de industrialização com diversificação e intensificação de todo o conjunto das atividades produtivas — alterou visceralmente a identidade, as vocações e o perfil sociopolítico e econômico-comercial do Brasil. Éramos um país agroexportador que, já bem entrados os anos 1950, chegava a ter no café o responsável por cerca de 50% da sua pauta de exportações. Éramos uma estrutura social e política relativamente simples.

Hoje, o Brasil exporta aviões a jato regionais para o mercado mundial e fez dos biocombustíveis um tema econômico, ambiental e político mundial. A sua economia é extraordinariamente diversificada e dinâmica e a sua pauta exportadora reflete essa diversificação e esse dinamismo. De 60 milhões de habitantes que tínhamos em 1960 passamos a perto de 200 milhões nos dias de hoje. Somos uma democracia consolidada com instituições — Congresso, partidos políticos, sindicatos, associações, ONGs, movimentos sociais, imprensa — firmes e que gozam de uma liberdade não superada em nenhum país do mundo. Somos a décima economia do mundo em produto bruto (dados de 2007) e temos mantido um *ranking* elevado como destino de investimentos produtivos no mundo em desenvolvimento. Somos um parceiro procurado e tratado com interesse.

Esses dados vão dando uma ideia da transformação qualitativa e quantitativa por que passou a economia brasileira e explicam, entre outras coisas, o papel cada vez mais claro da economia brasileira como polo econômico e tecnológico da América do Sul, capaz de gerar uma dinâmica continental nova que se expressa, hoje em dia, na acelerada integração física, energética e econômico-comercial que se faz na região. É o Brasil, e nenhum outro país, que será determinante para fazer a América do Sul do século XXI apresentar-se "unida ou dominada", para retomar o velho adágio de Perón.

É claro que, para que essa força endógena, essa mudança de perfil do país pudessem assumir as suas dimensões plenas no plano internacional e alterar para melhor as relações de inserção externa do país, era preciso que fizéssemos também progressos em matéria de racionalidade econômica. Que deixássemos de reivindicar uma excepcionalidade *à outrance* baseada nas nossas dimensões físicas, no caráter periférico da nossa geografia, na existência milagrosa de um "jeitinho" brasileiro de fazer as coisas, em um protecionismo sem qualquer *phasing out* nem compromissos com a melhoria palpável da competitividade e do respeito aos interesses do consumidor — tudo aquilo que resultou em um fechamento pernicioso do país ao exterior e em anos de atraso e depois em uma abertura precipitada e temerária, sem o benefício das reformas que eliminariam os nosso gargalos de competitividade e os muitos "custos Brasil" —, e em uma cultura de inflação — um mau keynesianismo ou um keynesianismo perverso — de terríveis consequências para a organização da economia e sobretudo para a vida dos assalariados e dos mais pobres.

Pois bem, essa racionalidade parece hoje reencontrada com o fim da inflação crônica, a abertura mais refletida da economia, a flexibilização de monopólios, a privatização exitosa de algumas das grandes empresas estatais, a busca sustentada de maior competitividade em diversos setores, o investimento social e em infraestruturas (ainda insuficiente). Mesmo com muitos problemas ainda por resolver — em especial diante da sustentada magnitude da agenda social e educacional, em grande parte ainda à espera de equacionamento e recursos —, o Brasil é hoje um país mais viável politicamente e mais racional economicamente, que desperta interesse e obtém parcerias em todo o mundo. A própria promessa de uma agenda social mais transitiva a partir dos compromissos assumidos pelo governo Lula e traduzidos na expressiva votação que teve em outubro de 2002 torna o Brasil mais atraente, pois não é desconhecido o respeito que inspira um país do porte do Brasil se a sua base social de poder for ampliada.

É essa força endógena que orienta a diplomacia brasileira na sua ação na Organização Mundial do Comércio, na promoção da integração regional sul-americana, na defesa de interesses comerciais muito bem definidos junto aos Estados Unidos ou à União Europeia, no relançamento de parcerias tradicionais como a que sempre tivemos com a França e que se retraiu nos anos 1980, na construção de novas parcerias, como com a África do Sul democrática, na reestruturação das relações com os países-gigantes do Sul (Índia, China) ou com os países africanos e árabes, na busca de um perfil mais elevado nas Nações Unidas, ou no encaminhamento de litígios internacionais como a questão fronteiriça entre o Equador e o Peru, ou de tensões internas, como ocorreu em diversos momentos na história recente sul-americana, e assim por diante.

Mas essa força endógena associa-se também a uma força exógena, que provém das transformações ocorridas na estrutura das relações internacionais nos últimos anos. Fenômenos como a globalização, a regionalização, o acirramento da competição econômica entre os países, a disputa por mercados, tecnologias e investimentos, o valor sem precedentes conferido à credibilidade, à transparência, ao apego às normas da democracia e da liberdade econômica, à racionalidade — tudo isso levou o país a procurar deliberadamente um novo perfil internacional, a procurar tirar melhor proveito das suas vantagens comparativas e a participar mais intensamente do jogo das relações internacionais contemporâneas, abandonando, sem perder de vista os interesses nacionais, toda ideia de "excepcionalidade brasileira", de autarquia, de fechamento ou ainda da ilusão de falsas políticas de poder ou de concepções ideológicas da mecânica das relações internacionais.

CONCLUSÕES. O MERCOSUL E A REIVINDICAÇÃO DE UMA IDENTIDADE SUL-AMERICANA, ETAPA-SÍNTESE DA DIPLOMACIA COMO INSTRUMENTO DA CONSTRUÇÃO NACIONAL

Nada ilustra melhor esta fase mais recente da participação da diplomacia brasileira na construção da nacionalidade brasileira do que o seu papel protagônico na concepção e construção do Mercosul. O Mercosul é uma obra de engenharia diplomática concebida a um tempo como um campo de provas para a globalização e como uma nova etapa no projeto econômico dos países que o integram. É a resposta da diplomacia brasileira às duas forças que movem o Brasil no mundo das relações internacionais contemporâneas.

Criando um mercado de mais de 250 milhões de consumidores potenciais, multiplicando várias vezes, em poucos anos, o volume do comércio intrarregional, o Mercosul deu aos seus países-membros uma nova identidade internacional, que lhes acrescentou poder, atratividade e prestígio inegáveis, mesmo em meio a muitas vicissitudes do nosso processo de integração sub-regional. Basta notar o interesse com que outros grandes atores internacionais buscam dialogar ou negociar com o Mercosul para avaliar o seu alcance diplomático e econômico.

Como gosta de dizer Marcos de Azambuja, o Mercosul tem sido um indutor adicional de racionalidade nos países que o integram: de racionalidade político-diplomática, na medida em que fortalece uma parceria e elimina toda e qualquer possibilidade de disputa regional; de racionalidade democrática, na medida em que a democracia é requisito prévio para a participação na União Aduaneira; e de racionalidade econômica e comercial, na medida em que ele depende da estabilidade, abertura e busca de eficiência dentro das economias que o integram e impõe compromissos nesses sentidos aos países-membros.

É, aliás, sob essa ótica que se pode e se deve falar — com credibilidade e sem comprometer politicamente a seriedade do objetivo, que não se deve prestar a manchetes da imprensa ou a *leads* de comunicados conjuntos e visitas presidenciais — de uma moeda comum como objetivo de longo prazo para o Mercosul, como segundo grande impulso criador do bloco depois da liberalização comercial intrazona e da Tarifa Externa Comum. Porque um Tratado de Maastricht, adaptado às exigências e peculiaridades do nosso processo de integração, mas com metas, diretrizes e compromissos que constituem parte importante do *road map* de um desenvolvimento sustentável, constituirá uma etapa de terceira geração na integração na nossa região (após a onda aladiana e o próprio Mercosul), permitindo convergências e identidades macropolíticas sem as quais dificilmente ultrapassaremos a etapa atual de "união aduaneira [muito] imperfeita".

Mas, além disso, o Mercosul é um reforço importante da consciência regional do Brasil e dos seus parceiros, um passo necessário em um mundo mais competitivo, em que as alianças ditadas pela geografia permitem uma melhor resposta aos desafios da economia internacional. Resposta aos desafios da regionalização e da globalização, o Mercosul é a realização sul-americana da verdade atribuída a Napoleão — "os povos devem fazer a política da sua geografia".

É claro que ainda resta muito por fazer para consolidar e aprofundar o Mercosul antes de continuar a dar-lhe maior alcance horizontal, estendendo-o paulatinamente a outros países sul-americanos. E esse trabalho de consolidação não tem apenas uma dimensão externa, de coordenação e de negociação entre os países em áreas que ainda não chegaram a ser exploradas ou o foram de forma incipiente (como a proteção do consumidor, a defesa da concorrência, a adoção de medidas contra práticas desleais de comércio, as compras governamentais, e assim por diante). Há também uma dimensão interna, de desenvolvimento e consolidação de uma "mentalidade Mercosul".

Essa mentalidade tem de ser desenvolvida em duas áreas complementares: primeiro, que todo o país — e não apenas a região Sul do Brasil, por exemplo — compreenda o significado do Mercosul e procure dele beneficiar-se; e, segundo, que os agentes econômicos e as autoridades governamentais — sejam nacionais, sejam estaduais ou locais — se acostumem à ideia de que o Brasil tem compromissos firmes no âmbito do Mercosul e de que é preciso ter sempre em conta a especificidade desses compromissos ao desenvolver estratégias de produção e marketing, ao fazer políticas públicas ou ao administrar.

O Mercosul e o seu corolário natural, uma ênfase na dimensão sul-americana da nossa identidade e da nossa política externa, são os mais recentes — e talvez os mais importantes — desdobramentos dessa já longa tradição de participação da diplomacia brasileira na construção nacional do Brasil, que continuará com a consolidação de um real processo de integração sul-americano, que seja capaz de dar existência própria ao continente — porque de um verdadeiro continente se trata quando falamos em América do Sul — no conjunto das relações internacionais e hemisféricas. Ao adicionar à nossa identidade nacional, de modo irreversível, essa dimensão regional e internacional que valoriza o país e lhe confere mais força e respeito, a diplomacia dá um impulso vigoroso para que o Brasil rompa as últimas amarras que lhe foram impostas, por tanto tempo, pela sua herança colonial, e assim contribui para que o país saia da condição de objeto da história para nela assumir um perfil de sereno e eficaz protagonismo.

II

A diplomacia da República Velha: lições de uma etapa decisiva[1]

> "*Os meios persuasivos são, a meu ver, os únicos de que lança mão, para sair-se bem de negociações delicadas (...), uma Nação como o Brasil, que ainda não dispõe de força suficiente para impor a sua vontade (...)*"
>
> Rio Branco

INTRODUÇÃO

A história diplomática, como registro e trajetória não apenas das relações exteriores de um país, mas da política aplicada às suas relações internacionais, é parte de um processo histórico mais amplo, condicionado por peculiaridades políticas, sociais, econômicas e culturais do Estado em questão. Como tal, a história diplomática não deve ser mero conjunto de instantâneos de política exterior ou de atuações isoladas de figuras de realce, mas, antes, análise capaz de relacionar a política externa do Estado e

---

[1] Publicado originalmente na *Revista Brasileira de Política Internacional*, ano XXVII, p. 105-108, 1984. Artigo revisto.

suas condicionantes internas e internacionais com o quadro mais amplo da própria existência histórica da nação de que trata.

A política externa de um país é a formalização do seu modo e inserção no sistema internacional. É, a um tempo, reflexo e elemento dinamizador desse modo de inserção, homologando, no plano das relações internacionais do Estado, não apenas sua condição histórica, política, econômica, social e cultural, mas também, e significativamente, o projeto nacional que esse Estado, por desígnios variados, possa alimentar. Estreitamente vinculada a fatores internos e externos, históricos ou contemporâneos, a política externa de um país caracteriza-se, globalmente ou num período determinado, por ser ao mesmo tempo função desses fatores e resposta dinâmica do país a eles.

Sendo a política externa e a diplomacia que ela gera componentes da existência do Estado, sua atuação, ao mesmo tempo que se torna história, é função e continuidade do processo em que se inserem, encontrando nele não só os seus problemas principais, os seus desafios e as suas vicissitudes, mas também realizações, diretrizes e encaminhamentos prévios, que embasam o seu trabalho e dão-lhe sentido e historicidade.

A DIPLOMACIA DA REPÚBLICA VELHA DENTRO DO PROCESSO HISTÓRICO BRASILEIRO

É nesse sentido que a história diplomática brasileira deve ver a política externa do Brasil. Condicionantes próprias do país orientam a adoção e a prática de determinada diplomacia, que não é mero exercício teórico ou simples afazer burocrático, mas sim elemento essencial na promoção de interesses e objetivos concretos, que se vinculam à história do país e aos grupos que, de uma ou de outra forma, procuram controlar ou influenciar o aparelho do Estado.

A ESCOLA DA LIDERANÇA   61

A República Velha é talvez dos períodos da nossa história diplomática o que mais tem atraído a atenção, concentrando sobre si estudos, considerações e entusiasmo. Nesse período, importantes questões fronteiriças foram definitivamente resolvidas; nele, foi flagrante a mudança do principal eixo externo do país, que acompanhou a evolução do sistema internacional, em que uma nova e poderosa nação passou a conquistar cada vez mais parcelas significativas da hegemonia anteriormente exercida pelas nações europeias; esboçou-se, nele, o perfil do que viria a ser a atuação futura do Brasil em negociações multilaterais, de caráter regional ou universal; nele, finalmente, a Chancelaria brasileira ocupou a plenitude do espaço que lhe cabia, a partir da atuação profissional do barão do Rio Branco, considerado, com justeza, fundador da moderna diplomacia do país e artífice da definição do território nacional, méritos que se lhe devem reconhecer pelos resultados conquistados e pela capacidade de perceber o momento histórico, sabendo operar com as possibilidades concretas que se apresentavam.

A originalidade do período, entretanto, deve-se tanto aos méritos do barão do Rio Branco, à sua personalidade e à sua ação, que personificam os êxitos flagrantes do período, quanto a características próprias da política externa do país e das suas relações internacionais no período, que constituem uma interessante dialética entre continuidade e inovação.

Efetivamente, a diplomacia da Primeira República foi marcada por certos avanços e modificações na forma de relacionamento internacional do país, sem que tais alterações se estendessem à substância, ao cerne mesmo do seu modo de inserção no sistema internacional e no subsistema regional. Mudança de realce, que se gesta e concretiza no período, é o progressivo afastamento do Brasil da esfera de influência política e econômica da Grã-Bretanha e a sua aproximação aos Estados Unidos, culminando com o que Burns chamou, apropriadamente, de "aliança tácita" entre o Brasil e os EUA.[2] Ora, tal mudança na órbita do Brasil no universo das relações internacionais deu-se dentro das relações que vinculavam o país aos centros de decisão política e de produção econômica no globo; não se resolveu a *dependência* em novo modo de inserção do país na economia internacional e, em consequência, no quadro mais amplo das relações internacionais.

Por outro lado, a diplomacia do período não partiu, na consecução dos resultados que efetivamente obteve, de um marco zero. Ela foi, no que se refere às questões fronteiriças, por exemplo, hábil encaminhadora de marchas e contramarchas que a história registra desde os primeiros tempos da colonização ibérica no continente. Conseguiu, igualmente, conciliar certos interesses e objetivos nacionais imediatos, no que a fronteiras se referia, e o peso cada vez mais iniludível da hegemonia norte-americana no hemisfério. E deu passos concretos, mesmo que às vezes experimentais, para melhor inserir o país no contexto hemisférico e mundial.

A diplomacia da República Velha é, assim, parte de um processo que já se vinha desenvolvendo desde a conformação do país como nação independente. O Brasil não é, nesse particular, caso isolado. Os demais países latino-americanos, constituídos pelo primeiro grande movimento de descolonização da história moderna, formaram, com o Brasil, um conjunto específico de nações. A sua organização como Estados nacionais teve por origem não um processo de formação nacional, a exemplo dos principais Estados europeus, em que a evolução social e econômica interna funcionou como elemento aglutinador, mas sim um movimento de "independência", localizado cronologicamente (1810-1828) e que se opunha a um adversário externo, no caso as metrópoles ibéricas. Uma segunda onda de descolonização, a partir da Segunda Guerra Mundial, repetiria em grande propor-

---

[2] Cf. E. Bradford Burns, *The Unwritten Alliance; Rio Branco and Brazilian-American Relations,* Nova York, Columbia University Press, 1966.

ção o mesmo tipo de processo: novos Estados que se formam a partir de processos externos de construção da nacionalidade e da soberania, muitas vezes de forma artificial, com fronteiras que separavam nações ou que juntavam em um mesmo espaço nações distintas e rivais. São processos distintos da reconquista de soberania de diversos Estados atuais na Europa Central e do Leste e na Ásia Central, após o esfacelamento do mundo soviético.

Antes de mais nada, tais movimentos de independência foram essencialmente políticos, no sentido de que constituíram Estados soberanos jurídica e politicamente, sem que qualquer alteração na sua estrutura de produção e no seu vínculo com os centros econômicos se produzisse. Ao contrário, a independência apenas homologou, no plano jurídico-político, as relações de fato que, no campo econômico, já vinculavam as colônias americanas à Inglaterra e a outras potências desenvolvidas industrialmente (que já incluíam, de certa forma, os EUA), fazendo das metrópoles meros e incômodos intermediários mercantilistas em um mundo já plenamente capitalista. Mesmo a abolição da escravidão em certos países hispânicos não chegou a representar alteração profunda na estrutura social desses países.

Muito embora essa circunstância não alterasse o quadro básico da vinculação desses países ao sistema econômico e político mundial, ela produziu a necessidade real de conformar novas nações, com identidade própria e ação nos planos interno e externo. O novo *pacto neocolonial* não deixou de legar certo espaço para as nacionalidades que se forjavam em instituições políticas, sociais e culturais. Ao sistema internacional interessava o aspecto produtivo da nova realidade — gêneros e produtos primários, agrícolas ou minerais, de elevada demanda nos mercados europeu e norte-americano, a garantia de consumo de bens industrializados e o recurso a capitais de empréstimo por parte dessas novas nações —, não lhe importando, até certo ponto, o modo de organização interna dos países responsáveis por essa parcela da atividade econômica mundial.

Independentes politicamente, portanto, esses países passaram por um *processo de conformação nacional a posteriori*, que veio não forjar a independência, mas dar-lhe conteúdo.

Salvo poucas e momentosas exceções,[3] a conformação nacional desses países não tocou nas relações de dependência que serviram de quadro para a Independência e que viriam a ser o dado primeiro do seu relacionamento internacional e, portanto, da sua política externa e da sua diplomacia. Mesmo assim, tal processo constituiu-se de elementos importantes que, tendo como pano de fundo a dependência econômica, afetaram também, direta ou indiretamente, as relações internacionais desses países e foram forjando a continuidade em que se insere a sua história diplomática. O caso brasileiro, que nos toca mais de perto, é particularmente exemplar nesse sentido.

Ele desenvolveu-se em quatro grandes campos, que vigiram por todo o século XIX e entraram pelo século XX afora, sem que, salvo precisamente uma área afeta à diplomacia, se possa dizer que se hajam concluído já entrado o século XXI.

O primeiro desses campos é a experimentação de estruturas políticas, iniciada com o próprio 7 de setembro de 1822 e que se evidenciou claramente no período das Regências — primeira experiência republicana no país — , na edição do Ato Adicional de 1834, na Lei Interpretativa do Ato Adicional, de 1840, no parlamentarismo do Segundo Império, na República, no Estado Novo e assim por diante. Em segundo lugar, a partir da própria necessidade de reconhecimento da independência e das diversas negociações com a Inglaterra, foi-se forjando uma política externa de nação independente, presa a certas contingências, mas com margem de atuação suficiente para permitir, por exemplo,

---

[3] Entre essas exceções, que convém qualificar, ressalta de certa forma o Paraguai do Doutor Francia, que alimentou um projeto nacional continuado por seus dois sucessores e enterrado com a eclosão da Guerra da Tríplice Aliança.

as manobras feitas com relação à Grã-Bretanha diante da questão do tráfico negreiro e das pressões pela renovação dos chamados "acordos desiguais", e que culminariam com a mudança do eixo externo Rio-Londres para o novo eixo Rio de Janeiro-Washington no limiar do século XX.

Em terceiro lugar, coloca-se o problema do exercício da soberania nacional sobre o território, ou a configuração da "nacionalidade territorial", que envolve aspectos internos (separatismos e autonomismos) e externos (fronteiras) e que conduziu ao duplo desígnio de aglutinar internamente as partes do território, dando-lhe unidade, e de determinar-lhe as fronteiras.

Finalmente, como quarto campo, apresenta-se a configuração da nacionalidade cultural, que adquiriu características de verdadeiro projeto na vigência do chamado romantismo brasileiro, que na realidade constituiu-se de exercício de dotação programática de uma cultura literária e artística para o país e de reconhecimento dos seus espaços sociais, geográficos, culturais e étnicos, caracterizando-se por traços específicos de busca de identidade, de nacionalismo, de folclorismo e de regionalismos vários.

Semelhante processo não poderia, como não o fez, resolver-se em questão de uns poucos anos e, com efeito, de certa forma, perdura até hoje, como assinalei. Vendo-a como parte inseparável desse processo, compreende-se melhor o que tem sido a diplomacia brasileira como um todo na construção da verdadeira independência do país e particularmente a diplomacia da República Velha, herdeira de problemas ainda ligados ao nascimento do país como Estado independente.

Essa diplomacia constitui-se de um conjunto coeso de atuações, coesão que, no entanto, não é meramente interna ao período, mas se estende, em estreito liame, ao processo de que faz parte. E, situando-se em etapa que se caracteriza como verdadeiro divisor de águas da história brasileira, a diplomacia da República Velha enfrentou-se, de pleno, com a problemática internacional que lhe legava o Império, não por vontade própria, mas em função da posição internacional do país, dos avanços verificados nas relações internacionais globais, da própria situação geográfica do Brasil e da intensa movimentação social, demográfica e econômica que se produzia no país na segunda metade do século XIX, dando início à intensa alteração do seu perfil socioeconômico e político ao longo do século XX.

TRÊS ASPECTOS BÁSICOS DA DIPLOMACIA BRASILEIRA, TRÊS TAREFAS DA REPÚBLICA VELHA

No campo estrito da diplomacia, a colocação da política exterior da República Velha dentro de um processo mais amplo e duradouro torna-se, agora, mais fácil. Não se nega a essa diplomacia a originalidade de certas iniciativas e a inventividade de certas soluções, preconizadas e postas em prática em período já de plena vigência e florescimento das instituições republicanas tal como se instalaram no país — período que praticamente se confunde, e não por mera coincidência, com a gestão do barão do Rio Branco à frente da Chancelaria brasileira.

Quer-se, tão somente, mostrar que as áreas de atuação da diplomacia republicana foram essencialmente as mesmas da diplomacia imperial, o que se explica não por continuísmos ou voluntarismos de qualquer espécie, mas pela própria condição do país: novo, ainda em formação nacional, sob todos os aspectos (institucional, social, econômico, étnico, cultural, territorial); dependente de mercados externos para o escoamento da sua produção de gêneros primários e para o fornecimento de bens de consumo, equipamentos e capitais de empréstimo; com uma complexa herança de problemas de relacionamento na bacia do Prata, que exigiu da diplomacia brasileira iniciativa e habilidade no tratamento de questões de vital importância para a principal região geoeconômica do país; em franca aceleração das suas atividades econômicas com a colonização do oeste do Paraná e Santa Catarina, ampliação da lavoura do café no oeste paulista e a *aventura* da borracha na Amazônia; enfim, com problemas sociais derivados da estrutura fundiária do Nordeste e das crises agudas provocadas pelas secas na região, que conjuntamente liberaram grandes massas de trabalhadores que emigraram em busca de melhores oportunidades nas novas atividades que se implantavam no Sudeste e na Amazônia, dando forma humana e social a uma grande onda de ocupação ou reocupação do território brasileiro e de expansão das suas fronteiras econômicas.

Tal efervescência na vida do país conduziria, inclusive, à própria mudança institucional que instalou a República e renovou o comando do aparelho de Estado. Ela é, na verdade, em combinação com influxos externos apreciáveis, responsável pelos avanços que se fizeram nos setores primordiais da política externa do país no período republicano: a aproximação com os EUA, a solução de problemas fronteiriços que se arrastaram pelo Império ou que nele encontraram soluções parciais ou de reduzido alcance[4] e o equilíbrio relativo encontrado na região do Prata. Nesse sentido, pode-se até mesmo chegar ao extremo de considerar que a escolha, para o cargo de chanceler, de figura do porte e das ideias de Rio Branco não foi mera coincidência, mas consequência das necessidades impostas pelo momento — as mesmas que lhe deram condições de operar com a sua sensibilidade de diplomata, de historiador aplicado e de político arguto, que certamente de pouco teriam valido se não se conjugassem com o momento histórico.

---

[4] Veja-se, por exemplo, o Tratado de La Paz de Ayacucho, firmado em 1867 com a Bolívia, que resolveu de forma incompleta e insatisfatória a questão da soberania sobre a região do Acre, fazendo perdurar e até mesmo agravar-se o litígio, até a solução final encontrada no Tratado de Petrópolis, de 1903.

É dessa perspectiva que se devem considerar, portanto, os três aspectos básicos da diplomacia brasileira que a República Velha erigiu em três das suas tarefas prioritárias. A sua definição dá o grau de continuidade histórica do período em questão; mas a margem de operação que cada um desses aspectos deixa permite entrever a originalidade da diplomacia a eles aplicada pela Chancelaria republicana, conjugando circunstâncias e interesses, internos e internacionais, e uma capacidade de iniciativa amplamente respaldada pela nação.

O primeiro desses aspectos ou áreas de atuação é a determinação do *espaço de soberania*, ou do espaço territorial, que envolve não apenas a fixação de fronteiras definitivas, mas a própria determinação do estatuto jurídico de certos territórios sobre os quais pairavam dúvidas. É uma relação que envolve poder e capacidade de negociação e que apresentou problemas resolvidos diferentemente, quer por meio da arbitragem internacional, quando a segurança sobre a legitimidade da aspiração nacional era completa e mesmo histórica, quer por meio da negociação direta, quando a posse, embora efetiva, não era função de título jurídico, mas de uma situação de fato em território não submetido ao exercício efetivo de uma outra soberania.

Em segundo lugar, apresentam-se as *relações de dependência*, ou seja, aquelas que derivam do modo de inserção do país no sistema mundial — produtor de gêneros primários, notadamente o café, e importador de bens industriais e capitais de empréstimo — e que se caracterizaram, na passagem do século, pela mudança do orbitamento do país, que passou para a esfera norte-americana, em movimento impulsionado por influxos internos que vieram ao encontro das aspirações ianques de hegemonia hemisférica e de expansão da sua fronteira econômica e da sua ação diplomática. Essas relações, que qualificamos de *verticais* para caracterizar o verdadeiro quadro em que se coloca a "aliança tácita" entre o Rio de Janeiro e Washington, foram em alguns momentos bastante

A ESCOLA DA LIDERANÇA   69

importantes como respaldo político para a resolução de questões fronteiriças pendentes, principalmente com os vizinhos territórios da Guiana Francesa e da então Guiana Inglesa.

Finalmente, colocam-se as *relações de convivência*, isto é, aquelas que, no plano bilateral, envolvem o país com alguns parceiros de importância, notadamente na região do Prata, e, no plano multilateral, levam o Brasil à participação cada vez mais frequente em conferências regionais (Conferências Interamericanas) ou universais (II Conferência de Paz de Haia, em 1907, mais tarde a Liga das Nações). São relações *horizontais*, no sentido de que, nelas, não se colocam os problemas do diferencial de poder e da dependência ou da sujeição a centros de decisão política ou econômica (o que modernamente se qualificaria de relação Norte-Sul), mas sim o relacionamento entre "Estados soberanos" em matéria de convivência internacional ou regional em torno de temas políticos ou jurídicos.

A diplomacia da República Velha move-se, portanto, nesse quadro-base da política externa brasileira desde a Independência. Circunstâncias novas, nos planos interno e internacional, fazem a diferença e mostram que as mudanças ocorridas e os resultados obtidos acompanharam tendências históricas internas e globais (como o próprio advento da República, o ciclo da borracha, a política de valorização do café, a ascensão dos EUA como potência hegemônica no hemisfério, um novo ciclo de rivalidade com a Argentina, movimentos populacionais etc.).

Nesse processo, a importância e o alcance da diplomacia brasileira praticada no período ressaltam mais pela capacidade de compreensão do momento histórico e do exato peso dos fatores em pugna, o que lhe possibilitou conquistas permanentes para o país, do que pela consideração isolada e até certo ponto ufanista da obra do barão do Rio Branco. Ao valorizar a sua dedicação profissional, a sua habilidade técnica e política, o seu conhecimento histórico, a sua prática diplomática, o seu realismo político e o seu pragmatismo, enfim, tudo o que deu forma e conteúdo à sua obra, certamente não estamos buscando apenas a consagração individual e acrítica do barão, nem limitando a história diplomática de que participou à sua gestão à frente do Ministério das Relações Exteriores. Compreender a diplomacia da Primeira República como parte coesa do processo histórico brasileiro, e a obra do barão do Rio Branco como elemento dentro desse processo, é a maneira correta de abordar o período e, de certa forma, de fazer justiça ao historiador que foi Rio Branco: porque dessa forma se vê o homem como agente da história, não como a própria história.

A DEFINIÇÃO DO ESPAÇO NACIONAL NA REPÚBLICA VELHA

A definição do espaço territorial brasileiro, ou do "espaço de soberania nacional", foi um dos três grandes complexos de relações com que a diplomacia da Primeira República, em continuação àquela praticada pelo Império, mas agora sob novas circunstâncias e realidades, teve de trabalhar. Constituiu-se tal complexo em conjunto de "questões fronteiriças", de natureza e origem variada, que envolviam áreas sobre as quais o Estado brasileiro reivindicava o exercício da sua soberania, com base seja em títulos históricos, seja na ocupação efetiva — demográfica e econômica — de regiões antes devolutas.

Nessa tarefa, verifica-se a incidência da diplomacia aplicada pela República em processo já em curso desde a Independência política do país.[5] Sobre ele, colocam-se novas componentes inter-

---

[5] A questão de Palmas ou das Missões, por exemplo, originou-se durante o Império, que principiou as negociações para solucioná-la, firmando a 7 de setembro de 1889 o Acordo de Arbitragem que mais tarde encaminharia solução favorável ao Brasil. A continuidade do processo e das preocupações sobre os problemas torna-se, assim, clara.

A ESCOLA DA LIDERANÇA 71

nas e internacionais, entre as quais ressaltam o próprio significado da instauração da República do Brasil e os novos interesses que com ela vêm à tona, modificando, em alguns aspectos, e acentuando, em outros, as diretrizes genéricas da política exterior do país: a vinculação externa a centros mais poderosos em razão da própria estrutura produtiva do país; a busca de equilíbrio de poder e de afirmação da soberania na área do Prata; a necessidade de assegurar a fixação definitiva de fronteiras com nítida importância social e econômica; a aproximação, facilitada pela forma republicana de constituição política do país, com os vizinhos com os quais se arrastavam pendências fronteiriças; e a canalização, para a solução dessas pendências, de consenso nacional criado em torno delas e algumas vezes de importante apoio externo, obtido por meio do novo direcionamento das relações de dependência do país (isto é, a aproximação com os Estados Unidos).

Na análise da definição do espaço nacional, deve-se, portanto, verificar a importância, o significado e o alcance da própria República no Brasil, das componentes internas e externas do processo, das bases de negociação utilizadas pelo Brasil e, exemplificativamente, da diplomacia aplicada aos casos concretos. As conclusões apontarão para as implicações políticas no relacionamento com os vizinhos e para as consequências positivas verificadas na atualidade da política brasileira para a América do Sul.

SIGNIFICADO DA REPÚBLICA E AS SUAS IMPLICAÇÕES PARA A POLÍTICA EXTERNA DO BRASIL

Grande parte dos historiadores brasileiros deixa entrever, quando não o declara expressamente, que, por trás da mudança político-administrativa representada pela República no Brasil, encontra-se uma adequação estrutural entre o poder econômico

— representado pelos cafeicultores do Vale do Paraíba paulista e do oeste do mesmo Estado, reunidos no Partido Republicano Paulista — e o poder político, monopólio, durante o Império, da velha aristocracia fundiária do Nordeste e dos cafeicultores da região do Vale do Paraíba fluminense, essencialmente escravo-cratas, mas com papel cada vez menos destacado na economia agroexportadora brasileira.

A República não constituiu por si mesma, assim, alteração nas estruturas de produção da economia nacional, mas sim uma alteração no sistema de poder através da experimentação de nova estrutura política que não contou, durante algum tempo, com o consenso nacional — fato que se manifestou em reações das mais variadas índoles e intenções, de Canudos à Revolução Federalista no Rio Grande do Sul, passando pela Revolta da Armada e por manifestações monarquistas diversas.

Por outro lado, a República defrontou-se com a necessidade de reconhecimento interno e externo, buscando, por uma parte, identidade de objetivos e interesses nacionais, no plano interno, e, por outra, imagem e atuação que a legitimassem, no plano internacional. A imbricação entre ambas as esferas era evidente: a legitimidade de fato ou de direito no plano interno facilitava o reconhecimento externo e este, por sua vez, reforçava a legitimidade buscada internamente.

Do ponto de vista internacional, ainda, a República significou uma adequação de relevo, com a plena "americanização" do país, no sentido de ter-se rompido a barreira do relativo isolamento político representada por forma monárquica de governo incrustada entre Repúblicas, temerosas de influências, ainda que meramente ideológicas, no seu sistema institucional, e sempre atentas ao poder representado por uma massa territorial unitária e relativamente estável que se autodesignava "Império", em contraste com a fragmentação e a instabilidade características do restante do continente sul-americano.

A ESCOLA DA LIDERANÇA 73

Finalmente, a República significou a manutenção das estruturas de produção no interior do país, que vinculavam fortemente a economia brasileira a mercados externos cada vez mais desequilibrados para o lado da oferta, enquanto a estrutura fundiária acentuava, no Nordeste, os problemas demográficos e sociais, e a colonização, no Sul, no Sudeste e na Amazônia, valorizava espaços ainda não polarizados economicamente. A República representou uma mudança no controle do aparelho de Estado, não na inserção internacional do país, nem nas suas estruturas socioeconômicas.

COMPONENTES DO PROCESSO DE DEFINIÇÃO DO ESPAÇO NACIONAL

Duas séries de componentes — uma interna, outra externa — orientam a ação da diplomacia brasileira do período da República Velha, no que se refere ao encaminhamento das questões fronteiriças.

A série interna

Na série interna, ressaltam elementos políticos, econômicos e sociais, que, conjuntamente, influenciaram o processo e deram-lhe peso.

Do ponto de vista político, perfila-se em primeiro lugar a necessidade, para os governos republicanos, de caracterizar a soberania nacional e o controle completo do território brasileiro pelo aparelho de Estado — seja para defini-lo com relação às demais nações vizinhas e virtualmente concorrentes, seja para consolidá-lo internamente sob a autoridade da União, ameaçada por contestações locais.

Em segundo lugar, coloca-se o próprio prestígio do grupo que se instalou no poder, interessado em consolidar as bases e a imagem da República. Nesse sentido, atentou-se provavelmente para o fato de que os problemas territoriais eram todos prementes e de que uma ofensiva externa em área sensível como a da soberania nacional se constituía em instrumento de consolidação do novo regime e das próprias instituições republicanas, revestindo-se de caráter indiscutível de afirmação nacional e internacional da República. A conhecida técnica de canalizar para a política interna êxitos em política externa, atinentes à própria essência da nacionalidade, como é o caso do território nacional, tornou-se, assim, de imediata utilização pelo novo governo.

Rio Branco foi, nesse sentido, herói republicano.

Em terceiro lugar, como tarefa sensível, que incumbe ao governo, e argumento diplomático irrefutável, coloca-se a proteção aos nacionais brasileiros fisicamente instalados em áreas em litígio, sob a iminência de sujeição a soberanias estrangeiras ou aos seus desmandos. Essa proteção, no caso do Acre, armou-se em verdadeira bandeira em torno da qual se uniu a opinião pública nacional, respaldando as negociações entabuladas pela Chancelaria brasileira e conferindo-lhes legitimidade.

Por último, do ponto de vista político, alinha-se o equilíbrio de poder no Prata, principal foco de atenção da política externa brasileira no âmbito regional e área sensível que afeta diretamente aquela que então já se tornava a principal região geoeconômica do país. As questões fronteiriças no oeste catarinense e paranaense tornavam-se focos de problemas no relacionamento do Brasil com o principal vizinho na área e, portanto, obstáculo a ser prontamente superado de forma pacífica e definitiva.

Do ponto de vista econômico, ressalta, em primeiro lugar, o fato de que o interesse cafeeiro confunde-se, na Primeira República, com o próprio interesse nacional, realidade que se tornou patente com as políticas de valorização do café em execução logo com as primeiras crises de superprodução e consequente queda dos preços internacionais do produto no mercado mundial. É esse interesse cafeeiro que vai, em grande medida, orientar a mudança do eixo de dependência externa do país — de Londres para Washington —, o que, por sua vez, garantirá o acesso ao principal mercado consumidor do café brasileiro, o fornecimento de produtos manufaturados e de capitais de empréstimo necessários à manutenção da atividade econômica do país e, por último, o amparo político necessário para levar a bom termo algumas questões externas importantes como as fronteiras.[6]

Por outro lado, foi capital a importância econômica das áreas em litígio, o que é particularmente exemplar no caso do Acre, região de onde provinha substancial parcela da produção de borracha, que, entre 1889 e 1910, constituiu, sob todos os aspectos, notável surto econômico, responsável por importante parcela da receita em divisas estrangeiras e por um grande avanço, pioneiro, na colonização da Amazônia. Em tais áreas, a expansão da produção econômica carregava consigo outras implicações políticas, sociais e estratégicas, que davam aos litígios internacionais dali oriundos matiz mais profundo e complexidade maior. Não se tratava de mero escambo ou de simples e primitiva coleta de sobrevivência, mas de ocupação efetiva de terras, devolutas, é certo, mas de cuja importância os governos

---

[6] Note-se, nesse processo, o primeiro passo dado pela República nas relações com os EUA, rompendo a tradição do Império de não firmar tratados com nações mais poderosas: a assinatura de acordo que concedia aos produtos industrializados norte-americanos tratamento alfandegário semelhante ao dispensado nos EUA ao café e açúcar brasileiros, isto é, a isenção de impostos e gravamos, o que beneficiava abertamente os produtos norte-americanos. A seguir, a política de valorização do café, posta em marcha com o Convênio de Taubaté, em 1906, lançaria mão de vultosos recursos obtidos com empréstimos do City Bank de Nova York. Mais tarde, a lei antitruste norte-americana impediria a continuação dessa política com recursos oriundos dos EUA.

envolvidos já se davam conta de há muito. Tratava-se, em última análise, da manutenção de espaços geográficos importantes para a economia no setor de produtos primários, notadamente a borracha, a madeira e a erva-mate.

Finalmente, cabe assinalar as componentes sociais do processo. As áreas em litígio representavam garantia de espaços econômicos que absorvessem a tensão social gerada pelo sistema produtivo e pela estrutura fundiária de outras regiões, notadamente o Nordeste, onde a estagnação econômica, provocada pela secular retração da indústria açucareira, era agravada, por um lado, pela mecanização dos "engenhos de açúcar" — que foram deixando espaço para as "usinas" e liberando mão de obra — e, por outro, pelas secas cíclicas que assolam a região e que se manifestaram com especial vigor nas três últimas décadas do século XIX. As correntes migratórias se intensificaram, dirigindo-se a áreas onde a expectativa de atividade econômica constituía-se em poderoso fator de atração. Entre 1877 e 1879, com a "Grande Seca", cerca de um terço da população do Nordeste migrou para a Amazônia e São Paulo, numa evidência do elevado grau de tensão social na região, comprovado por numerosas revoltas camponesas e o impressionante episódio de Canudos, já na virada do século.

O problema social e demográfico impulsionou, assim, a ocupação de novas regiões de produção, em áreas em que a fronteira cartográfica não fora sequer delimitada e demarcada, ou o havia sido de forma incompleta. Dessa maneira, foi talvez o fator social a principal variável nas negociações sobre o território nacional, pois, ao formar a base da ocupação, deu origem a dois importantes argumentos jurídicos utilizados pela diplomacia brasileira na solução de alguns litígios territoriais: o princípio do *uti possidetis*, que nada mais é do que a versão jurídica da ocupação social e econômica de um território, e a *proteção aos nacionais brasileiros*, em áreas em que a sujeição à soberania estrangeira não fosse límpida e internacionalmente conhecida.

A série externa

Na série externa, a principal componente é a expansão econômica e diplomática dos Estados Unidos, cujo poder já se fazia sentir na última década do século XIX, em prenúncio do que seria a sua presença internacional no século XX.

Essa expansão deve ser vista dentro da perspectiva da própria expansão do capitalismo norte-americano no século XIX. Realizada a independência e instaurado seu processo nacional, os EUA puderam caminhar rapidamente para a Segunda Revolução Industrial, não sem antes, contudo, enfrentarem-se a determinados problemas internos que se erigiam em barreiras para o capitalismo ianque: a expansão da fronteira econômica com base na expansão territorial (Luisiana, Flórida, Texas, Territórios Mexicanos, Centro-Oeste e Califórnia, finalmente o Alasca); o pleno estabelecimento da sociedade de classes, com a abolição da escravidão; a garantia da unidade nacional sob o federalismo, com a derrota da Confederação sulista na Guerra de Secessão; as reformas e avanços internos nos planos político, econômico e institucional; e a aceleração da atividade econômica, dinamizada pelo grande afluxo de contingentes de mão de obra provenientes da imigração europeia e pela riqueza obtida em novas frentes econômicas como a Califórnia e o Meio-Oeste.

Plenamente conformado como nação capitalista, foi só a partir do final do século que os EUA se lançaram ao exterior, não mais para a anexação física de territórios, como o fizeram às custas do México de Sant'Anna na primeira metade do século XIX, mas para o exercício de uma hegemonia político-econômica que se expandiria em círculos concêntricos pelo hemisfério, tornando-se patente com a Guerra Hispano-Norte-Americana de 1898, com a revigoração da Doutrina Monroe, sob novas condicionantes, e com o "Big Stick", com o qual os EUA inauguraram uma política de franca intervenção em países da América Central e do Caribe, visando à proteção dos seus interesses econômicos e financeiros.

A Doutrina Monroe, apresentada originalmente como defensiva, uma vez que fora criada no contexto da descolonização do continente ameaçada pelas forças da Restauração da Europa do Congresso de Viena, evoluiu na sua formulação, por força das relações de poder e da própria expansão externa dos EUA, para transformar-se em instrumento das pretensões hegemônicas desse país, no intuito de assegurar mercados para os seus bens industriais e os seus capitais e para garantir suprimentos de matérias-primas e produtos agrícolas tropicais de elevada demanda no mercado norte-americano.

A inexorabilidade do avanço norte-americano e o interesse que dele advinha para certas classes produtoras latino-americanas tornava atrativa, para estas como para os norte-americanos, qualquer aliança que pudesse se originar, homologando, no plano político-diplomático, relações econômicas em grande parte dirigidas para o poderoso vizinho do Norte.

Nesse contexto, o Brasil, de certa forma impelido pela sua própria estrutura econômica para a área de influência dos EUA, concretiza o que seria uma aliança tácita — uma "aliança tácita", para lembrar sempre a feliz expressão de Burns, já citado — com os norte-americanos. Essa aliança se revestiu do caráter de uma dupla e recíproca aproximação, em que interesses de nações virtualmente distintas convergiram no plano diplomático — com a diferença de que, como se verá, a Chancelaria brasileira soube de certa forma canalizar para a solução de alguns problemas fronteiriços o importante respaldo político representado por uma grande sintonia de interesses econômicos e financeiros com Washington.

O grande trunfo da diplomacia brasileira consistiu, portanto, à época, não em realizar tal aproximação, inevitável no meu modo de ver as coisas,[7] mas sim em saber aproveitá-la no trato de outros problemas cuja solução representou ganho permanente e indiscutível da nação brasileira como um todo, livrando-se de litígios daninhos à boa convivência com vizinhos que são hoje pilares da política externa do país no seu importante relacionamento com os demais países em desenvolvimento.

O PROCESSO DE NEGOCIAÇÃO DOS LITÍGIOS TERRITORIAIS

O interesse nacional brasileiro, reorientado pelo grupo que passou a dominar o aparelho de Estado com o advento da República, reflete-se na política externa do país pela redefinição de objetivos em cada um dos três campos de atuação da diplomacia brasileira — as relações assimétricas ou de dependência, as relações simétricas ou de convivência e a definição do espaço de soberania. Assim, no primeiro campo, o objetivo é promover, no plano político, aproximação que homologasse os interesses econômicos recíprocos, no que se constituiria no estabelecimento de novas relações de dependência; no segundo, o equilíbrio de poder na região do Prata é entrevisto sob novo prisma, com a superação do entrave político-ideológico representado pela Monarquia e a possibilidade de superação definitiva do entrave representado pela questão de Palmas ou das Missões; e, finalmente, no campo que nos interessa de perto, a definição do espaço nacional se coloca de forma mais premente, não só como garan-

---

[7] Como o demonstram, de resto, as intervenções armadas que os EUA realizariam subsequentemente para garantir sua hegemonia e defender seus interesses em outros países, notadamente da América Central (Panamá, Nicarágua) e do Caribe (Haiti), e a grande dependência do setor cafeeiro do Brasil com relação ao mercado ianque, responsável por mais de 50% da demanda do produto.

tia de atividades econômicas essenciais para o país, mas também pelo seu significado político interno.

No entanto, é na composição desses objetivos, praticada pelo barão do Rio Branco principalmente por ocasião da longa pendência sobre o Acre, que se encontra o cerne da atividade diplomática brasileira, principalmente entre 1889 e 1909, marcos, respectivamente, da instauração da República e da solução final do problema acreano com o Peru.

Tal composição consistiu na percepção, pela Chancelaria brasileira, de que a concretização de um desses objetivos — a "aliança tácita" com os EUA — poderia constituir um reforço de viabilização dos dois outros objetivos, obtendo a diplomacia brasileira importante respaldo internacional, suficiente para levar adiante negociações anteriormente paralisadas apesar da posse, pelo Brasil, de argumentos decisivos e de títulos jurídicos autênticos.

Mas a análise global, generalizante, das chamadas "questões de limites" permite vislumbrar nitidamente os elementos de forma e de fundo que operaram na solução dessas tendências.

Em um primeiro grupo de elementos, todas as componentes do "interesse nacional", que se vieram esboçando aqui, se juntam a um "poder nacional" relativamente grande, que ensejou ao Brasil a possibilidade de encetar uma ação diplomática eficaz para iniciar, prosseguir ou retomar negociações.

A esse "impulso nacional" — chamemo-lo assim — somam-se, por um lado, princípios jurídicos aplicáveis aos litígios e, por outro lado, títulos jurídicos.

Entre os princípios, ressaltam, conforme já foi dito, o *uti possidetis* (homologação jurídica da ocupação social e econômica de terras devolutas), o princípio da nacionalidade da população da área em litígio e o princípio da solução pacífica dos litígios internacionais, seja pela via da negociação, seja pela via do arbitramento internacional.

Entre os títulos jurídicos, encontram-se aqueles oriundos de um "direito histórico", cuja fonte primeira são os tratados e acordos de valor preliminar, firmados entre as Coroas ibéricas, no período colonial (Tratado de Madri, 1750; Tratado de San Ildefonso, 1777; e Acordo de Badajoz, 1801), e um direito contratual, consubstanciado em tratados negociados entre nações já independentes, de que é exemplo o Tratado de La Paz de Ayacucho, de 1867, entre o Brasil e a Bolívia.

Num segundo grupo, coloca-se a "aliança tácita" entre o Brasil e os EUA, que veio dar certo respaldo político e diplomático às iniciativas brasileiras, sobretudo nos dois litígios que defrontavam o Brasil com potências europeias (Inglaterra e França). A esse respeito, afirma Burns acerca do barão do Rio Branco que "compreendeu a importância dos Estados Unidos e habilmente a colocou ao serviço do Brasil".[8]

No caso das questões com os demais países vizinhos, esta afirmação comporta, contudo, matizes mais acentuados. O pragmatismo sempre guiou a Chancelaria brasileira na procura, junto aos contendores, de fórmulas de solução a serem adotadas em cada caso. Não parece improcedente afirmar que, quando havia segurança de títulos históricos e jurídicos, a diplomacia brasileira procurava privilegiar o arbitramento internacional como processo de solução. A defesa da arbitragem internacional, aliás, guiou a atuação do Brasil em foros internacionais no início do século. Entretanto, quando a decisão se devia basear não em títulos jurídicos, por serem insuficientes ou contraditórios, mas sim em realidades palpáveis tais como o *uti possidetis* em terras devolutas, a Chancelaria brasileira procurou negociar diretamente, numa base salutar, com os seus parceiros.

---

[8] Cf. Celso Lafer, "Uma interpretação do sistema das relações internacionais do Brasil", in: Celso Lafer e F. Peña, *Argentina e Brasil no sistema das relações internacionais,* São Paulo, Duas Cidades, 1973, p. 83-119.

AS NEGOCIAÇÕES: SIGNIFICADO DAS QUESTÕES DE PALMAS E DO PIRARA E EXEMPLARIDADE DO CASO DO ACRE

A diplomacia da República Velha lidou, entre 1889 e 1909, com casos diferentes, de maior ou menor complexidade, relativos a litígios sobre territórios de fronteira. Os casos de Palmas ou Missões, das Lagoas Gaúchas e do Acre, que ganharam maior expressão, envolveram países latino-americanos soberanos; os casos do Amapá e do Pirara opuseram o Brasil a duas metrópoles europeias, França e Grã-Bretanha, em disputas sobre territórios vizinhos a possessões coloniais desses países. A questão da Ilha da Trindade envolveu a disputa pela legitimidade da posse daquele território insular, então sobretudo de valor estratégico e simbólico.

Palmas: a continuidade da política territorial brasileira; Pirara: o peso da desigualdade

A questão de Palmas é particularmente significativa para ilustrar esta abordagem, pois evidenciou a continuidade da tarefa diplomática brasileira, independente da mudança institucional representada pelo advento da República.

Com efeito, trata-se de questão que se arrastou ao longo do Império, vinculada de certa forma às disputas de poder na região, e para a qual já se caminhava no sentido de encontrar-se solução que aliviasse tensões no delicado subsistema regional. Assim, é fundamental ressaltar o fato de que o compromisso para a solução do litígio fora firmado ainda sob o Império, em 7 de setembro de 1889, concluindo etapa de negociações iniciada havia tempos.

Quis a República, em gesto precipitado, resolver a questão por outros meios, com a celebração, pelo então chanceler do governo provisório, Quintino Bocaiúva, em 1890, do Tratado de

Montevidéu, que dividia ao meio a zona de 30 mil quilômetros quadrados e que acabou não sendo ratificado pelo Congresso brasileiro a instâncias do próprio chanceler, que percebeu a tempo o erro a que fora induzido. A solução do arbitramento, com base em títulos jurídicos, foi retomada a seguir, tendo sido confiada ao presidente dos Estados Unidos, Grover Cleveland, e favorecendo o Brasil em 1895. Tal solução é reveladora não só da continuidade de objetivos e métodos da diplomacia brasileira, mas da própria cautela com que a República passaria então a tratar tais questões, procurando as saídas mais acertadas e utilizando-se do processo genérico de negociações descrito mais acima, guiando-se por um espírito eminentemente prático, sem açodamento ou qualquer viés ideológico ou interesse de curto prazo.

Já a questão do Pirara, entregue ao arbitramento do rei da Itália, evidenciou a incidência de outros fatores na derrota da posição brasileira, deixando entrever a possibilidade de que o jogo político da Itália junto à Grã-Bretanha tenha sido fator decisivo para a solução do litígio, com a divisão desigual da área em questão (34 mil quilômetros quadrados, dos quais apenas cerca de 14 mil couberam ao Brasil). Existe também a possibilidade de que o governo italiano quisesse, com tal veredicto, sinalizar ao governo brasileiro o seu descontentamento com os problemas que à época enfrentavam imigrantes italianos estabelecidos no Brasil.

A exemplaridade do caso do Acre

Finalmente, o caso do Acre reveste-se de caráter exemplar, pela magnitude dos interesses econômicos envolvidos, pela agudeza dos fatores sociais implicados, pelo pragmatismo político-diplomático, enfim, que representou.

Exemplo peculiar de manifestação da história em dois níveis — o da história feita pelas massas, na ocupação e exploração do território, e o da história feita pelas elites, na negociação diplomática —, o Acre foi a região que concentrou sobre si todos os aspectos daquilo que aqui se considerou como o "interesse nacional brasileiro" na época, seja pelo fator econômico — a borracha cada vez mais cotada em um mercado mundial que experimentava as emoções dos primeiros automóveis com pneumáticos e a pressão por novas matérias-primas —, seja pelo fator social, como área receptora de migrações internas oriundas de regiões socialmente tensas, seja ainda pelo fator político-estratégico, em que ressaltam o elevado risco de conflito internacional representado pelo litígio, a repercussão interna dos problemas sofridos pelas populações brasileiras ali instaladas, o próprio prestígio interno da República ali envolvido e o acréscimo, a problema já tão delicado, da complicação representada pelo arrendamento do Acre (Aquiri), pelo governo boliviano, a uma entidade estrangeira, o Bolivian Syndicate, que se erigiu em novo obstáculo a ser superado pela diplomacia brasileira.

Com a formação de nova fronteira econômica, demográfica e política, produto de fases sucessivas da ocupação do Acre por brasileiros — a da exploração geográfica, a da coleta das "drogas do sertão", culminando com o grande ciclo econômico da borracha a partir de 1870 —, as pressões sobre a diplomacia brasileira formaram duas grandes correntes.

A primeira, externa, provinha dos protestos e ameaças do governo boliviano, e se fazia no sentido de uma retirada brasileira da região e do reconhecimento de alegados direitos bolivianos sobre a mesma, nos termos do Tratado de La Paz de Ayacucho, de 1867. A segunda, interna, provinha de movimentos de opinião pública e de interesses brasileiros, e se exercia no sentido da incorporação definitiva do Acre ao território nacional. O problema do arrendamento ao Bolivian Syndicate foi solucionado com a cessão ao Brasil, pelos norte-americanos, partes do consórcio, dos direitos de arrendamento comprados à Bolívia, evitando-se

A ESCOLA DA LIDERANÇA 85

dessa forma um trunfo boliviano oriundo do envolvimento de terceiras potências no litígio. A compra desses direitos de arrendamento custou aos cofres brasileiros cerca de 110 mil libras esterlinas, mas foi peça essencial no xadrez diplomático que só se concluiria em 1903. Muito possivelmente foram fundamentais para a boa vontade norte-americana na pressão ao Bolivian Syndicate os interesses próprios da nova relação construída entre Washington e o Rio de Janeiro.

Diante da premência do problema — as revoltas de brasileiros se sucediam e a região tornava-se explosiva nos últimos anos do século XIX —, e diante da magnitude dos interesses ali envolvidos, o Brasil viu-se diante de três possibilidades de encaminhamento do problema, conforme o demonstrou o próprio barão do Rio Branco, em documento em que analisa o assunto.[9] Entre a negociação direta com a parte boliviana, baseada no *uti possidetis* do momento, o arbitramento com base em títulos jurídicos e o encorajamento da fundação do Acre como estado independente, para posterior anexação ao Brasil, a diplomacia brasileira preferiu a primeira possibilidade, para a qual contava com trunfos de primeira ordem (a própria extensão do *uti possidetis*, a facilidade de controle da região pelas Forças Armadas brasileiras e o respaldo indireto norte-americano à iniciativa expresso na cessão dos direitos no Bolivian Syndicate).

Dessa forma, a questão acreana foi exemplar no processo genérico de definição do espaço nacional brasileiro. Optando pela negociação direta bilateral (ou seja, por parceiro, começando com a Bolívia, país com o qual o litígio atingia proporções alarmantes, e prosseguindo depois com o Peru), com base em dois princípios jurídicos irrefutáveis — o *uti possidetis* e a proteção aos nacionais brasileiros — e no fato consumado da ocu-

---

[9] Cf. Carlos Miguel Delgado de Carvalho, *História diplomática do Brasil,* São Paulo, Companhia Editora Nacional, 1959, p. 233-235.

pação brasileira, e contando com o respaldo do governo norte-americano no que ao Bolivian Syndicate se referia, a Chancelaria brasileira pôde, em tempo relativamente curto, resolver o problema com a Bolívia e, por essa forma, obter ganhos políticos tanto interna como internacionalmente.

Resolvido o litígio com a Bolívia, por meio do Tratado de Petrópolis, de 1903 (pagamento de 2 milhões de libras esterlinas à Bolívia, compromisso de construção de estrada de ferro que contornasse as cabeceiras do Mamoré e alguns acertos territoriais), ficou franqueada a via do entendimento com o Peru, consubstanciado definitivamente com o Tratado de 1909.

CONCLUSÕES

A diplomacia da República Velha enfrentou-se, portanto, às três tarefas básicas que lhe impôs o próprio processo histórico brasileiro. Ela soube, entretanto, conciliar os objetivos que novos interesses nacionais e novas circunstâncias internacionais lhe colocaram pela frente, legando ao futuro a solução definitiva dos poucos litígios fronteiriços que à época embaraçavam a definição do espaço onde se exercia a soberania do Estado brasileiro.

Resolvendo litígios de elevado potencial de conflito, a diplomacia da Primeira República conquistou, na continuidade das preocupações da diplomacia brasileira em geral, duas importantes vitórias que viriam a durar no tempo e a constituir instrumentos do projeto nacional brasileiro contemporâneo.

Do ponto de vista interno, foram incorporadas legalmente ao território brasileiro áreas de importância econômica e social indiscutível, que se constituíram, ao longo do século XX e até os dias atuais, em fatores de alívio de pressões demográficas e sociais e de implantação de novas atividades econômicas. Esse fato é atestado pela própria elevação do Território Federal do Acre à categoria de Estado federativo, já no início da década de 1960, e pela caudalosa corrente migratória que para aquelas regiões continua a fluir até os dias de hoje, em sinergia com uma grande intensificação da atividade econômica.

Também do ponto de vista interno, o êxito nas questões fronteiriças contribuiu não apenas para a consolidação da República, mas para o prestígio da diplomacia brasileira, conferindo-lhe uma estatura que, se por um tempo, no dizer de um diplomata brasileiro, tornou-se um estilo à procura de um assunto, é hoje instrumento fundamental do papel que o país tem que representar no concerto internacional para viabilizar o seu projeto de desenvolvimento e bem-estar social. Nunca é demais repetir: o patrimônio da diplomacia brasileira se consolidou nessa época, pondo à disposição do Estado e da sociedade brasileiros um instrumento reconhecido interna e internacionalmente, respeitado e respeitável pelos resultados que pôde mostrar.

Esse êxito representou, por último, no plano interno, o pleno exercício do poder e da soberania do Estado brasileiro sobre o seu território, contribuindo assim para a consolidação da unidade nacional, não poucas vezes ameaçada de desagregação no correr da história brasileira.

Do ponto de vista externo e da própria diplomacia brasileira, as soluções definitivas de litígios fronteiriços representaram importante fator de aproximação e de alívio de tensões com os vizinhos sul-americanos, hoje pontos-chave da política externa do país, tendo-se livrado a Chancelaria brasileira, para sempre, do incômodo de ter de tratar de problemas delicados, que envolvem diretamente a própria soberania dos Estados e se constituem em estopim de graves conflitos entre vizinhos, além de forte tensão que pode facilmente ser aproveitada por nações mais poderosas, como via para o exercício da sua hegemonia em uma região.

Hoje, no que a fronteiras se refere, a Chancelaria brasileira preocupa-se tão somente com a densificação de marcos fronteiriços e com campanhas de inspeção. Não pesa sobre o Brasil nenhuma hipoteca política com os seus vizinhos, nem tivemos de estender-nos no tratamento de intrincadas questões territoriais quando o país mudou o seu perfil com a industrialização e passou a exigir uma profunda alteração na sua inserção externa, inclusive com a valorização gradual e firme da sua própria identidade sul-americana.

As vantagens que uma tal situação trouxe para o desenvolvimento recente da diplomacia sul-americana do Brasil são evidentes. Pudemos, ao longo da maior parte do século XX, concentrar todo o nosso esforço diplomático em ações concretas de cooperação, de integração física, de integração econômica e comercial e de aproximação política, sem despender recursos e a capacidade operacional da Chancelaria em penosos litígios territoriais, que tendem a cristalizar-se com o passar do tempo em vez de solucionar-se ou a exigir custosos compromissos políticos para o seu tratamento e a sua eventual superação.

O exemplo de vários litígios fronteiriços que permaneceram na América do Sul ao longo de todo o século XX, consumindo energias diplomáticas preciosas para os países envolvidos e gerando mesmo conflitos armados, dá bem uma ideia do custo político que esses problemas traziam embutidos e revela o acerto e o pragmatismo da diplomacia da República Velha ao deixar-nos tão valioso legado.

É portanto com olhos de aprendizes que devemos hoje revisitar as lições deixadas pela diplomacia da etapa de fundação e consolidação da República: em matéria de métodos, intuições e realizações, de pragmatismo e atento serviço ao interesse nacional de longo prazo, ela ocupou o lugar de um bom e valioso exemplo na história diplomática universal e abriu o caminho para tudo o que se tem podido realizar em matéria de melhorar a inserção externa brasileira.

III

O Brasil e a América do Sul: apontamentos para a história de uma convergência[1]

> *"Il est de la sagesse et de la politique de faire ce que le destin ordonne et d'aller où la marche irrésistible des événements nous conduit."*

Napoleão Bonaparte

INTRODUÇÃO

A reunião presidencial sul-americana promovida pelo Brasil em Brasília, em setembro de 2000, primeira do seu gênero, em uma época em que a diplomacia presidencial quase se banalizou e em que reuniões de cúpula regionais frequentemente beiravam uma letárgica rotina, colocou em evidência uma mudança política notável na história diplomática brasileira, que convém registrar e analisar.

Essa política põe ênfase, e de forma ainda mais explícita a partir do início do governo Lula, nas oportunidades e desafios políticos e econômicos que a integração da América do Sul ofe-

---

[1] Publicado em *Política externa*, volume 9, nº 4, março-abril-maio de 2001. Artigo revisto.

rece ao Brasil, e procura valorizar o continente como uma região que tem e começa a mostrar melhor uma personalidade própria, singular, nas relações internacionais contemporâneas, que pode aceitar melhor o seu caráter geograficamente periférico, mas unitário, e que constitui um espaço privilegiado e natural da ação internacional dos países que a integram e, portanto, do Brasil.

É uma política — convém insistir muito, desde o princípio — que nada tem de excludente, pois nem nega, nem afasta outras opções ou identidades que o próprio Brasil ou os demais países sul-americanos queiram concomitantemente exercitar, e tampouco se volta contra qualquer país ou grupo de países que não pertencem estritamente ao universo geográfico sul-americano. Aqui quem exclui ou inclui é a geografia.

Entretanto, ao contrário do que se poderia supor em uma abordagem superficial, a diplomacia sul-americana com que o Brasil abre o novo século não é um ato de improvisação ou um impulso repentino, mas sim a coroação de uma longa história de aproximação do país com os seus vizinhos sul-americanos. Conhecer os antecedentes dessa política de valorização da América do Sul como tabuleiro central da política externa do Brasil pode ajudar a melhor compreender o alcance do movimento de integração em curso na região, as suas vantagens e vicissitudes e as suas possíveis implicações no quadro mais amplo da diplomacia ocidental, especialmente quando se tem em conta que os anos 1990 deram nova densidade às relações econômicas dos Estados Unidos, de países da União Europeia e da Ásia com o Mercosul e países da América do Sul.

Estas reflexões visam a fornecer alguns elementos que permitam avaliar a história dessa convergência entre o Brasil e sua vizinhança sul-americana ao longo do século XX — século que se abriu na história do Brasil pela conclusão exitosa das grandes questões territoriais, tarefa diplomática por excelência, e que se fechou (e se prolonga no século atual) com a difícil empresa de construção e consolidação do Mercosul, marcado por dificuldades pontuais e problemas setoriais que são magnificados quando se perde a dimensão histórica do empreendimento. E século que cede lugar a outro em que não mais se discutem ou questionam nem a identidade sul-americana do Brasil, nem a prioridade que a região deve merecer da nossa diplomacia, como decorrência natural do interesse nacional brasileiro.

Em outras palavras, o objetivo do presente texto é mostrar como o Brasil, mais consciente, em termos práticos, da sua identidade sul-americana e dos limites do seu poder nacional para enfrentar o jogo internacional, trilhou um longo caminho conceitual e prático para ir buscar na parceria com os seus vizinhos uma alavanca importante para realizar o seu projeto de desenvolvimento nacional e de autonomia relativa dentro da interdependência assimétrica que marca as relações internacionais contemporâneas.

O BRASIL, CRIAÇÃO DA DIPLOMACIA

A história do Brasil no século XX é a de uma mudança desejada, de um projeto voluntarista de desenvolvimento que se impôs pouco a pouco e que terminaria por mudar completamente a face social, política e econômica do país e dos seus numerosos laços internacionais — um voluntarismo de toda a sociedade, aliás, e não apenas de uma sucessão de governos.

Não gostaria de estender-me sobre a intensidade e a abrangência das mudanças internas ocorridas no Brasil ao longo do século XX. Basta olhar pela janela para vê-las em toda a sua dimensão e dramaticidade; basta pensar nos indicadores macroeconômicos e nos próprios números da estatística brasileira para comprová-las. Interessa-me aqui o plano internacional, e, nele, creio que essa mudança teve por efeito impor ao país — à elite do país, pelo menos — dois traços fundamentais da sua identidade, o de ser um *país em desenvolvimento* e o de ser um *país sul-americano*.

Tautologia? Talvez, se examinarmos a questão *a posteriori*. Mas a verdade é que foi preciso que essa dupla identidade, hoje tão óbvia, fosse sendo construída no discurso e na autoimagem brasileiros ao longo de todo o século XX. Porque, se é verdade que o Brasil sempre foi sul-americano, é também verdade que esse traço essencial da sua identidade era deliberada ou inadvertidamente esquecido na construção da nossa visão do mundo e de nós mesmos até bem entrado o século. E, quanto à ideia de sermos um país em desenvolvimento, esse foi um conceito político introduzido paulatinamente, à medida que a própria alteração da realidade econômica e social nos ia impondo a visão de que estávamos efetivamente em processo de transformação e que essa transformação poderia ser acelerada e acentuada, e isso de tal forma que o que poderia ser simples descrição da realidade passou a ser a expressão-síntese do interesse nacional, do projeto nacional — um conceito a um tempo, portanto, descritivo e programático.

Mas o importante a reter em uma análise diplomática dessa questão ontológica é que ambos os conceitos, uma vez assumidos total ou parcialmente, têm consequência para a política externa, pois alteram não apenas a imagem e o diagnóstico que o país tem de si mesmo, mas também a forma como procura projetar essa imagem e esse diagnóstico para deles valer-se ou para fortalecê-los com o fim de definir os seus interesses nacionais e as suas estratégias para defendê-los e para alcançar os seus objetivos.

Não gostaria de exagerar o papel que a diplomacia teve nessa importante evolução da ontologia brasileira ou, melhor dito, de tomada de consciência do Brasil sobre a sua verdadeira identidade nacional e internacional; mas a diplomacia teve sem dúvida um papel no processo, que não seria legítimo ou justo ignorar e que vale a pena recordar, até para valorizar o seu papel na continuação desse processo no século que se inicia.

A ESCOLA DA LIDERANÇA   93

De fato, vista sob muitos ângulos, a diplomacia desempenhou, ao longo de séculos, uma função relevante, quase singular, no processo de formação nacional do Brasil, processo que assumiu em diversos momentos a forma de uma vasta busca de identidade e de uma afirmação da autoridade soberana da nação brasileira sobre um território herdado ainda incompleto da antiga metrópole. Examinemos isso mais de perto, porque tem consequências para a análise do nosso tema.

O BRASIL, CRIAÇÃO DA DIPLOMACIA

Antes mesmo da sua descoberta física, o Brasil nasceu política e juridicamente de um ato de diplomacia pura, o Tratado de Tordesilhas, de 1494, entre os reis de Portugal e os de Castela e Aragão, realização típica da diplomacia de cúpula de então. Ele foi preservado como grande império colonial graças à habilidade, e mesmo à temeridade, da diplomacia portuguesa, que soube negociar com as grandes potências europeias, frequentemente em condições desvantajosas do ponto de vista político e econômico, é certo, a extensão, a conservação ou a recuperação do seu vasto território sul-americano[2] e fazer as alianças político-militares que

---

[2] Cf. Evaldo Cabral de Mello, *O negócio do Brasil*, Rio de Janeiro, Topbooks, 1999. Evaldo Cabral de Mello aporta à reflexão sobre a construção e manutenção do território do Brasil Colonial esta obra capital que revela o complexo processo diplomático que assegurou a Portugal, mediante longas e custosas negociações com os Países Baixos, a reintegração plena à soberania portuguesa do território de Pernambuco, invadido pelos holandeses em 1624 e mantido sob dominação batava por três decênios. Acredito que a obra de Cabral de Mello reforça a tese da centralidade da diplomacia, em contraste com o papel das armas, na sobrevivência de Portugal e do seu império ultramarino, ao mesmo tempo que desmistifica a historiografia sobre as lutas de libertação do chamado Brasil holandês.

acabavam por ser garantes ao mesmo tempo da independência de Portugal e da sua soberania sobre o seu império colonial.

O Brasil também deve a sua independência sobretudo a negociações diplomáticas — com a intermediação britânica e de outras potências do Congresso de Viena — entre os dois ramos da casa de Bragança, o português e aquele que se tornaria o ramo brasileiro. Ele evitou os excessos do imperialismo britânico em torno da questão do tráfico de escravos graças a uma resistência diplomática empedernida, que compensou o que lhe faltava em poder militar e econômico. Assegurou a estabilidade nas fronteiras do Prata combinando persuasão diplomática com a força da intervenção ou mesmo da guerra precedida de intensas negociações para formar alianças (com países, com facções internas). E consolidou o seu imenso território de proporções continentais, rodeado de dez vizinhos (três deles, durante muito tempo, potências coloniais europeias), graças ao exercício de uma diplomacia diligente, que soube combinar títulos jurídicos, habilidade política e negociadora e às vezes relativo poder estratégico para resolver todos os diferendos fronteiriços e estabelecer de forma clara e inconteste os limites da soberania brasileira.[3]

_____

[3] *Grosso modo*, a *diplomacia territorial* do Brasil se estende de 1828 (data da independência do Uruguai) a 1909 (último grande tratado fronteiriço com o Peru e cessão ao Uruguai do condomínio sobre a lagoa Mirim e o rio Jaguarão), e, além de numerosos tratados de fronteira com os diferentes vizinhos (inclusive um com o Equador, que garantiria até mesmo as fronteiras na área então reivindicada por aquele país junto ao Peru), comporta várias causas célebres, tais como as sentenças arbitrais que garantiram a soberania brasileira nas questões de Palmas ou Missões com a Argentina (1895) e do Amapá com a França (1900) ou a negociação que concluiu com o Tratado de Petrópolis com a Bolívia, garantindo a soberania sobre a totalidade do território do atual estado do Acre em troca de alguns territórios e de uma compensação financeira (1903). O século XX se abre, portanto, na história brasileira, com o apogeu dessa diplomacia territorial que, iniciada pelo Império e continuada pela República recém-inaugurada, garantiu a base física da nação. Cf. Synesio

A ESCOLA DA LIDERANÇA 95

De certa maneira, o século XX brasileiro só começou para a diplomacia com a conclusão da obra de Rio Branco,[4] que preparou o terreno para uma política externa livre de toda hipoteca

---

Sampaio Góes, *Navegantes, bandeirantes, diplomatas*, 2ª ed., São Paulo, Martins Fontes, 1999 e Demétrio Magnoli, *O corpo da pátria. Imaginação geográfica e política externa no Brasil (1808-1912)*, São Paulo, Unesp/Moderna, 1997. Essas duas obras, de grande acuidade acadêmica, descrevem de forma precisa e aprofundada o processo de formação territorial do Brasil e o papel que nele desempenharam a diplomacia portuguesa, no início, e brasileira, em seguida, contribuindo para consolidar essa imagem de uma diplomacia essencialmente ligada à construção da nacionalidade por meio da fixação do território nacional. Também me aventurei a analisar essa questão, pondo ênfase na impressionante continuidade da tarefa de consolidação do território pelo Império e pela República, depois da hesitação inicial de Quintino Bocaiúva em relação à questão de Palmas. Ver capítulo II.

[4] José Maria da Silva Paranhos, barão do Rio Branco, célebre por seu papel tanto como defensor do Brasil em alguns diferendos territoriais (notadamente o de Palmas, com a Argentina, e o do Amapá, com a França), foi, de 1902 à 1912, ministro das Relações Exteriores de quatro presidentes brasileiros sucessivos (Rodrigues Alves, Afonso Pena, Nilo Peçanha e Hermes da Fonseca); consolidou mediante aquelas arbitragens e outros acordos bilaterais as fronteiras brasileiras e operou a transferência do principal eixo diplomático brasileiro, de Londres para Washington, adaptando-o às novas realidades de poder internacional e regional. A bibliografia sobre Rio Branco é vasta e clássica; citam-se principalmente as obras de Álvaro Lins, *Rio Branco* (São Paulo, Alfa-Ômega/Fundação Alexandre de Gusmão, 1996); Luís Viana Filho, *A vida do barão do Rio Branco* (Brasília, Senado Federal/Fundação Alexandre de Gusmão, 1996) e E. Bradford Burns, *The Unwritten Alliance* (Nova York, Columbia University Press, 1966). Delgado de Carvalho lhe consagra páginas de grande precisão na sua obra *História diplomática do Brasil* (São Paulo, Companhia Editora Nacional, 1959; edição fac-similada: Brasília, Senado Federal, 1998). Excelente texto de reinterpretação da vida, obra e significado de Rio Branco é o de Rubens Ricupero, "Um personagem da República", in: *José Maria da Silva Paranhos, barão do Rio Branco — uma biografia fotográfica*, organizado por João Hermes Pereira Araújo. (Brasília, Fundação Alexandre de Gusmão, 1995.)

jurídica ou diplomática com os vizinhos e afastou os problemas tão frequentemente associados às questões fronteiriças ou territoriais mal resolvidas, cujos exemplos abundaram no nosso hemisfério e ainda são numerosos em todo o mundo, fazendo das diplomacias dos países envolvidos reféns de questões estéreis, desgastantes, mas muito mobilizadoras de recursos e energia.

No começo do século XX, o Brasil havia deixado de ser um grande império agrário e escravocrata, isolado e ameaçado frequentemente pelas manobras das grandes potências que agiam para pôr fim ao trabalho escravo, para tornar-se uma república a princípio instável política e economicamente, mas já em maior harmonia com o seu entorno geopolítico. Essa república, depois, mostrou-se firmemente ancorada em um sistema oligárquico e uma intensa atividade cafeeira e, em seguida, graças ao acúmulo de capitais e intensidade da atividade econômica interna, o país progressivamente viu-se engajado na ideia de promover o seu progresso à base de um desenvolvimento industrial que o tornasse na medida do possível autônomo (não necessariamente autárquico). O compromisso com a democracia completaria, depois de avanços e recuos, esse perfil.

Que papel teve a diplomacia brasileira nessa rápida transformação do projeto nacional brasileiro? Ele me parece múltiplo; vou reter, a título de exemplo, dois domínios fundamentais, o da definição de uma *ontologia de país em desenvolvimento*, com os engajamentos políticos e a ação diplomática que daí decorria, e o *sentimento de pertencer à América do Sul*, que foi completando e dando nova perspectiva ao primeiro. Eis aí dois dos pilares ontológicos desse Brasil que inicia o século XXI e ultrapassa o seu quinto centenário com uma ideia algo mais clara do seu projeto nacional, das suas necessidades e das suas possibilidades diplomáticas, e também dos seus desafios e obstáculos.

Como foi que a diplomacia ajudou a construir essa ontologia, esse duplo sentimento?

O BRASIL, *PAÍS EM DESENVOLVIMENTO*

A diplomacia brasileira teve de aprender a realizar uma nova tarefa como instrumento do poder e do interesse nacional brasileiro após o sucesso da política territorial e de fronteiras. Já se disse que, após a conclusão da etapa dos grandes tratados de limites, em 1909, a diplomacia brasileira tornou-se por alguns anos o que se dizia de um poeta parnasiano tardio — *uma forma em busca de conteúdo.*[5] Se essa pecha parece exagerada após uma análise mais objetiva — afinal, o Brasil participou da Primeira Guerra Mundial e das negociações de paz de Paris que culminaram com o Tratado de Versalhes e integrou desde o início a Liga das Nações até sua patética retirada em 1926, por motivos totalmente alheios à verdadeira diplomacia e contra o sentimento da Chancelaria e da missão em Genebra —, não é menos verdade que a consideração dá conta de uma perda sensível de *status* e de propósito da diplomacia no conjunto das grandes políticas públicas do Brasil.[6]

---

[5] A expressão aplicada à diplomacia da baixa República Velha é de Rubens Ricupero.

[6] A expressão modesta da diplomacia presidencial brasileira, após a troca pioneira e tão significativa de visitas de Estado entre o Brasil e a Argentina em 1899-1900 (troca prenunciadora de várias prioridades nas décadas seguintes) e até 1935 (data da viagem ao Prata de Getúlio Vargas, marco na diplomacia presidencial do ditador brasileiro), é uma das provas disso. Cf. Sérgio Danese, *Diplomacia presidencial,* Rio de Janeiro, Topbooks, 1999. Dediquei várias páginas desse estudo do fenômeno da diplomacia presidencial a essa troca de visitas e ao vazio que a seguiu na diplomacia presidencial brasileira, que conservará por longo tempo um caráter meramente reativo e marcado pelos excessos da retórica ou do protocolo. A retirada brasileira da Liga das Nações, com estardalhaço, em 1926, é outra demonstração dessa perda de substância da diplomacia brasileira na década de 1920. A obra clássica sobre a questão da retirada brasileira da SDN. — sempre interessante pela sua riqueza fatual e analítica — continua sendo a de José Carlos de Macedo Soares, *O Brasil e a Sociedade*

Esse relativo vazio não durou, no entanto, muito tempo. Os anos 1930 e a Segunda Guerra Mundial forneceram à diplomacia brasileira essa mistura de crises, de rivalidades e tensões internacionais e regionais, de desafios e oportunidades que iluminam o rosto de qualquer diplomata que teme o ócio prolongado e a falta de substância como signo pessoal de mau agouro.

Antes de mais nada, foi o desafio de buscar e encontrar novos mercados para escoar a produção agrária cuja demanda se havia deprimido nos mercados tradicionais assolados pela crise desencadeada pelo *crack* da Bolsa de Nova York. A reaparição da Alemanha como grande parceiro internacional foi percebida como uma oportunidade promissora por uma diplomacia brasileira (em sentido lato, ou seja, mais além da própria Chancelaria), mais preocupada com resultados do que com filigranas de geopolítica europeia ou avaliações estratégicas de longo prazo.

A ideia de que essa parceria com a Alemanha tornada hitlerista em 1933 poderia servir de alavanca junto das potências rivais ou concorrentes, em particular os Estados Unidos, levou a uma política de ambiguidade, de pragmatismo e mesmo de cru oportunismo levado ao seu extremo. Isso era aliás possível pelo personalismo habilidoso com que Getúlio Vargas, espelhando a diplomacia de ditadores da Europa dos anos 1930, conduziu com pulso de ferro a diplomacia e a política econômica e militar internacional do Brasil.[7] Pela primeira vez, o país tomava consciência de que poderia não exatamente influenciar o jogo internacional, mas dele beneficiar-se valendo-se de certas janelas e sombras. E não apenas para escoar seus produtos agrícolas e ter acesso a certos

---

das Nações, Paris, A Pedone Editor, 1927. Eugênio Vargas Garcia expõe pormenorizadamente e analisa a questão em *O Brasil e a Liga das Nações (1919-1926): vencer ou não perder* (prefácio de Celso Lafer. Porto Alegre/Brasília, Ed. da Universidade/UFRGS/Fundação Alexandre de Gusmão, 2000).

[7] Cf. Sérgio Danese, *Diplomacia presidencial,* op. cit., p. 285-308.

A ESCOLA DA LIDERANÇA   99

bens e equipamentos, mas também para atrair uma cooperação econômica e militar ansiosamente esperada pelos setores interessados — a burocracia estatal, as Forças Armadas e certa parcela do incipiente, mas vigoroso empresariado industrial nacional.

Os anos 1930 viram portanto nascer o que os historiadores da política externa brasileira deram em chamar *a diplomacia do desenvolvimento*[8] — uma diplomacia *latu sensu*, que ia mais além da ação exclusiva do Ministério das Relações Exteriores para incluir também as políticas econômica, comercial e financeira internacional e de defesa e de segurança nacionais, estas centradas sobretudo na questão do "reequipamento" das Forças Armadas. Era, em suma, o início em grande estilo — pela efervescência da vida internacional e da vida interna brasileira — de uma diplomacia que se postulava ainda de forma intuitiva como instrumento de uma política mais articulada de busca de benefícios externos para o país e sobretudo de mudança das suas estruturas produtivas e sociais — uma política que rapidamente se centraria no conceito de substituição de importações e desenvolvimento da indústria de base após a *débâcle* do modelo puramente agroexportador que havia sido a base da vida econômica brasileira desde o início da colônia e havia mostrado toda a amplitude dos seus limites e vulnerabilidades com a crise desencadeada em 1929.

Essa diplomacia do desenvolvimento pouco a pouco tomou um duplo caminho, bilateral e multilateral, e apenas mais recentemente encontrou uma síntese feliz de ambos no projeto de integração regional — sobretudo o Mercosul — cujo interesse básico para esta análise examinaremos adiante.

O caminho bilateral logo assumiu o caráter de insistente reivindicação, pelo Brasil, de uma cooperação econômica privilegiada junto aos Estados Unidos, primeiro, e mais adiante junto

---

[8] Cf., por exemplo, Rubens Ricupero, "A diplomacia do desenvolvimento", in: *Três ensaios sobre diplomacia brasileira,* Brasília, Ministério das Relações Exteriores, 1989.

a alguns outros países desenvolvidos, como a Alemanha ou o Japão nos anos 1970.

Relativamente exitosa no início — como prova o financiamento norte-americano da siderúrgica de Volta Redonda em 1942, que culminou numa política de barganha que Vargas procurou fazer render ao máximo e foi fruto de um interesse estratégico específico da parte dos EUA em função da guerra na Europa, interesse estratégico esse que não voltaria a se repetir —, essa reivindicação bilateral logo encontraria dificuldades e limites muito precisos. Foi o que ocorreu, por exemplo, desde o início da Comissão Mista Brasil-Estados Unidos. Criada no final dos anos 1940 e desativada no início dos anos 1950, ela foi responsável por desmesuradas e logo frustradas expectativas brasileiras, que sempre esbarravam na escassez de recursos governamentais norte-americanos disponíveis para ajuda econômica na região (que representava cifra equivalente a 1% do total de recursos alocados à Europa em função do Plano Marshall) e no caráter intrusivo e na visão privatista da abordagem norte-americana dos trabalhos e objetivos da Comissão Mista.

As frustrações que logo se fizeram sentir nessa busca de uma cooperação bilateral com o principal parceiro internacional deram lugar, já nos anos 1950, a uma mudança na atitude brasileira, com apoio ou simultaneidade de outros países latino-americanos. Essa mudança valeu-se do panamericanismo, de que a Organização dos Estados Americanos (OEA), criada em 1948, se havia tornado o foro político por excelência, e que se perfilou como um campo potencialmente interessante para ampliar o reivindicacionismo econômico que passaria a marcar boa parte da ação externa brasileira.

A ideia de um multilateralismo regional de reivindicação econômica para sustentar o desenvolvimento se tornaria logo uma ideia motriz por trás da diplomacia brasileira, cuja atuação em favor de teses desenvolvimentistas nos Acordos de Bretton

Woods havia sido limitada pelo próprio escopo preciso dessas negociações. Além de introduzir paulatinamente no âmbito eminentemente político da OEA o tema da reivindicação econômica, o Brasil tentaria uma grande iniciativa regional nessa direção com a Operação Pan-Americana (OPA, 1957-60), que, sob a inspiração e a convocação do presidente Juscelino Kubitschek, quis utilizar a luta contra o comunismo e o expansionismo soviético na América Latina, tema de predileção de Washington na sua política interamericana em plena Guerra Fria, como uma alavanca político-ideológica poderosa para obter cooperação econômica preferencial no hemisfério.

A OPA conheceria enormes dificuldades de implementação, ganharia um caráter eminentemente retórico no discurso diplomático brasileiro e despertaria resistências veladas da parte de outros países latino-americanos e sobretudo dos próprios EUA, que trataram de assumir um papel de liderança, ensejado pela própria vaguidão e pelo caráter retórico e triunfalista das propostas brasileiras. Ela fracassaria como iniciativa diplomática e como obra de diplomacia presidencial — é preciso ter a coragem de dizê-lo contra o discurso oficialista, que às vezes causa pena pela desmesura do seu triunfalismo vazio —, ainda que se possa dizer que inspirou a criação do Banco Interamericano de Desenvolvimento em 1960 e logo depois a própria "Aliança para o Progresso", de Kennedy (que assim patentearia a apropriação de parte das teses da OPA pelo governo norte-americano). Mesmo assim, a OPA ficaria como a marca distintiva, precursora, de uma nova atitude da diplomacia brasileira diante do desafio do desenvolvimento visto sob a ótica internacional. E seria ainda, por décadas, o único grande exemplo de iniciativa sustentada da diplomacia presidencial brasileira.[9]

---

[9] Cf. Sérgio Danese, *Diplomacia presidencial*, op. cit., p. 325-31. A minha análise da OPA é deliberadamente crítica e trata de desmistificar a iniciativa, que tem dificuldade de desvincular-se do discurso oficial triun-

Foi o fracasso da estratégia que estava por trás da Operação Pan-Americana, associado à multiplicação de novos Estados oriundos da descolonização africana e asiática, que levou o Brasil a abandonar a ideia de uma diplomacia de ingênua reivindicação econômica para engajar-se em uma diplomacia mais claramente voltada à transformação das estruturas do poder econômico e político internacional, de forma a criar condições mais favoráveis para o desenvolvimento econômico e social. É verdade que essa diplomacia guardou uma elevada dose de utopia e não via nenhuma contradição em defender o distributivismo, a reforma estrutural e a democracia internacionais enquanto o próprio país esmerava-se na perpetuação de estruturas sociais injustas, mostrava-se incapaz de fazer reformas básicas que não lograva identificar e mergulhava, durante 22 anos, em um regime autoritário e concentracionista, abusivo dos direitos humanos, que desqualificava *ab initio* as reivindicações de uma diplomacia que a maior parte do tempo foi progressista e reivindicacionista.

Essa nova diplomacia — baseada numa consistente "crítica da ordem injusta", para utilizar a boa expressão analítica de Alexandre Parola[10] — certamente se beneficiou de uma tripla realidade internacional: a Guerra Fria, que acarretava uma custosa corrida armamentista e lançava o mundo em numerosos conflitos regionais, desperdiçando recursos indispensáveis para o desenvolvimento e solapando a cooperação internacional; a multiplicação e a maior força política (ou ao menos parlamentar) dos países em desenvolvimento, que lhes permitiu, se não dominar, ao menos influenciar, em certo sentido, a agenda diplomática internacional durante muitos anos, nela introduzindo temas novos como os que inspiraram a Conferência das Nações Unidas sobre Comércio e Desenvolvimento (Unctad, na sigla em inglês, que se

---

falista e vazio que a sustentou durante a sua vigência e que não desapareceu da maioria das análises posteriores.

[10] Cf. Alexandre Parola, *A ordem injusta*, Brasília, Funag/Ipri, 2007.

A ESCOLA DA LIDERANÇA 103

tornou um foro permanente), o novo direito do mar da III Conferência das Nações Unidas sobre o Direito do Mar, os sistemas gerais de preferências comerciais, o conceito de "negociações globais" para a criação de uma "nova ordem econômica internacional", o diálogo Norte-Sul, os mecanismos de proteção de produtos de base e até mais recentemente o conceito de "desenvolvimento sustentável", que esteve na essência da Conferência das Nações Unidas sobre o Meio Ambiente e o Desenvolvimento (Rio-92) etc.; e, finalmente, os sinais, e mais tarde as manifestações concretas de um processo de multipolarização econômica, que contrastava com o bipolarismo político-estratégico entre os EUA e a URSS e que se tornou possível com o reerguimento econômico dos países europeus desencadeado com o Plano Marshall, o início da construção europeia com o Tratado de Roma e o renascimento do Japão como potência econômica.

Essa relativa abertura do sistema internacional facilitaria o desenvolvimento de uma diplomacia que procurasse explorar as identidades do Brasil com o chamado "Terceiro Mundo", sem no entanto chegar a postular uma liderança que pudesse ser ao mesmo tempo política e economicamente custoso exercer. É possível que essa reserva tenha sido a consequência natural da própria vetustez do regime militar que dominou o país de 1964 a 1985 e que exacerbou a prudência e o perfil discreto tradicionais de uma diplomacia acostumada ao longo de décadas a não agir sob impulsos e a medir com cuidado os reais limites do poder nacional do país a que serve.

A consequência foi uma "diplomacia do desenvolvimento" circunspecta, sintonizada com as tendências contemporâneas da diplomacia internacional, mas raramente vocal. Ativa nos principais organismos internacionais, tanto políticos como econômicos, essa diplomacia mostraria uma predileção por certos temas — o desarmamento e o novo direito do mar, por exemplo, que constituíam uma interseção interessante entre os diversos *Leitmotiven* do Brasil (a busca de uma nova ordem internacional com segurança e estabilidade para o desenvolvimento) — e uma tendência frequente a resistir em áreas onde saber o que *não queríamos* era mais fácil do que defender o que verdadeiramente *preferíamos*.

Corolário natural dessa visão do Brasil e do mundo era a valorização que o país fazia da sua latino-americanidade e a resistência discreta e de resto ineficaz que fez à alteração que o conceito de "América Latina" — categoria histórico-política inventada pelo pensamento francês, aliás — sofreu quando os países caribenhos de herança britânica reivindicaram a sua ampliação para criar uma categoria diplomática que ficou consagrada como "América Latina e Caribe", introduzindo uma dualidade que, temia-se (acertadamente), enfraqueceria politicamente o bloco até então conhecido como "América Latina", pondo a nu a sua relativa inconsistência política.[11]

Embora, durante mais de duas décadas (anos 1960 a anos 1980), com modulações devidas por exemplo ao interlúdio castellista do "alinhamento automático" (1964-67) ou ao triunfalismo do governo Médici (1969-74), essa diplomacia do desenvolvimento tenha construído uma boa base conceitual para que o Brasil se percebesse a si mesmo e encarasse as relações internacionais com certa organicidade e visão de conjunto, ela frequentemente era levada a construir e defender de forma tenaz posições sem futuro ou que levariam a um relativo isolamento brasileiro ou à pecha de "obstrutor" em negociações internacionais vistas como importantes. Foi o caso da resistência ao TNP (uma bem fundamentada, mas ambígua, reação ao duplo regime jurídico do Tratado, que tendia a congelar o poder mundial, e

---

[11] Esses temores seriam enfaticamente confirmados, mais tarde, sobretudo no plano econômico, quando o México aderiu ao Acordo de Livre Comércio Estados Unidos-Canadá para formar o Nafta e deu um golpe definitivo na "ilusão latino-americana", que durante décadas serviu de referência para a identidade de bom número dos países do hemisfério.

A ESCOLA DA LIDERANÇA   105

que no entanto nunca foi invocada para rejeitar, sob a mesma justificativa, a Carta da ONU, em função do mesmo duplo regime jurídico em que se funda o Conselho de Segurança) ou à inclusão dos serviços nas negociações da Rodada Uruguai do antigo Gatt. Isso sem falar na política africana dos anos 1970 e início dos anos 1980, objeto ainda hoje de um culto quase irracional que esquece que quase toda ela foi construída sobre a base de créditos comerciais oficiais e subsidiados (portanto, pagos pelo contribuinte), boa parte dos quais avolumou-se como dívida não paga e ainda hoje constitui um passivo econômico nas relações com a África, porque sempre invocada pelos que se opõem a uma verdadeira política africana do Brasil.

Várias políticas forjadas com o mesmo fundamento reivindicacionista perderam atualidade ou foram ultrapassadas em prioridade por outras necessidades internacionais do país, ditadas pela redemocratização de 1985, como no caso dos direitos humanos e da própria defesa da democracia. Outras foram superadas pelos imperativos de ordem macroeconômica ou pelo esgotamento do modelo produtivo baseado na substituição de importações, tarifas elevadas e barreiras não tarifárias intransponíveis (de que é notório exemplo o então chamado "gavetão da Cacex") e tiveram de evoluir para políticas de abertura econômico-comercial e de integração regional que respondessem melhor à componente de forte industrialização que caracteriza a economia brasileira e à vocação global que caracteriza o comércio internacional do Brasil (em contraste com a imensa maioria dos demais países em desenvolvimento, inclusive do nosso hemisfério). Outras, ainda, sofreram as transformações ditadas a um tempo pelos imperativos de reestruturação político-estratégica do mundo e pelas condicionalidades crescentes — justificáveis ou não, mas reais — impostas ao acesso a tecnologias sensíveis e à participação mais desimpedida em certas áreas de atividade econômica ou científico-tecnológica (como a energia nuclear, a indústria espacial etc.).

O *aggiornamento* por que forçosamente teve de passar a diplomacia brasileira nos anos 1990 não a fez perder os seus fundamentos como instrumento de ação externa de um país em desenvolvimento e não negou a identidade de país em desenvolvimento do Brasil nem o fez dar saltos erráticos e oportunistas na sua política externa; ao contrário, muitas das mudanças foram principalmente ajustes de direção e de intensidade como resposta a uma nova equação entre interno e externo na vida brasileira.

O que se pode assinalar, sim, com sentido crítico, é que talvez certa inércia inerente a esses processos — e à própria burocracia — fez durar mais do que o devido certa mentalidade do passado, com o efeito perverso de, transformada em vetor das novas políticas, essa mentalidade ter produzido em alguns campos um fenômeno que se teria de evitar a todo custo: que certos ajustes de política (por exemplo, a ratificação, em 1991, dos pactos de direitos humanos a que o Brasil democrático havia oportunamente decidido aceder em 1985, a adesão plena ao Tratado de Tlatelolco, reformado finalmente em 1992, e a adesão pura e simples ao TNP, em 1998, ou ainda o reconhecimento da jurisdição obrigatória da Corte Interamericana de Direitos Humanos, em 1999), que em um dado momento poderiam até parecer temeridade ou açodamento (segundo o ponto de vista do pensamento dominante naquele momento), mais tarde um gesto ousado e mais adiante uma simples medida imperativa diante dos novos tempos, tenham acabado se tornando apenas o *resgate tardio de uma hipoteca*, exatamente como ocorrera com a questão do tráfico negreiro e a abolição da escravidão no século XIX.

De qualquer forma, o país consolidou ao longo de décadas, com esse apego à identidade de país em desenvolvimento com forte industrialização, a ideia de que, mesmo dependente e relativamente fraco, e ainda enfrentado aos desafios sem precedentes da globalização, ele pode e deve buscar margens de manobra e faixas de proteção que lhe permitam participar do jogo mundial com condições mínimas de sucesso. Essas margens de manobra, ele as foi encontrar principalmente na criação, no desenvolvimento e fortalecimento de regras jurídicas universais (como os mecanismos de solução de controvérsias da OMC, que permitem ao Brasil enfrentar em melhores condições a competição desleal que lhe movem certos parceiros, poderosos ou mesmo em desenvolvimento como nós, e em certos casos — escassos ainda, é verdade — impor soluções justas para diferendos específicos) e na sua participação em um maior número de coalizões de poder (como o Mercosul) que reforcem a sua identidade e lhe deem uma base mais firme para integrar-se à economia global.

Mas, em particular, é a identidade sul-americana, longamente amadurecida ao longo de décadas e concretizada na prática a partir da aliança com a Argentina nos anos 1980 e com o lançamento do Mercosul nos anos 1990, que vai aparecer como um trunfo especial na articulação dessas coalizões de poder de que o Brasil procura participar para proteger-se e projetar o seu poder nacional. De certa forma, ao iniciar-se o século XXI, essa identidade sul-americana vem somar-se à identidade de país em desenvolvimento com forte industrialização para compor a personalidade internacional do Brasil. Examinemos portanto, agora, a construção dessa identidade sul-americana.

O BRASIL, *PAÍS SUL-AMERICANO*

A consciência de pertencer à América do Sul e a ação diplomática que se segue a ela impuseram-se gradualmente a um país cujas especificidades — domínio colonial português em um hemisfério majoritariamente espanhol, império escravocrata unitário e relativamente estável em uma América Latina republicana, instável e muitas vezes jacobina, território solidamente estabelecido em um continente atormentado durante 150 anos (até muito recentemente) por conflitos e litígios territoriais e fronteiriços, economia pujante em dinâmica transformação em uma região assolada pelas crises e pelos ciclos econômicos — ameaçaram perpetuar uma ontologia do isolamento em relação ao continente e um culto da especificidade cultural, linguística, sociopolítica e mesmo econômica e diplomática. É desnecessário assinalar o quanto essa ontologia do isolamento e esse culto da especificidade se tornariam um perigoso obstáculo nestes tempos de mundialização e de regionalização, se não fossem contidos e revertidos.

Quando foi que esta consciência da identidade sul-americana do Brasil nasceu? Celso Lafer defende que a ideia de pertencer à América Latina apareceu pela primeira vez no Brasil com a proclamação da República, em 1889,[12] como consequência direta da identidade político-institucional estabelecida com os países vizinhos com a derrubada da monarquia. No entanto, a ação da diplomacia brasileira no início do século XX nem sempre se valeu dessa espécie de descoberta recíproca um tanto tardia.

De um lado, é certo, a nossa diplomacia começou a explorar com maior ênfase as convergências diplomáticas com alguns dos nossos vizinhos sul-americanos, em função da vizinhança física, da identidade republicana, do fim dos diferendos fronteiriços e de alguns interesses comerciais concretos — do que é paradigma a troca pioneira de visitas presidenciais entre o Brasil e a Argentina em 1899-1900.[13] Mas, de outro lado, nossa política regional, concebida e magistralmente executada por Rio Branco e

---

[12] Cf. Celso Lafer, "Brazilian international identity and Foreign Policy: past, present and future", *Daedalus*, vol. 129, nº 2, primavera de 2000.

[13] Para uma análise interpretativa e detalhada dessa troca de visitas, cf. Luiz Felipe de Seixas Corrêa e Rosendo Fraga, *Argentina Brasil. Centenário de 2 visitas,* Buenos Aires, Editorial Centro de Estudios Unión para la Mayoría, 1998, e Sérgio Danese, *Diplomacia presidencial,* op. cit., p. 263-74.

A ESCOLA DA LIDERANÇA 109

Joaquim Nabuco, era mais que nada *interamericana*, respondendo muito mais diretamente às necessidades e desafios da nova aliança com os Estados Unidos do que a um interesse de aproximação com os países latino-americanos ou sul-americanos. A própria ideia de um tratado de aliança entre a Argentina, o Brasil e o Chile, concebida de forma embrionária por Rio Branco já em 1904, em antecipação ao que mais tarde seria o Tratado do ABC, esbarraria nos limites dentro dos quais operava a política de inserção hemisférica do Brasil no início do século XX.

Em outras palavras, ainda que se tivesse livrado das hipotecas representadas pelos diferendos fronteiriços com praticamente todos os seus dez vizinhos, o Brasil do início do século ainda não tinha razões suficientes para alterar em profundidade o quadro real do seu relacionamento com esses vizinhos, e iniciativas de relevo como a do salto qualitativo nas relações com a Argentina, representado pela troca pioneira de visitas presidenciais, logo perderiam impulso e voltariam a um estado de dormência, à espera de melhor momento. O próprio Tratado do ABC seria letra morta e permaneceria mais que nada como uma referência nesse processo de paulatina descoberta da América do Sul como espaço para o exercício de uma nova diplomacia pelo Brasil. E o rebrote esporádico de rivalidades e atritos, de que é exemplo maior a falsa crise acerca do chamado "telegrama número 9", seria um contraponto importante nessa evolução — um contraponto que perdura até hoje, ainda que enquadrado em uma moldura completamente nova.

É somente mais tarde, nos anos 1930, que essa política de paulatina construção de uma relação mais próxima com a vizinhança sul-americana ganhará um impulso mais forte, graças a um ato de vontade ainda tímido e como reação a uma nova realidade que poderia ameaçar a região e as próprias fronteiras do Brasil. Os mesmos anos 1930 que viram nascer aquela diplomacia do desenvolvimento no Brasil viram intensificar-se, na América do Sul, uma série de conflitos internacionais que semearam o medo de uma desestabilização da região e que mobilizaram as diplomacias sul-americanas, notadamente a brasileira e a argentina.

Um conflito fronteiriço entre a Colômbia e o Peru, a chamada questão de Letícia, levou esses países à beira da guerra no início dos anos 1930. A Bolívia e o Paraguai entraram em conflito direto pelo território do Chaco, em uma longa e sangrenta guerra que aniquilou a economia dos dois países e por um momento fugaz os colocou em uma página da história mundial, em particular no âmbito da Liga das Nações. E, um pouco mais tarde, já entrados os anos 1940, o Peru e o Equador entraram em guerra por uma questão territorial na região amazônica e criaram uma situação de indefinição territorial na zona da cordilheira do Condor, pesada em consequências geopolíticas e diplomáticas, que se arrastaria até o final dos anos 1990. Esses três conflitos que quase transtornaram uma região onde reinava a paz desde 1879 criaram para a diplomacia brasileira ao mesmo tempo a necessidade e a oportunidade de agir em favor do restabelecimento da paz e da estabilidade regionais.

Pode-se discutir sobre a real oportunidade desse tipo de ação de bons ofícios ou intermediação, que se confunde facilmente no espírito dos povos diretamente envolvidos no conflito com uma espécie de intervenção nos assuntos nacionais de países cujo imaginário é tradicionalmente sensível às questões territoriais; pode-se mesmo questionar se os benefícios para a diplomacia e para o Estado brasileiros foram reais e efetivos a curto prazo. Porém, a mais longo prazo, é inegável que os anos 1930 foram, em parte graças a essa diplomacia da paz sul-americana, um momento importante de tomada de consciência da sul-americanidade brasileira — uma tomada de consciência a um tempo da nossa "circunstância" orteguiana (*"Yo soy yo y mi circunstancia"*, nas sempre repetidas palavras do mestre espanhol) e das ameaças que poderiam advir de um meio ambiente geopolítico que não se podia mais ignorar ou tratar com deliberada indiferença.

Essa tomada de consciência também foi alimentada por uma segunda troca de visitas presidenciais entre o Brasil e a Argentina (as visitas do presidente Justo ao Brasil em 1933 e do presidente Vargas à Argentina em 1935, que incluiu uma etapa no Uruguai e ficou conhecida na história diplomática brasileira como "a viagem ao Prata").[14] Essa nova troca de visitas, que retomou, depois de três décadas, o impulso criativo da primeira, permitiu, mais além dos gestos retóricos de grande visibilidade política e escassa consequência prática que emolduravam tradicionalmente visitas presidenciais de caráter muito marcadamente protocolar, os primeiros ensaios de integração física e de cooperação cultural entre o Brasil e um vizinho contíguo — primeiros ensaios que marcariam uma tímida, mas significativa mudança em uma história de quatrocentos anos de isolamento imposto pelo sistema colonial (marcado pelo monopólio comercial com as metrópoles e pela política de utilizar vias de comunicação que não necessariamente constituíam o caminho mais curto ou natural entre dois pontos, e continuado depois das independências sul-americanas pelo afastamento proporcionado por economias de baixíssima ou nula complementaridade).

Também essa vertente de integração física mostraria um caminho importante e concreto para as diplomacias da região e serviria para dar substância às primeiras manifestações mais frequentes de diplomacia presidencial na região, pois cedo se percebeu o valor de uma ponte ou caminho de ferro a unir populações que tinham um elevado grau de atração recíproca por força da própria contiguidade dos seus *habitats* e da sua atividade econômica.

---

[14] Cf. Sérgio Danese, *Diplomacia presidencial,* op. cit., p. 292-96.

A diplomacia presidencial, aliás, desempenhará um papel de primeiro plano na diplomacia sul-americana do Brasil.[15] Vários presidentes — o próprio Getúlio Vargas, o tímido General Dutra, Juscelino Kubitschek, Jânio Quadros, João Figueiredo, José Sarney, Fernando Collor, Fernando Henrique Cardoso e Luiz Inácio Lula da Silva — serão os protagonistas de diferentes etapas de aproximação política e de associação com os vizinhos do continente, contribuindo assim para uma mudança definitiva em uma relação que durante muito tempo ficou prisioneira de diversas limitações de natureza econômica (a assinalada falta de complementaridade entre as economias, o fechamento dos mercados em função de políticas de substituição de importações e de geração forçada de superávites, a inércia das relações com os países industrializados), de certas desconfianças ou mesmo rivalidades históricas que regimes militares às vezes exploraram, às vezes impulsionaram, e finalmente da falta de um projeto realista e pragmático de integração continental, que fosse além da retórica altissonante e vazia ou das infindáveis listas de exceção que marcaram os vinte anos de liberalização comercial regional sob a égide da antiga Alalc e ainda se prolongaram sob a Aladi até que a integração passasse a dominar a agenda regional.

Foram as mudanças na estrutura do poder mundial no decorrer dos anos 1980 que valorizaram aos olhos do Brasil a sua identidade sul-americana e os trunfos que poderiam permitir ao país aspirar a uma política regional solidamente baseada em interesses concretos e ligadas a um projeto nacional bem concebido, de que são expressões iniciativas como a criação e consolidação do Mercosul ou ações como as que marcam a atuação brasileira nas negociações da Alca ou do Mercosul com a União Europeia, a convocação e realização da reunião

---

[15] Cf. *ibid*, p. 285-384.

presidencial sul-americana de Brasília e o forte impulso sul-americano da diplomacia brasileira com o presidente Lula, além de iniciativas como as seguidas participações do presidente Lula em reuniões de cúpula de outras geometrias sub-regionais (Comunidade Andina, Caricom, Comunidade Centro-Americana etc.).

Entre essas mudanças, aparece em primeiro lugar a força com que o binômio globalização-regionalização passou a estruturar as relações internacionais contemporâneas, ao mesmo tempo que ficava patente que o Brasil não estaria preparado para jogar o jogo da abertura econômica e da globalização se não se valesse antes de uma plataforma sub-regional para exercitar-se. Seriam o Mercosul e, num círculo imediatamente concêntrico, a América do Sul que permitiriam esse exercício, inclusive porque os países vizinhos, a seu modo, davam-se conta de desafios proporcionalmente semelhantes.

Do estabelecimento de fronteiras físicas definidas e seguras com os vizinhos no início do século XX ao grande jogo da globalização e da regionalização no início do século XXI, pode-se estabelecer com clareza várias etapas históricas bem definidas na relação do Brasil com a América do Sul e no desenvolvimento e consolidação dessa consciência da sul-americanidade do Brasil. Com a particularidade de que em geral a cada etapa corresponde um ou vários grandes tratados diplomáticos, essas etapas seriam em princípio as seguintes:

1) etapa da concepção jurídica dos espaços coloniais das duas potências ibéricas, à qual corresponde o célebre Tratado de Tordesilhas, de 1494, que traçou a fronteira virtual entre os dois impérios coloniais no Ocidente e em um mundo que ainda estava por ser plenamente descoberto;

2) etapa da expansão luso-brasileira em direção ao oeste, resultado de uma atividade econômica diversificada (a busca das drogas do sertão, a preação de mão de obra indígena, a

busca de ouro e pedras preciosas, o desejo deliberado de afirmar a soberania portuguesa sobre o território interiorano da colônia), à qual corresponde o Tratado de Madri, de 1750, que esboçou nas suas grandes linhas o território brasileiro atual;

3) etapa da definição jurídica do território da nação soberana, trabalho realizado por meio de numerosos tratados de limites, cuja série é inaugurada em 1851 pelo tratado com o Uruguai;

4) etapa da solução dos diferendos fronteiriços remanescentes, expressa nas decisões arbitrais (questões de Palmas ou Missões com a Argentina, em 1895, e tratados bilaterais negociados diretamente com as partes interessadas para resolver questões pendentes (como o de Petrópolis, de 1903, que resolveu em definitivo a questão do Acre com a Bolívia);

5) etapa da aproximação política do início do século XX, da qual o já mencionado Tratado do ABC com a Argentina e o Chile, mesmo sendo letra morta, é um símbolo;

6) etapa da integração física, de que são simbólicos os acordos com a Argentina e o Paraguai, que levaram à construção, respectivamente, da ponte São Borja-Santo Tomé, sobre o rio Uruguai (inaugurada em 1948), e da ponte da Amizade, sobre o rio Paraná (inaugurada em 1959), primeiros passos concretos para romper quatrocentos anos de isolamento físico entre o Brasil e seus vizinhos;

7) etapa da integração energética, de que são expressões os chamados Acordos de Roboré, de 1958, relativos à venda de gás boliviano para o Brasil (tornados efetivos no final dos anos 1990, após quase quarenta anos de difíceis negociações) e o acordo que permitiu a construção da usina binacional de Itaipu com o Paraguai (1973);

8) etapa da integração econômica sob o regime da substituição de importações e do fechamento relativo das economias (com os Tratados de Montevidéu de 1960 e de 1980, o primeiro

criando a Associação Latino-Americana de Livre Comércio — Alalc e o segundo transformando-a em Associação Latino-Americana de Integração — Aladi);

9) etapa da cooperação sub-regional, com o Tratado da Bacia do Prata (1967), o Tratado de Cooperação Amazônica (1978) e o Tratado Tripartite Argentina-Brasil-Paraguai para a compatibilização de Itaipu e Corpus (1979);

10) etapa da associação política baseada em certas identidades (democracia, caráter periférico das economias, desafios macroeconômicos, desafios inerentes ao processo de internacionalização/regionalização crescentes da economia mundial), de que são expressão por excelência os grandes acordos de integração econômica e de construção da confiança recíproca entre o Brasil e a Argentina na segunda metade dos anos 1980 e início dos anos 1990;

11) como espécie de etapa-síntese, a da integração econômica sub-regional sob a égide de uma união aduaneira/projeto de mercado comum, com o Tratado de Assunção (1991), que deu origem ao Mercosul, completado com o Acordo de Ouro Preto (1994), que deu forma à união aduaneira e completou a personalidade internacional do Mercosul como parte da identidade dos países que o formam; essa etapa se completou em parte com a expansão horizontal do Mercosul através da associação primeiro do Chile e da Bolívia e, em novo e vigoroso impulso político dado pelo governo Lula, com a mais recente associação do Peru (agosto de 2003); e

12) como espécie de etapa simbólica, permitida e materializada pela "cláusula democrática" no âmbito do Mercosul (cúpula de San Luís, 1996), a da "intervenção democrática", que permitiu sinalizar claramente a países vizinhos, dentro de um marco político regional, que a democracia constitui condição indispensável para participar do jogo da integração regional em todas as suas vertentes e dimensões.

Essas 12 etapas — que muitas vezes coexistem por períodos — acabaram por conformar uma verdadeira política sul-americana do Brasil, que pode ter sido descoordenada às vezes, ou mesmo disfuncional, mas que acabou por consolidar um grande eixo ou paradigma da diplomacia brasileira no século XX e sinaliza muito bem qual será um dos eixos ou paradigmas das próximas décadas. É passando por todas elas que se pode chegar, por força de uma política sustentada de Estado, aos exercícios de consolidação da identidade sul-americana dos quais as primeiras cúpulas birregionais América do Sul-Países Árabes (Brasília, 2005) e América do Sul-África (Abuja, 2006) e finalmente ao acordo constitutivo da comunidade sul-americana de Nações — Unasul, assinado em Brasília, em 2008, coroando um esforço integrador, político e econômico, que foi inegavelmente liderado e sustentado pelo Brasil, mas sem veleidades de hegemonia ou de busca vazia de prestígio ou afirmação.

Qual é a base real dessa política sul-americana do Brasil?

Antes de mais nada, é preciso enfatizar que essa política nada tem — nem pode ter — de voluntarista ou de ideológica. Ela tem pressupostos muito concretos, que convém recordar sucintamente:

1) a extensão continental do território brasileiro — 8,5 milhões de quilômetros quadrados, ou 7% da superfície terrestre não submersa, com 190 milhões de habitantes segundo o censo recém-concluído (cifras que sobem a 11,9 milhões de quilômetros quadrados, ou 10% da superfície terrestre não submersa, e 240 milhões de habitantes, quando computado o Mercosul);

2) a centralidade geográfica do país na América do Sul, com dez vizinhos contíguos (Argentina, Uruguai, Paraguai, Bolívia, Peru, Colômbia, Venezuela, Guiana, Suriname e Guiana Francesa) ao longo de 15.700 quilômetros de fronteiras às vezes densamente povoadas, às vezes completamente vazias, em ambos os

casos base para uma atenta política de cooperação transfronteiriça e de defesa;

3) a variedade e riqueza dos seus ecossistemas, que fazem do Brasil a um tempo um país amazônico, platino e sul-atlântico, próximo do Caribe ao norte e dos Andes a oeste;

4) o grande número de estados brasileiros com vocação internacional, em especial em razão do seu contato ou proximidade com países vizinhos;

5) a extensão e penetração continental da sua rede hidrográfica, que faz parte de duas grandes bacias internacionais, a do Prata e a do Amazonas;

6) a intensidade e diversidade da atividade econômica brasileira (agricultura poderosa e competitiva, mineração desenvolvida, indústria de base bem implantada, indústria de bens de consumo relativamente sofisticada, indústria de ponta desenvolvida sobretudo nos setores de comunicações e aeronáutico, sistema bancário saneado e competitivo etc.), que fizeram do país a um tempo um polo econômico na região e um mercado muito atraente para as economias vizinhas, característica que se revelou particularmente marcante quando se estabilizou a moeda e se abriram as fronteiras comerciais com o Mercosul e os diversos acordos de livre comércio (Chile, Bolívia) ou 4+1 com países da região;

7) os numerosos tabuleiros diplomáticos onde o país atua,[16] e que fazem dele um parceiro regional e internacional de certa importância relativa;

---

[16] Principalmente o Mercosul, a bacia do Prata, a bacia amazônica, o mundo lusófono (Comunidade dos Países de Língua Portuguesa), a América do Sul, a América Latina e o Caribe, o hemisfério americano, a região do Atlântico Sul, a comunidade ibero-americana, as relações com a Europa, as relações com os EUA, as relações com os numerosos países que participaram com contingentes importantes de imigração para a formação nacional brasileira nos séculos XIX e XX (Japão, Líbano, Itália, Polônia, Alemanha, Coreia, China etc.), as políticas africana e árabe, de longa maturação, que permitiram e conduziram os esforços em curso no

8) os numerosos desafios que o país enfrenta nas áreas da consolidação democrática, do desenvolvimento sustentável e da justiça social[17] e que criam uma rede de identidades e um amplo domínio de cooperação com os seus vizinhos;

9) a forma cada vez mais clara pela qual os problemas político-institucionais, sociais e econômicos enfrentados pelos vizinhos sul-americanos do Brasil repercutem diretamente sobre o nosso país e os interesses pontuais das suas empresas que atuam nos países vizinhos ou lhe afetam a inserção regional e internacional, em um mundo que tende a confundir a imagem dos países individuais com a das suas regiões; e

10) o volume cada vez maior de interesses econômicos e comerciais diretos do Brasil nos países sul-americanos, que têm sido uma plataforma importante na internacionalização de empresas brasileiras de porte variado e constituem cada vez mais um mercado de primeira grandeza, no seu conjunto, para as ex-

---

âmbito das articulações entre a América do Sul e os países árabes (Cúpula ASPA) e entre a América do Sul e a África (Cúpula ASA), as parcerias preferenciais brasileiras nos demais continentes (África do Sul, China, Índia etc.), os foros IBAS (Índia, Brasil, África do Sul) e BRICs (Brasil, Rússia, Índia e China), as numerosas organizações internacionais políticas e econômicas de que o Brasil participa etc.

[17] Entre os mais urgentes ou visíveis, a consolidação das instituições democráticas e de cidadania, a reforma agrária, a educação de base, a violência rural e urbana, as violações de direitos humanos, o desemprego estrutural, o populismo político, a corrupção endêmica, a concentração do poder político, o custo-país, as migrações internas desordenadas, a descrença no Estado e na possibilidade de salvação coletiva, a proteção e preservação do meio ambiente, a desertificação, a erosão, a poluição das águas, as desigualdades regionais, o combate à pobreza extrema, o crime organizado, o tráfico de drogas, a escravidão ou semiescravidão de trabalhadores etc. — uma lista quase interminável de mazelas ou desafios que formam a base de uma "identidade negativa" entre os países sul-americanos.

portações brasileiras de bens industriais e de origem agropecuária e serviços.

A ninguém, portanto, seria dado, em sã consciência, negar a existência de um claro e multifacetado interesse nacional brasileiro na consolidação de uma política sul-americana que tenha como contraface a própria integração sul-americana.

Não ignoro que, a relativizar a força político-diplomática e mesmo econômica dessa ampla base real de uma política sul-americana do Brasil, encontram-se os antigos temores sobre um suposto imperialismo brasileiro na região (ou, em uma variante curiosa, um "subimperialismo" por procuração norte-americana) e as resistências naturais — embora muitas vezes forçadas ideologicamente — trazidas pela própria desproporção física e de ritmo e escala de desenvolvimento entre o Brasil e mesmo os seus vizinhos de maior porte. Esses temores e resistências, aliás, têm sido sabiamente explorados e aguçados por aqueles que prefeririam uma *internacionalização verticalizada* da América do Sul (com alguns corolários curiosos e quase sempre puramente ideológicos como a opção preferencial por acordos bilaterais, parcerias privilegiadas, alinhamentos ou *ententes* com os Estados Unidos ou outras grandes potências poderosas, a aceleração ou mesmo a antecipação incondicional e inconsequente da Alca, a defesa da dolarização das economias etc.), a matizar ou mesmo neutralizar a ideia de uma *internacionalização sul-americana pela integração regional e sub-regional*. Essas resistências e temores têm sido explorados também por aqueles que perseguem projetos internos de poder através da instrumentalização do conceito de integração sul-americana, dando-lhe uma roupagem ideológica, confrontacionista e de busca de prestígio, que não é nem pode ser, em absoluto, a abordagem brasileira.

De qualquer forma, o realismo a que está condenada a boa diplomacia leva a reconhecer que foi essa base concreta que permitiu e continuará permitindo ao Brasil ser um polo político e econômico-comercial na região. Somente através do exercício de alguma liderança natural na região o Brasil poderá manter e acentuar o perfil que lhe possibilitou finalmente ter um papel de maior protagonismo em questões-chave para a história da América do Sul no final do século XX e início do século XXI: a construção da parceria privilegiada com a Argentina e a superação definitiva da grande rivalidade geopolítica da região, a construção do Mercosul, a sua ampliação geográfica ou horizontal, as negociações comerciais entre o Mercosul e diferentes parceiros na região e fora dela (México, África do Sul, entre os mais importantes), o encaminhamento diplomático definitivo do diferendo Peru-Equador, a organização da primeira cúpula Europa-América Latina e Caribe, o lançamento das negociações entre a União Europeia e o Mercosul, a condução do processo negociador que acabaria por neutralizar a iniciativa da Área de Livre Comércio das Américas e a própria consolidação da integração sul-americana com o Tratado constitutivo da Unasul.

O BRASIL EM BUSCA DE JOGO INTERNACIONAL: UMA DIPLOMACIA SUL-AMERICANA COM VÁRIAS JANELAS

País em desenvolvimento, país sul-americano: esta é a dupla identidade nacional brasileira que a diplomacia ajudou a consolidar durante o século XX. Ela ajudou a conceber — nem sempre de forma totalmente acabada — um projeto internacional, que se colocou sempre como instrumento de um grande projeto nacional de desenvolvimento, e a compreender melhor as bases de poder real com que o país podia contar para tentar levar adiante as suas estratégias.

A ESCOLA DA LIDERANÇA

Foi o apego pragmático e zeloso ao conceito de "país em desenvolvimento" que nos ajudou a procurar caminhos de independência e autonomia em relação aos grandes centros de decisão mundial e a olhar com mais zelo e atenção os interesses mais propriamente nacionais. E foi essa grande descoberta ontológica, de natureza socioeconômica, sem dúvida, o que nos ajudou a descobrir a outra face da nossa identidade, aquela de natureza mais puramente geográfica, mas não por isso menos importante, a da nossa sul-americanidade, da nossa vizinhança, diminuída e ocultada por séculos de colonialismo e neocolonialismo, a tal ponto que ainda hoje é mais fácil ir a certos países sul-americanos via Miami do que em voo direto, mesmo que com escalas.

E, mais ainda do que a performance a que nos conduziu, em um processo de amadurecimento da nossa diplomacia, a identidade de país em desenvolvimento (às vezes levando a alguns excessos em termos de concessões materiais e conceituais a alguns parceiros do mundo em desenvolvimento), a identidade de país sul-americano e a política que dela decorre com naturalidade têm sido férteis de realizações concretas, de impacto econômico-comercial mensurável e de consequências políticas nada desprezíveis.

Realização concreta dessa dupla tomada de consciência nacional, a diplomacia regional brasileira responde de maneira bastante satisfatória ao postulado napoleônico segundo o qual "os países devem fazer a política da sua geografia". Essa política sul-americana do Brasil responde hoje a várias orientações que asseguram a sua centralidade no conjunto de políticas públicas do Brasil e do projeto nacional de desenvolvimento brasileiro.

Em primeiro lugar, a integração física com os vizinhos sul-americanos, isto é, a construção de uma rede de vias de comunicação que permitam estabelecer ou aprofundar as relações econômicas e sociais entre as populações da fronteira, antes de mais nada, e, num segundo nível, com o conjunto dos países vizinhos, inclusive permitindo a circulação efetiva de bens e pessoas que está na base do processo de integração. É a dimensão mais tradicional da política sul-americana do Brasil, que já proporcionou grande número de encontros presidenciais pela sua visibilidade e capilaridade políticas, e que se beneficia da presença de núcleos importantes de população ao longo de certos trechos da fronteira brasileira e com todos os países vizinhos, notadamente com o Uruguai, a Argentina, o Paraguai e a Bolívia — populações que já criaram o que o discurso diplomático brasileiro já reconheceu como uma verdadeira "civilização de fronteira", com interesses e características próprios, com alto grau de internacionalização e dotada de uma sinergia natural com a integração física e econômica mais intensa com os países vizinhos. Corolário desse domínio é a cooperação, cada vez mais necessária e urgente, em matéria de facilitação de circulação de pessoas e em matéria de segurança e combate ao crime transnacional (produção e tráfico de droga, lavagem de dinheiro, contrabando, destruição do meio ambiente, tráfico de animais e plantas silvestres, imigração ilegal etc.), cada vez mais presentes na agenda diplomática sul-americana.

Como segunda vertente, a integração econômica e comercial, a partir do núcleo formado pelo Mercosul. Essa integração já pode ser vista como um sucesso relativo e se explica em parte porque partiu de uma base concreta de relações já importantes entre os principais parceiros sul-americanos. É ainda a dimensão mais intensa da nova política sul-americana do Brasil e funcionou ao mesmo tempo como multiplicador de comércio, como indutor de racionalidade macroeconômica e como fator de potencialização do interesse dos investidores diretos internacionais. Teve, como consequência indireta, mas importante, um reforço notável do poder nacional e de negociação internacional e regional do Brasil e dos demais países-membros e associados do Mercosul, que de outra forma teriam tido muito maior dificuldade em lidar com o fenômeno da globalização e da regionalização — a tal ponto que hoje o Mercosul é associado imediatamente à identidade de cada país-membro.

Graças em boa medida ao Mercosul e ao efeito catalítico que ele teve sobre as economias dos países-membros e associados, a América do Sul voltou a figurar no mapa das relações internacionais contemporâneas com um sinal majoritariamente positivo, do que é testemunha o intenso fluxo de investimentos canalizados para a região nos anos 1990 e 2000. Em outras palavras, o Mercosul tem tido um papel crucial no relançamento internacional da América do Sul e na própria reorganização do espaço econômico sul-americano e constitui a um tempo um trunfo e um instrumento dos seus países-membros para enfrentar a globalização.

Terceira vertente, a integração energética, que se desenvolve a partir de uma constatação simples e objetiva: a economia brasileira é uma grande consumidora de energia e a matriz energética brasileira é variada e aberta, levando a que o país possa e deva recorrer a diferentes fontes de energia excedentária em vários dos países vizinhos — o petróleo, o gás natural, a eletricidade, o carvão.

Quarta vertente, a da integração política, diplomática e na área de defesa, consequência natural dos interesses econômicos comuns, da neutralização das rivalidades históricas e sobretudo da vocação democrática inegável dos países sul-americanos (frequentemente ameaçada, mas por isso mesmo foco de atenção e coordenação constante) e do seu interesse comum em valorizar e promover, nos planos regional e internacional, a ordem democrática e os direitos humanos, a estabilidade geoestratégica da região e o seu papel construtivo nos domínios da paz e da segurança internacionais. A cláusula democrática, que rege as relações políticas no Mercosul e já extravasou para outros mecanismos regionais, é uma das conquistas nessa vertente, onde no entanto ainda resta muito a fazer em matéria de coordenação de políticas externas (desde a simples implementação do sistema de consulados conjuntos até operações mais complexas, ao estilo do que os países europeus já têm feito no âmbito da União Europeia com a política externa e de segurança comum ou em bases bilaterais, a exemplo da política franco-britânica para a África definida na cúpula de Saint Malo, de 1998).

Quinta vertente, a da cooperação para melhorar a qualidade da governança democrática na região, que tem o seu melhor símbolo na cooperação para a implantação do sistema de voto eletrônico em países vizinhos, mas que também se expressa no interesse por avanços concretos em matéria de convergência macroeconômica e certas disciplinas, como a nossa lei de responsabilidade fiscal, nossa legislação ambiental e de proteção ao consumidor etc. Em outras palavras, o Brasil pode ser um catalisador de progresso institucional na região, porque esse progresso lhe interessa diretamente para reforçar a sua própria imagem internacional e melhorar a transitividade das suas relações com os parceiros, em especial aqueles que tenham déficits sensíveis de boa governança em relação ao que o Brasil vem logrando nos últimos anos.

O Mercosul é de certa forma o projeto-síntese dessa política sul-americana de várias vertentes. Ele é a um tempo o seu resultado mais exitoso até agora — apesar das deficiências — e o seu principal campo de provas, como é um campo de provas para a mundialização e a regionalização no nosso hemisfério. Tendo uma função clara como fator de maior equilíbrio nas relações dos seus países-membros com os grandes parceiros internacionais (EUA, grandes países europeus, Japão, Rússia, China, Índia) e os grandes sistemas regionais (Asean, SADC, Nafta, União Europeia), o Mercosul é, em suma, a prova de que, cuidadosamente explorada na sua complementaridade, a dupla identidade que o Brasil desenvolveu ao longo de todo o século XX e continua a consolidar no início do século XXI — país em desenvolvimento, país sul-americano — é operacional e pode nos assegurar um lugar no jogo internacional para dele retirar alguns benefícios concretos e conter alguns sérios riscos.

A cúpula de Brasília, de 2000, e o lançamento de uma política sul-americana integrada e sustentada como primeira prioridade da política externa brasileira pelo governo Lula, que culminou com o lançamento da União Sul-Americana (Unasul), em 2008, concluem um século de aproximação entre o Brasil e os seus vizinhos. Abre-se uma nova etapa — que não prescinde das demais, naturalmente, nem as encerra, nem pode ou deve ignorá-las, mas sim aprender com elas, construir sobre elas — na construção de um espaço sul-americano mais coeso e articulado, eventualmente um Mercado Comum Sul-Americano construído a partir do Mercosul e seus acordos associativos com os demais sul-americanos, um espaço portanto mais capacitado para participar do jogo hemisférico e internacional e para ajudar os seus Estados-membros a realizarem internamente as políticas públicas de que carecem para crescer de forma sustentável social e ambientalmente.

É o êxito na consolidação e aprofundamento de políticas estreitamente ligadas à sua identidade de país *sul-americano* (portanto também *em desenvolvimento*) que poderá assegurar o sucesso do Brasil nos demais tabuleiros internacionais onde se joga a defesa de tantos interesses políticos e sobretudo econômicos do Brasil — as Nações Unidas, a OMC, as negociações sobre liberalização comercial hemisférica ou entre o Mercosul e a União Europeia e a nossa importante malha de relações bilaterais nos cinco continentes. Mais que isso: é a partir do nosso desempenho na implementação dessas políticas de base que os nossos parceiros nos julgarão e julgarão outras políticas públicas em implantação no país. E o mesmo raciocínio vale para os demais países sul-americanos, que também começam a despertar para a importância de uma política de reciprocidade nessa descoberta da sua identidade sul-americana, que o Brasil já consolidou.

Resta agora equacionar convenientemente quanto de protagonismo e liderança o Brasil poderá e precisará exercer para sustentar esse projeto e consolidar essa identidade. Mas certamente os primeiros grandes passos nessa caminhada foram dados com a solução do velho dilema ontológico que herdamos da nossa condição colonial e dos constrangimentos que nos impôs a nossa história independente.

Um século que se abriu vendo um Brasil ainda territorialmente inacabado e politicamente isolado no seu próprio continente cedeu lugar a outro em que o Brasil parece ter compreendido que o seu projeto de desenvolvimento depende fundamentalmente, no plano externo, da rede de ligações que ele soube tecer em função da sua identidade mais evidente, a sua sul-americanidade de país em desenvolvimento — em outras palavras, que o seu *devenir* está em função do seu *ser* e que esse ser não poderia se reduzir a uma identidade amorfa com o "Terceiro Mundo", com a "América Latina" ou com outras categorias analíticas que nos arrancam do nosso enraizamento regional e histórico.

Para isso, a diplomacia desempenhou o seu papel, mantendo uma boa tradição: o Brasil, criação da diplomacia, fica um pouco mais próximo de garantir o seu futuro graças a uma tomada de consciência ontológica que foi em parte uma reinvenção diplomática.

IV

Dez pontos para uma política externa de consenso[1]

"We can no longer afford to have foreign and domestic policies. We must devise and pursue national policies that serve the needs of our people by uniting us at home [...]."

Bill Clinton

"Studiously avoiding politics, Rio Branco raised foreign policy above partisan polemics, so that instead of representing one or another party it reflected the desires of the entire nation. Brazilian foreign policy became identified with the idea of unified nationality."

E. Bradford Burns — *The Unwritten Alliance*

---

1 Publicado originalmente em *Carta Internacional*, n° 115, setembro de 2002, e *Archivos del Presente*, ano 7, n° 28, 2002. Artigo revisto.

INTRODUÇÃO: AS CAMPANHAS ELEITORAIS COMO OPORTUNIDADE

Os interessados em política externa se perguntavam sobre a dimensão do tema na agenda da campanha de 2002 e sobre eventuais mudanças de rumo ou ênfase que o futuro presidente poderia imprimir à diplomacia brasileira. Pergunta relevante ao final de um mandato de oito anos que contou com importantes mudanças no perfil do Brasil e no cenário internacional e imprimiu marca própria ao uso da diplomacia presidencial e maior protagonismo em certos tabuleiros diplomáticos. E porque aquela seria a primeira sucessão de um presidente eleito diretamente por outro também eleito desde a posse de Jânio Quadros, em 1961, e apenas a segunda desde a redemocratização de 1945 (a sucessão de Dutra por Getúlio, em 1951). E uma sucessão com uma verdadeira alternância política no comando do Estado.

O debate sobre política externa manteve-se limitado, concentrando-se em poucos temas que já ocupavam a opinião pública: a Alca e as relações com os EUA e a Europa, o protecionismo, o futuro do Mercosul, a Argentina, imersa em 2002 na pior crise da sua história. Subsidiariamente, o grau de eventual liderança internacional ou regional brasileira e o papel da diplomacia presidencial, neste último tema quase sempre com um viés de crítica *ad limine* do instrumento, como se fosse possível dele prescindir nos dias de hoje.

Era pouco, mas era a realidade de um país acostumado a uma inserção externa relativamente pouco problematizada. Além disso, o Brasil havia desenvolvido, desde os anos 1970 e mesmo sob um regime militar, um bom patrimônio de consenso interno sobre o que deve fazer no plano externo. Há tempos o Itamaraty consolidou autoridade e legitimidade para ser o principal órgão assessor do presidente da República na execução da

A ESCOLA DA LIDERANÇA   129

política externa — mas com uma importante e crescente participação tanto de outras áreas do governo federal e do Congresso quanto da sociedade civil e das unidades federativas com vocação internacional. Cada vez mais a diplomacia brasileira é uma política de composição interna, antes de ser simplesmente uma política para execução externa.

Mesmo os temas que hoje parecem ser objeto de dissenso entre diferentes correntes de opinião — à frente deles, as negociações comerciais bilaterais com os EUA e a Europa, o futuro do Mercosul — revelam certa intersecção entre as diferentes abordagens. As diferenças derivam seja do ângulo de visão (por exemplo, na Alca e na relação com a União Europeia, a ênfase nas oportunidades versus a ênfase nos riscos), seja de matizes dentro de uma mesma linha de gradação (por exemplo, o que fazer com o Mercosul, se retroceder a uma área de livre comércio, se avançar em direção a uma verdadeira união aduaneira e mais ainda).

Não que não haja temas decisivos no campo externo: nunca antes participamos ao mesmo tempo em tantas negociações simultâneas nos campo econômico-comercial e político. Mas, sem temas prementes para a opinião pública na agenda diplomática, e sendo os grandes temas tratados com maturidade e serenidade, é compreensível que candidatos em campanha presidencial não queiram se concentrar sobre uma área complexa, que não se presta a *sound bites* para o telejornal da noite ou para o horário eleitoral e que não interessa senão a um universo mais restrito.

Mais que uma discussão confrontacional sobre a política externa do futuro governo, portanto, uma campanha eleitoral pode ser uma oportunidade para firmar certos consensos, reforçar algumas linhas da nossa diplomacia e garantir suficiente empuxo interno para uma ação externa consistente com os imperativos da inserção regional e internacional. É o que permitirá ao

Brasil falar no exterior com voz mais forte e firme, em ambiente internacional de inigualada assimetria de poder, acirrada competição entre parceiros e grupos e uma complexa combinação de riscos e oportunidades.

BASES CONCEITUAIS OU PROGRAMÁTICAS DE UM CONSENSO

Alguns princípios e axiomas já consolidados ou que têm ganho peso poderiam orientar a consolidação desse consenso, que tanto valor terá na defesa dos interesses brasileiros nas diversas parcerias externas e nos diversos tabuleiros de negociação de que participamos. A partir desses princípios e axiomas, qualquer proposta ou iniciativa em matéria de política externa poderia ser objetivamente julgada na sua coerência com o patrimônio diplomático brasileiro e com as premissas definidoras da forma de defender o interesse nacional no plano externo. São parâmetros que, em momento de renovação da liderança no país, garantem a consolidação da política externa brasileira como uma política de Estado e ajudarão a priorizar ou a descartar propostas, assegurando às que passem no teste a probabilidade de converterem-se em instrumentos úteis da ação internacional do Brasil.

1) A ligação estreita entre a diplomacia e o país real por trás dela

Realismo de identidade é o que se exige do diplomata: poucas políticas públicas são tão determinadas pelas características objetivas de um país quanto a política externa — e o Brasil não é exceção. A diplomacia espelha o país e é avessa a voluntarismos que ignorem os limites que a realidade lhe impõe.

A ESCOLA DA LIDERANÇA 131

Diplomacia é antes de mais nada poder em projeção. O estrategista diplomático deve ser por isso mesmo um analista do poder e saber que, onde falta poder e sobra voluntarismo, o vácuo é preenchido por uma retórica vazia ou gestos e iniciativas que não encontram sustentação na realidade, geram desperdício de recursos diplomáticos necessários em outras áreas e comprometem a credibilidade do país. Em um mundo de múltiplos desafios e oportunidades que dizem respeito diretamente ao interesse nacional, não é razoável que um país com recursos limitados como o Brasil se arrisque a operar diplomaticamente fora de foco ou com ênfases mal concebidas em relação às suas prioridades reais ou ao seu poder concreto.

2) A consciência de que não basta confiar em mudanças na estrutura internacional ou no papel da diplomacia para melhorar a inserção brasileira

A melhoria da inserção internacional e regional do Brasil também é fortemente, se não prioritariamente, dependente de melhorias nos nossos indicadores sociais e na competitividade da nossa economia. Se é verdade que a diplomacia deve ser o reflexo fiel da realidade do país, ao mesmo tempo que se esforça por alterá-la positivamente, não é possível confiar apenas em uma linha de ação diplomática que privilegie a mudança do entorno internacional ou regional como condição ou instrumento para a melhoria da sua inserção externa.

A transformação qualitativa do país, a melhoria da sua competitividade, a ampliação do seu perfil exportador, o seu aperfeiçoamento tecnológico e técnico-científico, o continuado incremento nos seus índices de boa governança, a redução do custo-país e do custo Mercosul e naturalmente a melhoria sensível dos seus indicadores sociais e educacionais, que fortaleçam a base social do poder nacional, são condições necessárias, impreteríveis, para uma melhora da inserção externa. Em outras palavras, a diplomacia não pode suprir deficiências estruturais ou conformativas que a precedem e que são características intrínsecas do país, que lhe cabe apenas projetar melhor no mundo. A boa política externa não substitui a boa política interna nem compensa as suas debilidades.

O papel da diplomacia não é reivindicar do mundo que faça pelo Brasil o que cabe ao Estado e à sociedade brasileiros fazerem por si mesmos, no seu próprio benefício. Isso vale para as dificuldades comerciais que enfrentamos tanto quanto para os indicadores sociais e as estruturas econômicas que nos tolhem o poder nacional. A diplomacia pode, no entanto, ajudar o país a promover essas alterações, projetando-as no exterior, porque, sendo uma das janelas do país para o mundo exterior, ela contribui para o aperfeiçoamento da consciência nacional e ajuda a metabolizar no plano interno as tendências, pressões e exigências externas.

3) A consciência de ser uma política de Estado, suprapartidária e nacional.

A diplomacia é, ao lado da defesa, a primeira das políticas que se identifica com o Estado tanto no plano interno como no plano externo; deve ser, obrigatoriamente, portanto, uma política realmente fundada na identificação dos interesses mais permanentes do Estado, privilegiando o estrutural, ainda que sem descuidar o conjuntural, e buscando no interior do Estado os consensos mínimos que garantam a permanência dos objetivos definidos e das linhas traçadas para alcançá-los. Para isso, é preciso uma diplomacia com visão do Estado, com experiência do Estado, com compromisso exclusivo com o Estado.

A ESCOLA DA LIDERANÇA 133

Poucos países no mundo, e menos no mundo em desenvolvimento, podem reivindicar ter uma política externa com tão longa tradição de profissionalismo e visão de Estado, desde antes da formação do Estado Nacional que representa, como a brasileira. A história da nossa diplomacia é a de uma escola de formação de quadros diplomáticos do Estado, capazes de identificar e representar os interesses do país dentro de uma linha de relativa continuidade só interrompida em momentos excepcionais, logo seguidos de rápida retomada do curso geral.

Durante muito tempo o paradigma dessa linha foi a chamada "Escola do Prata", por onde passaram praticamente todos os grandes estadistas do Império, treinados a ter uma visão completa do Estado brasileiro, tanto interna quanto externa, em função da necessidade de lidar com os delicados temas da sub-região do Prata. Como a do Prata, outras escolas da diplomacia têm ajudado a formar funcionários com visão do Estado e do interesse nacional — a escola das Américas, a das Nações Unidas, a do Gatt/OMC, a do Mercosul.

Um ilustrativo exemplo histórico dessa continuidade da diplomacia como política de Estado foi a decisão da República recém-proclamada, com Quintino Bocaiúva como chanceler do governo provisório, de alterar a linha de defesa do interesse brasileiro na questão de Palmas, com a Argentina, de aceitar dividir o território em litígio ao meio em lugar de submeter a questão à arbitragem, como defendia o Império; fez-se isso para logo voltar-se atrás, pedindo-se ao Congresso que não aprovasse o tratado bilateral e retomando-se o compromisso de arbitragem de 7 de setembro de 1889, que finalmente deu ganho integral de causa ao Brasil.

E tem sido assim em diversas outras áreas da tarefa diplomática, em que a continuidade é menos função de continuísmo ou inércia do que a vinculação a interesses mais permanentes do Estado brasileiro e a diretrizes emanadas de um projeto nacional mais ou menos bem consensuado, o projeto de desenvolvimento que se forjou nos anos 1930 e é a base do complexo Brasil de hoje. A história diplomática brasileira não tem sido, felizmente, a de uma sucessão de reinvenções da diplomacia. Ao contrário: quando houve umas poucas inflexões muito marcadas, o país real encarregou-se de corrigi-las e de fazer voltar a diplomacia ao seu leito histórico.

4) O caráter não excludente em relação a parceiros, temas e processos negociadores de interesse global ou regional

País de identidade complexa, em desenvolvimento e sul-americano, mas sendo a décima economia do mundo, com perfil de *global trader* e grande fluidez de contatos em todo o mundo, o Brasil reúne condições objetivas para projetar-se globalmente nas proporções exigidas pelos seus interesses ou ditadas pelas suas circunstâncias, entre elas, com grande destaque, o caráter relativamente equilibrado do seu comércio exterior e a projeção universal dos seus interesses econômico-comerciais. Seria lamentável que adotasse qualquer ótica apriorística ou excludente em relação a temas, regiões, países ou processos negociadores, ou que passasse a privilegiar esferas de atuação onde ainda temos presença mais modesta em função dos nossos próprios limites de ação em detrimento de esferas onde o interesse nacional é mais visível e justificado; ou ainda que, em nome da inércia, deixasse de explorar novas fronteiras diplomáticas onde elas se apresentem com um mínimo de interesse.

Mais além de responder adequadamente à realidade da inserção externa do país que representa, o papel da diplomacia é abrir portas e canais de negociação, de contato e de interação e, por essa forma, assegurar ao máximo a sua capacidade de influir nos processos diplomáticos dos quais deva participar.

A ESCOLA DA LIDERANÇA

E a diplomacia deve fazê-lo nunca perdendo de vista que ela não cria ou inventa interesses, mas sim identifica-os e defende-os dentro de um marco jurídico e político e cumprindo um mandato expresso — ou agindo *ad referendum* — dos poderes constituídos do Estado ou das representações legítimas da sociedade civil e dos meios produtivos que representa e para os quais não assume compromissos senão com autoridade para fazê-lo.

Não quer isso dizer que não tenhamos prioridades nem calibragens na nossa relação com agendas, temas, regiões ou parceiros individuais, nem que ao interesse localizado ou setorial não possa ou não deva superpor-se a visão de Estado, preocupada com o conjunto; mas não deve haver apriorismo, nem retórica vazia nessa priorização, nessas calibragens ou nessa superposição da visão geral sobre a particular ou setorial; muito menos deve haver o voluntarismo de alterar relações externas independentemente de interesses internos concretos, políticos ou econômicos. A diplomacia de um país como o Brasil não pode fechar-se em espaços geográficos, temáticos ou de negociação, porque as suas decisões devem ser referendadas por um poder superior ao seu, o da soberania do Estado expressa na representação cidadã no Congresso e nos meios de expressão da sociedade civil e dos meios produtivos, e ter coerência com os interesses permanentes da nação.

5) A vocação de ser uma diplomacia multidirecional, capaz de abrigar diferentes esferas de interesses da sociedade brasileira

É um corolário natural do princípio anterior: uma diplomacia que sabe não poder ser excludente na sua ação ou na sua concepção do mundo tem uma vocação de ser o que De Gaulle chamava uma diplomacia *tous azimuths*. A história da diplomacia brasileira tem sido a de ampliar cada vez mais a sua capacidade de refletir não apenas os variados interesses do país como nação sul-ameri-cana e em desenvolvimento, mas também, na medida do possível, os interesses próprios e prioritários dos variados setores, regiões, grupos sociais e comunidades que compõem a nação.

A nossa multildirecionalidade é não apenas geográfica e es-pacial, mas temática, e essa característica não é mero ato de voluntarismo — que esbarraria rapidamente em limites da pró-pria realidade — , mas consequência da vastidão e variedade geográfica, social, étnica, cultural, regional e econômica do Bra-sil. Reflexo de uma sociedade participativa como poucas no mundo em desenvolvimento, a diplomacia brasileira tem sido cada vez mais uma projeção externa da complexidade que o país representa.

Corolário imperativo dessa tendência, a rejeição de linhas que privilegiem temas, países ou esquemas negociadores, ou que impliquem a exclusão de outros sem o amparo indiscutível do interesse nacional. Corolário operacional, a necessidade de prio-rizar adequadamente as muitas esferas temáticas e espaços geo-gráficos onde a diplomacia brasileira, de escassos recursos, deve atuar de forma inteligente e meticulosa.

6) O caráter pragmático e não ideológico da diplomacia brasileira

Pragmatismo é a lição que vem dos negociadores de Tordesi-lhas e do Tratado de Madri — da diplomacia portuguesa que ao longo de mais de nove séculos, às vezes alcançando o limite do tolerável, preservou a soberania e a identidade nacionais portuguesas — e é a experiência dos estadistas do Império e do barão do Rio Branco. De fato, nenhum conceito expressa me-lhor esse pragmatismo histórico da nossa diplomacia do que o *uti possidetis de facto* que nos rendeu, sob o Império ou com

Rio Branco, importantes vitórias na disputa por territórios em litígio.

Há muito os melhores momentos da política externa brasileira foram caracterizados por uma diplomacia de resultados, que não corre o risco de atentar à ética se estiver amparada pela legitimidade do Estado e do governo e controlada pela sociedade através dos seus canais de representação e expressão. Há muito o brasileiro se acostumou a ver a sua diplomacia produzir resultados práticos, seja sob a forma de ganhos materiais (território, acesso a mercados), seja sob a forma de ganhos conceituais (o desenvolvimento sustentável, o acesso aos medicamentos), por oposição a gestos retóricos ou destituídos de consequências práticas do ponto de vista do interesse nacional.

Daí o caráter não ideológico da diplomacia brasileira, até porque poucas atividades do Estado são a rigor mais incompatíveis com a ideologia do que a diplomacia. Diplomacia é poder em exercício; lidando com soberanias ciosas dos seus interesses, sequiosas de resultados práticos no campo externo ou tendo de "tratar de assuntos melindrosíssimos com um governo ambicioso, astuto e poderoso" — como descreveu o cargo de ministro residente em Washington o então chanceler do Império, Paulino José Soares de Souza —, a diplomacia de um país como o Brasil, sem nunca abandonar a ética, não pode perder-se em devaneios ou gastar recursos negociadores em projetos voluntaristas ou sem sentido prático, ancorados em concepções ideológicas do mundo ou da história.

Em particular, não devemos, por meio de iniciativas de caráter ideológico, desamparadas pelas realidades de poder do Brasil, criar expectativas em parceiros que naturalmente tenderão a esperar de nós, pela nossa dimensão, muito mais do que podemos genuinamente oferecer-lhes. Tampouco gerar temores ou alarme cujas consequências seriam apenas a de criar-nos dificuldades adicionais de inserção internacional, sem qualquer benefício.

Estando a opinião pública atenta ao melhor uso do nosso patrimônio diplomático e dos recursos escassos destinados à política externa, é preciso não malgastá-los em iniciativas que não tenham uma correspondência com as necessidades ou prioridades reais do país ou que a rigor lhe tolham ainda mais a capacidade de atuação.

7) O *caráter reflexivo e não errático da nossa diplomacia, avesso a improvisações e sensacionalismo*

Ancorada em longa tradição que remonta a Tordesilhas e teve um dos seus apogeus na gestão de Rio Branco, a diplomacia brasileira sempre foi melhor quando navegou com curso seguro, sem manobras bruscas, fazendo correções de rumo e não mudanças de destino.

Para isso, vale-se da sua visão do Estado e do país, de certa malícia na sua visão do mundo, mas também de princípios jurídicos, de sabedoria política e de experiência internacional e regional, além, é claro, de poder aprender com os erros dos seus parceiros — e com os seus próprios.

Não quer isto dizer que seja uma diplomacia estática; ao contrário; ela é móvel, mas com a mobilidade dos grandes barcos engajados em navegações de longo curso, com um porto de chegada e escalas determinados. Ela pode e deve operar de acordo com a realidade dos oceanos em que navega, e assim tem feito nos seus melhores momentos.

Basta recordar a mudança do eixo de Londres para Washington operada por Rio Branco, para evocar uma operação diplomática bem-sucedida, em que pragmatismo, realismo e visão estratégica se combinaram para defender o que na época eram os interesses centrais do país, a conclusão da sua delimitação territorial e o acesso ao que já era o maior mercado para as pouco numerosas exportações brasileiras. Ou, para aprender dos erros, basta recordar a irresponsável e ridícula retirada brasileira da Liga das Nações, em 1926, típico erro fruto da irreflexão e do protagonismo mal dirigido.

Uma das âncoras da autoridade nacional e internacional da nossa diplomacia é a capacidade de amadurecer cuidadosamente linhas de política e não parecer irrequieta, errática e sobretudo não confiável — a capacidade de ver que os grandes interesses se defendem com visão e ação estratégicas e não com agitações táticas.

8) A importância da memória histórica

Poucas chancelarias no mundo, e sobretudo no mundo em desenvolvimento, têm a memória histórica, fruto da continuidade de políticas e da presença de uma carreira de Estado, como a brasileira. Quando, em 1982, fomos buscar em notas diplomáticas trocadas em 1833 a base político-jurídica para amparar a nossa posição em relação ao conflito anglo-argentino nas Malvinas, estávamos apenas fazendo uso mais uma vez da memória histórica que a diplomacia brasileira construiu e preserva.

É esse respeito à memória histórica e ao patrimônio diplomático acumulado que permite à diplomacia brasileira manter uma linha de coerência na continuidade e de reflexão na mudança. E essa memória é um patrimônio do Estado e da nação brasileiros, não dos diplomatas ou do governo de turno, que têm a obrigação não apenas de preservá-la, mas de levá-la em conta, tornando-a operacional, sem ser refém do passado. É isso, em parte, o que permite que a nossa diplomacia seja avessa à improvisação, ao jogo de tentativa e erro, à experimentação irresponsável, ao modismo, ao personalismo das iniciativas, ao *tremendismo*, à busca de *leads* de imprensa.

9) *A consciência de ser uma diplomacia de país em desenvolvimento e sul-americano*

Pode parecer tautologia, mas é em torno dessas duas identidades básicas, cuidadosamente construídas ao longo do século XX com a ajuda da diplomacia, que o Brasil pode ter uma política externa que faça sentido nos dias de hoje. Pontos pacíficos da nossa ontologia hoje — mas não o eram todo o tempo — , essas são identidades definidoras do caráter e dos interesses nacionais nos planos internacional e regional e balizadoras da nossa ação e da nossa inserção externa.

São identidades complementares, cada uma carregada de sentidos ontológicos e programáticos, que nos ajudam a definir prioridades, parcerias e esferas de atuação não excludentes, mas concêntricas — acesso a mercados, investimentos produtivos e tecnologias, definição de regras jurídicas que limitem as políticas de poder e nos deem previsibilidade e garantias nas relações externas, defesa do multilateralismo e do regionalismo aberto, integração sub-regional como plataforma para a inserção regional e global, valorização do caráter polarizador da economia brasileira na América do Sul etc.

E são identidades abertas, que não nos confinam a espaços ou áreas temáticas de atuação, mas ajudam-nos a priorizá-los até como forma de participar em outros tabuleiros, seja com o poder nacional reforçado pela dimensão regional, seja como articulador entre os mundos desenvolvido e em desenvolvimento.

A ESCOLA DA LIDERANÇA

10) A necessidade de ter alguns projetos diplomáticos de fôlego, organizadores da agenda (Mercosul, integração sul-americana)

Nenhuma diplomacia de relevo dentro do conjunto das políticas públicas de um Estado pode conceber a sua tarefa como a de apenas administrar a rotina ou reagir aos desafios ou estímulos do mundo exterior. As diplomacias precisam de uma vertente prospectiva e proativa que lhes oxigene o corpo e lhes permita contribuir verdadeiramente para a mudança qualitativa do Estado a que serve, em particular no caso de um país em desenvolvimento (conceito dinâmico por excelência).

Os melhores momentos históricos da diplomacia brasileira foram de projetos, mais ou menos realistas, mais ou menos pragmáticos, mas sempre com um impulso criador, uma visão de futuro e a vocação de mapear o terreno para a ação diplomática. Foi o caso do projeto de concluir a delimitação do território, terminado por Rio Branco, da Operação Pan-Americana de Juscelino Kubitschek, da política africana do governo Geisel, da política sul-americana do governo Sarney. É o caso do Mercosul, projeto multidimensional e matricial de diversas dimensões — política, econômica, comercial, cultural — e que responde aos imperativos diplomáticos derivados da ontologia brasileira (país sul-americano em desenvolvimento) e da macroestrutura internacional (um mundo assimétrico, marcado pela globalização e suas contrapartidas, a regionalização e a convergência entre parceiros para potenciar o poder nacional e sobreviver em ambiente de competição econômica aberta e supremacia estratégica unipolar). É o caso da integração sul-americana, repensada a partir da cúpula de Brasília de setembro de 2000, como projeto conjunto bem definido e realista com várias dimensões (integração comercial, energética, de infraestrutura, transfronteiriça), e que ganhou *status* de primeira prioridade no governo Lula. E será certamente o caso da obtenção de um assento permanente no Conselho de Segurança da ONU.

UM CONCEITO-SÍNTESE: A IMPORTÂNCIA DA DIPLOMACIA PRESIDENCIAL

Esses dez parâmetros, contudo, não esgotam a discussão sobre a política externa nas mudanças de governo, porque dela fará parte, necessariamente, uma outra dimensão da ação diplomática, de caráter operacional na sua superfície, mas de grande conteúdo político-diplomático na sua profundidade.

Refiro-me à diplomacia presidencial, um capítulo especial na definição das premissas básicas que assegurem a consolidação da diplomacia como grande área de consenso brasileiro no próximo governo. Atualizada como instrumento de ação diplomática no governo Fernando Henrique, que dela fez extenso uso, e elevada à sua máxima expressão no governo Lula, a diplomacia presidencial brasileira começou a formar um patrimônio importante que já agrega contribuições significativas com o Getúlio Vargas do primeiro governo, com Juscelino, Jânio, Geisel, Figueiredo e Sarney, cada um deles utilizando-a a seu modo e dentro dos limites impostos tanto pelas realidades de poder do Brasil quanto pelos usos internacionais, cada um deles estabelecendo um novo patamar de diplomacia presidencial brasileira e ajudando a nossa política externa a ampliar o seu universo de atuação mais direta. O governo Lula também vem dando uma contribuição intensa e sólida para consolidar esse instrumento na diplomacia brasileira e ainda no primeiro mandato estabeleceu um novo patamar de intensidade, inovando ao mesmo tempo que dando continuidade a uma dimensão importante — mas longe de exclusiva — da política externa de um Brasil mais presente, respeitável e respeitado, com capacidade de iniciativa e liderança.

A diplomacia de chefes de Estado e de governo é marca da diplomacia contemporânea, queira-se ou não. Mesmo sofrendo indizíveis abusos, é ela que consegue alavancar iniciativas externas ou mobilizar a burocracia interna, dar visibilidade à diplo-

A ESCOLA DA LIDERANÇA

143

macia quando essa visibilidade importa para o interesse nacional e engajar o Estado no nível e com o grau de compromisso que outros parceiros — ou a própria sociedade — esperam dele. Além disso, é a diplomacia de chefes de Estado e governo que consegue dar protagonismo ou liderança a um país na sua ação externa em sentido amplo.

Corolário natural dessa realidade, seria um erro acreditar que a diplomacia presidencial serve apenas ao propósito de promover o mandatário que a exerce ou, pior do que isso, censurá-lo porque do seu exercício derivam prestígio e visibilidade internos e internacionais de que ele é o principal tributário. Não há como separar essas esferas: de um lado, a exigência moderna de muita diplomacia presidencial; de outro, o fato de que, bem exercida, essa diplomacia tem efeitos internos e de prestígio para o mandatário, que costumam ser muito intensos e duradouros, mas dificilmente transferíveis para o seu partido ou o seu candidato à sucessão, fazendo acima de tudo parte do seu patrimônio pessoal de estadista e ainda por cima servindo de parâmetro para julgar os seus sucessores.

A diplomacia presidencial continuará a ser, portanto, um dado da realidade, contra o qual insurgir-se representaria forte perda para o interesse nacional. O Brasil não poderá voltar a ter déficit de diplomacia presidencial, como ocorreu em vários momentos da sua história diplomática, nem poderá ter diplomacia presidencial passiva, tímida, *ex officio*, protocolar. O que será preciso é organizar a diplomacia presidencial dos próximos presidentes para que seja objetivamente percebida como parte de um instrumental diplomático, com ênfase no externo, e não apenas como alavanca de prestígio interno do mandatário — como corresponde à boa diplomacia de cúpula. Para isso, será preciso reconhecer que da diplomacia presidencial pode decorrer prestígio para o mandatário (mas há também um enorme risco), mas que esse, conquanto um objetivo legítimo da presidência como instituição do governo, não é o objetivo central da diplomacia.

CONCLUSÃO: POR UMA BOA MISTURA DE DIPLOMACIA TRADICIONAL E PRESIDENCIAL

Será inevitável que a diplomacia presidencial dos próximos governos seja medida contra o parâmetro fixado pelas presidências anteriores. Será desejável que ela seja tão ativa quanto o exigir o interesse nacional e a prática das relações internacionais. Seria um erro que ela fosse concebida apenas para contrastar com a diplomacia presidencial que a precede e que ignorasse que cada diplomacia presidencial, na história brasileira, respondeu sempre a um conjunto de motivações e objetivos específicos, ligados sobretudo ao país que estava por trás dela e ao mundo em que esse país desejava aperfeiçoar a sua inserção.

O que se deseja é uma boa combinação: de um lado, uma diplomacia de princípios, axiomas e parâmetros — como os dez enunciados —, que assegurem à política externa brasileira ser área de consenso interno no país e um instrumento sólido e confiável de promoção externa do interesse brasileiro; de outro, uma diplomacia presidencial bem concebida, usada com sentido de economicidade e sem preconceitos ou exageros que a diminuam como instrumento de política internacional do Brasil. É uma fórmula genérica de sucesso para que o Brasil fale no exterior, cada vez mais, com voz firme e serena, defendendo os seus interesses e exercendo, onde couber, um papel seja de liderança suave, seja de mediador de consensos e aproximador de posições.

É o que a nação espera: que o pluralismo da democracia se converta, como acontece nas democracias poderosas do mundo, em ação determinada e legítima no exterior — da diplomacia e do presidente — em defesa do interesse nacional. País sul-americano e em desenvolvimento, o Brasil ainda depende, para realizar-se como nação, de boa diplomacia, tradicional ou presidencial.

V

Algumas ideias sobre liderança brasileira[1]

*"It's hard to lead a cavalry charge if
you think you look funny on a horse."*

Adlai Stevenson

*"Je ne me suis jamais pressé et cependant
je suis toujours arrivé à temps".*

Talleyrand

INTRODUÇÃO: UM TEMA DE ATUALIDADE,
UM TEMA COMPLEXO

A discussão sobre uma pretendida ou desejada liderança brasileira na América do Sul e mesmo no hemisfério tomou nos últimos tempos as páginas dos jornais e ganhou o debate público, dentro e fora do país. Essa discussão se justifica em

---

[1] Versão revista de "Liderazgo brasileño?", publicado originalmente em *Foreign Affairs en español*, vol. 1, nº 3, outono-inverno de 2001.

grande medida pela notável mudança qualitativa que vinha ocorrendo na inserção internacional do Brasil e que se acentua com a eleição e assunção de cada novo governo, que vem fortalecido não apenas pelo crescente peso específico do país para participar com influência em certos tabuleiros diplomáticos, mas pela legitimidade conferida pelas urnas ao seu projeto de profunda mudança social no país — e foi sem dúvida o caso dos governos Fernando Henrique e Lula da Silva. Ela se explica também por recentes iniciativas do Brasil, interpretadas ou já claramente apresentadas como impulsos de liderança, e sobretudo pela magnitude dos desafios internacionais e regionais do país, que exigem ou justificam um maior engajamento brasileiro, logo identificado como uma reivindicação de liderança.

Uma discussão objetiva da questão da liderança brasileira, à luz especialmente dos seus interesses, limites e resistências internos e externos, não pode mais ser tangenciada pelo próprio Brasil ou pelos seus principais parceiros, evitando a armadilha da ideia de simples voluntarismo por trás da liderança e a rejeição, de início, de qualquer ideia ou gesto de liderança com base em potenciais custos ou resistências, internos ou externos.

Três grupos de reflexões balizam a discussão sobre liderança em política e em diplomacia. O primeiro gira em torno de alguns elementos básicos da liderança: poder, motivação, disposição, capacidade, visibilidade. Eles explicam por que a liderança não é simples ato de voluntarismo, nem tampouco mero protagonismo, embora contenha muito do primeiro e implique grande dose do segundo. Em uma combinação que permite infinitas variações de dosagem, esses elementos dão o grau de legitimidade e de perspectiva de êxito de uma liderança

O segundo grupo é constituído pelas diferentes formas que pode assumir a liderança em função da maneira de exercê-la, da urgência, do seu objetivo etc. Essas diferentes formas explicam que a liderança não é um absoluto, mas uma virtualidade que se realiza a cada processo, com cada líder e em cada grupo de forma singular.

O terceiro grupo, finalmente, inclui uma série de interrogantes sobre a capacidade, o interesse e as condições do exercício concreto da liderança. Elas constituem uma guia segura para pôr à prova a legitimidade e a viabilidade de uma liderança.

OS FUNDAMENTOS DA LIDERANÇA

Liderança é objetivamente um excedente de poder que extravasa de forma organizada, sistemática — mesmo que a percepção não indique claramente essa forma. Poder que será real — *hard power* como o poder econômico, militar e tecnológico dos EUA ou da China — ou psicológico — *soft power* como o carisma, a habilidade, a sabedoria ou o prestígio (entendidos como fonte de poder) de um líder político, celebridade ou instituição. De qualquer forma, o líder precisa ter recursos suficientes — próprios ou daquilo que representa, um grupo, um país, uma entidade, uma instituição — que lhe permitam tomar as iniciativas e enfrentar os custos, ônus ou resistências próprios de todo processo em que ocorre liderança ou disputa por ela. A liderança absorve energias mentais e materiais, implica capacidade de iniciativa, gera compromissos e não existe no vazio, mas sim como uma relação de poder.

Não falo apenas de poder externo para associar e conduzir parceiros em um projeto, mas também de poder interno, para que a decisão de liderar o que quer que seja constitua uma política de Estado o mais consensual possível, e não um instrumento de prestígio de quem exerce o poder. Isso não obsta que esse prestígio se reverta naturalmente em benefício de quem é identificado com a liderança e que ele seja transitivo no plano interno, político-partidário ou mesmo eleitoral; é até bom que assim seja, pois essa interação entre o interno e o externo pode criar uma sinergia positiva — não esqueçamos que a diplomacia presidencial, para ser eficaz, deve ser uma combinação intensa e equilibrada de política interna e diplomacia.

Mas a liderança precisa ter uma motivação que dê direção ao processo. Por isso ela necessariamente precisa ter um ou vários objetivos explícitos e compartilhados pelo universo em que opera (mesmo que inclua uma *agenda oculta*, mas que de qualquer forma não faz parte do processo da liderança); e um grande impulso, formado à base de interesses concretos, que a empurre em direção a esses objetivos e mobilize os liderados. A liderança não existe, portanto, como simples ato voluntarista de busca de prestígio ou de simples "jogo para a plateia" — quando se confundiria com exibicionismo, tão nefasto em política como em diplomacia. Mas ela pressupõe, sim, uma considerável dose de vontade, de motivação, de inclinação ou disposição da parte de quem a exerce.

A liderança também pressupõe capacidade para liderar: a disponibilidade de recursos materiais e humanos, de um lado, e a existência de ideias, de concepções sobre o mundo e sobre o que se deseja. A questão básica é que deve haver uma interação entre poder, motivação e disposição, sem o que não existe liderança plena. Em vez de se perguntar "por quê", a capacidade de indagar-se "por que não?" e pôr-se em ação, apontando o caminho, mas também trilhando esse caminho. Isso permite não apenas tomar a iniciativa, mas calibrar adequadamente a liderança requerida para enfrentar determinado tipo de situação. Não há liderança por acaso, nem à revelia. Liderança é um ato afirmativo, não reativo; daí a importância de ousar, de tomar a iniciativa, portanto de avaliar corretamente os cenários, prever e antecipar.

A ESCOLA DA LIDERANÇA   149

"Se Luís XVI se tivesse mostrado a cavalo [à frente da tropa]", diz Napoleão, testemunha ocular do massacre de 10 de agosto de 1791 nas Tulherias, que pôs fim ao Antigo Regime, "a vitória teria sido dele".[2] Grande ensinamento napoleônico, que o próprio imperador exercitará à exaustão, dando um exemplo tantas vezes ignorado por pretensos líderes: liderança é um ato de visibilidade; o líder tem de ser visto em ação, porque é a sua ação, a sua condução, o que inspira e faz mover os liderados, não apenas o seu hábil manejo das relações de poder ou das intrigas.

Liderança, aliás, é exatamente a antítese da intriga, do jogo de bastidores, embora possa recorrer a eles. Um líder nunca é apenas uma eminência parda, um insuflador ou conspirador escondido no anonimato. A visibilidade, é certo, é o que explica em parte os custos da liderança; mas é também o que torna o exercício do poder mais aceitável do que aquele que é normalmente exercido por eminências pardas (o que explica em parte o ódio que despertam essas figuras que operam à sombra do poder e a facilidade com que são descartadas ou executadas). A visibilidade é, assim, condição necessária (mas não suficiente) para a legitimidade de um líder.

Liderança requer uma enorme legitimidade, a que decorre não apenas de atributos específicos ligados à identidade do líder e à sua capacidade de liderar, mas também do reconhecimento e da responsabilidade perante o grupo ou comunidade que é liderado. Em outras palavras, a liderança requer identidade entre líder e liderados e algum tipo de sistema de *checks and balances*, que será informal na maior parte dos casos, intuitivo, ou o que for, mas que assegurará uma transitividade permanente entre líder e liderados. Poder, capacidade, virtudes, interesse direto,

---

[2] Napoleão a Bourrienne, *apud* Max Gallo, *Napoléon. Vol. I. Le Chant du départ*, Paris, Robert Laffont, 1997, p. 145.

competência, apoio e visibilidade compõem a base da legitimidade na questão da liderança. São todos elementos que devem estar presentes, em maior ou menor grau, para assegurar tanto a possibilidade como a transitividade da liderança. A ausência de um desses elementos deve necessariamente ser compensada por doses maiores dos demais.

Em outras palavras, liderança tem sujeito, verbo *no indicativo* e predicado. E, embora admita improvisações, que dizem mais de um estilo de liderança ou da capacidade de identificar oportunidades e reagir a elas, essas improvisações não podem afetar o que é básico na liderança: a capacidade de articular e sustentar iniciativas concretas, baseadas em interesses reais identificáveis por todos.

Por isso mesmo, aliás, não há liderança delegável, nem liderança por procuração; uma vez delegada, deixa de ser liderança. Como o poder não é compatível com o vazio, qualquer delegação — como gesto parcial de renúncia — cria um vazio que deve ser imediatamente preenchido e quase sempre o é em detrimento de quem delega ou de quem recebe a procuração. O poder não se invoca, se exerce; e, como diz um conhecido político brasileiro, "o poder não gosta de quem não o exerce".

AS FORMAS DA LIDERANÇA

Como exercício de poder e busca de um objetivo, a liderança naturalmente é uma atividade de geometrias variáveis: pode ser ampla ou limitada a um processo ou a um problema, pode exercer-se em relação a um grupo maior ou menor, pode durar no tempo ou esgotar-se quando conclui o processo que lhe deu origem. Pode, em suma, operar por distintas formas. Pode ser *autoritária*, como pura expressão de poder, ou *carismática*, como analisou Max Weber. E pode ser *ex officio* — como a liderança que naturalmente é reconhecida ao presidente norte-americano — ou construída a partir de uma base de poder apenas relativo, em função de determinada situação ou objetivo.

Bernard Bass e Ralph Stogdill, no seu clássico *Handbook of Leadership*,[3] dão boas pistas para definir os vários tipos de liderança. Alguns deles se aplicam a países: 1) liderança como foco de um processo (a centralização do esforço em um líder como expressão do poder de todos); 2) liderança como personalidade (uma combinação de traços que habilita alguém a induzir outros a fazer determinadas coisas); 3) liderança como exercício de influência (o processo de influenciar as atividades de um grupo organizado para alcançar certos objetivos); 4) liderança como forma de persuasão (a atividade de persuadir um grupo a cooperar para alcançar um objetivo comum); 5) liderança como um instrumento para alcançar um objetivo (o fator que une um grupo e o motiva para alcançar seus objetivos).

A esses se poderiam agregar outros tipos: a liderança como reação a uma emergência, em que a gravidade da situação enfrentada gera convergências, apaga resistências dos liderados ou ressalta virtudes do líder presumido; a liderança como gesto educativo, em que a transmissão de experiências ou ensinamentos mostra-se útil para avançar em um processo; a liderança como apoio em um momento de dificuldade ou confusão alheias; a liderança como inspiração; a liderança como exemplo para gerar um capital de influência etc. Indo da *soft leadership* à *hard leadership*, todos os tipos e variantes comprovam a tese do *poder* necessariamente subjacente à liderança e instrumentalizado em função de um ou vários objetivos compartilhados entre o líder e os liderados.

---

[3] 3ª ed., Nova York, The Free Press, 1990.

AS GRANDES QUESTÕES EM TORNO DE UM PROJETO DE LIDERANÇA

Finalmente, o terceiro grupo de elementos de reflexão sobre a liderança é constituído por uma série de interrogantes para as quais convém dar boas respostas concretas antes de seguir adiante com qualquer projeto de liderança: 1) liderança de quem?; 2) liderança para quê?; 3) liderança em relação a quem?; 4) liderança contra quem ou contra quais interesses?; 5) liderança como?; 6) qual a legitimidade dessa liderança?; 7) quais os custos dessa liderança?; 8) quem paga esses custos?; 9) qual o horizonte de tempo histórico pelo qual ela pode ou deve exercer-se?; 10) quem se beneficia com essa liderança?

A resposta conjugada a todas essas perguntas ajuda a afastar toda veleidade de liderança vazia ou voluntarista, sem base de poder e sem motivação, e serve para equacionar mais corretamente a relação custo-benefício de qualquer exercício de liderança.

A IDEIA DE LIDERANÇA BRASILEIRA

Com base nesses elementos, é mais fácil responder de forma mais objetiva se o Brasil pode ou deve exercer *algum tipo de liderança* na América do Sul ou no hemisfério, espaços naturalmente privilegiados da sua ação diplomática.

Pode-se até falar *a priori* de uma liderança brasileira a partir de certos elementos de identidade, poder, vontade ou interesse nacional — uma liderança que poderá assumir a forma de uma ou mais daquelas possibilidades apontadas no segundo grupo acima.

A própria *Constituição Federal*, ao determinar que o Brasil "buscará a integração econômica, política, social e cultural dos povos da América Latina", parece dar um mandato claro aos governantes para procurar exercer alguma liderança regional.[4] Como, no entanto, o Brasil não tem os grandes excedentes de poder e de recursos, nem os grandes interesses globais que caracterizam as potências que se destacam na história como lideranças, será preciso ter boa ideia do seu real poder, da sua capacidade e dos seus interesses concretos para avaliar o exercício de qualquer tipo de liderança — se e quando for o caso.

O seu peso específico, a sua condição de grande democracia em desenvolvimento, a abrangência e complexidade dos seus interesses externos e a rede de relações que o Brasil soube construir com os seus 12 vizinhos sul-americanos (com a Guiana Francesa) geram interrogações objetivas sobre a legitimidade, oportunidade, utilidade, natureza, escopo e alcance de uma vocação de liderança brasileira na região e nas relações da região com outros centros de poder.

Tanto na sua vertente positiva, proativa, como na sua vertente negativa, reativa, a agenda sul-americana e hemisférica de hoje apresenta um sem-número de tópicos de interesse direto para o Brasil — interesse concreto, pleno de consequências reais ou potenciais, não meras construções intelectuais ou inclinações diletantes. Em outras palavras, a América do Sul é um interesse nacional brasileiro de primeira grandeza, em várias dimensões. E isso é indiscutível, parece-me.

Citemos apenas as mais óbvias, nas duas vertentes, a positiva e a negativa: a estabilidade regional, a consolidação e o aprofundamento do Mercosul, a Alca, a ameaça de uma integração verticalizada no hemisfério, o conflito interno e as ameaças à democracia em países vizinhos, as novas modalidades de ameaças transnacionais (crime organizado, narcotráfico, crimes ambientais etc.), a integração física e energética com os vizinhos, a

---

[4] Cf. *Constituição Federal*, art. 4, parágrafo único.

modernização das políticas de defesa e segurança na região, a cooperação nas suas várias vertentes (educação, saúde, ciência e tecnologia etc.), a proteção e a preservação do meio ambiente e a promoção do desenvolvimento sustentável etc. São todos temas de grande transitividade para o Brasil e os seus vizinhos, temas que exigem ação concertada, mobilização intensa, iniciativas propositivas, trabalho de convencimento e de proselitismo. Como pensar nisso sem lembrar a ideia de liderança, sem admitir que alguém a exerça na América do Sul ou, na sua falta, fora dela?

ALGUMAS PISTAS PARA ENTENDER AS RESISTÊNCIAS A UMA LIDERANÇA BRASILEIRA

A possibilidade, mesmo em abstrato, de o Brasil liderar é admitida até por quem é contrário a ela ou lhe resiste de forma explícita ou difusa. Confrontada com a importância da agenda em torno da qual, total ou parcialmente, essa liderança idealmente se exerceria, essa ideia deixa de ser abstrata e passa a ser muito concreta. Ou seja, não se discute tanto a vocação de liderança do Brasil, ou certas grandes credenciais e peso específico que o país detém para exercê-la, mas sim sua capacidade, o seu interesse ou a sua legitimidade para assumir e exercer essa liderança. Ela não é negada como possibilidade ou virtualidade, ela é negada como opção, como liderança mesma.

Liderança não se apregoa, nem se reivindica — liderança se exerce. É fato. Mas quando essa liderança, mesmo circunscrita, é negada como opção viável ou legítima, qualquer movimento que se assemelhe a um ato de liderança é deslegitimado como ato de poder, busca de prestígio, gesto unilateral ou tentativa de impor-se aos demais. Essa tensão, que sempre existe no exercício da liderança, é agravada quando os excedentes de poder do pretenso líder são escassos ou quando a resistência a essa pretendida liderança é desproporcional, como no caso brasileiro.

Que quero dizer com isso? No Brasil, qualquer gesto que lembre a reivindicação de liderança, mesmo objetivamente legítima do ponto de vista do interesse nacional ou dos demais parceiros, é questionado nas suas motivações e no seu alcance. A convocação e realização da reunião presidencial sul-americana de Brasília, em 2000 — para ficar num exemplo que já é histórico —, deu inúmeros exemplos, internos e externos, desse tipo de reação, que denunciava como ilegítimo, incompreensível ou inoportuno qualquer *"bid for leadership"* da parte do Brasil — ou qualquer gesto que fosse entendido como tal. Qualquer movimento relativo à Alca ou à reforma do Conselho de Segurança das Nações Unidas é interpretado como uma pretensão de liderança e explorado no seu potencial de resistência e oposição interna ou por parte de outros parceiros na região. Contrariamente, qualquer empuxo de liderança oriundo de outro país, por mais discutível que seja, é visto não como uma legitimação do nosso próprio esforço de liderança, mas como a sua condenação, a sua impossibilidade.

Aqui se combinam tanto uma visão interna, *isolacionista*, que nega ou questiona o interesse e as motivações de uma liderança brasileira, quanto uma visão externa, que, à falta de melhor termo, se poderia chamar de *"antibrasileira"*, que nega a capacidade e/ou a legitimidade de que o Brasil exerça semelhante pretensão, mesmo admitindo o seu diferencial de poder ou de peso específico — as suas *credenciais*.

Por que a resistência, interna, à direita e à esquerda, e externa, no norte e no sul, entre vizinhos próximos e vizinhos distantes, a essa vocação? Por que, dentro e fora do país, inclusive por parte dos nossos parceiros mais próximos, já se preferiu ou se prefere qualquer outro tipo de liderança — dos Estados Unidos, da antiga União Soviética, de Cuba, da Venezuela, da Europa, da OEA, da

ONU, de grupos de países, de ONGs, de partidos políticos — ou então se prefere "nenhuma liderança", a que o Brasil possa apenas exercitar uma vocação natural de liderança, desde que tenha objetivos e capacidade de iniciativa e de articulação para fazê-lo?

A resposta parece estar tanto nas dúvidas sobre a existência desses objetivos e dessa capacidade de articulação e de sustentação quanto em diversos tipos de resistências decorrentes de fortes interesses contrariados ou simplesmente ideológicas. Não tenho a pretensão de propor planos de ação para enfrentar essas resistências. Por enquanto, o que me proponho a fazer é uma análise serena sobre a amplitude dos limites e resistências — internos e externos, é importante que se insista — a uma liderança brasileira. É o que sugiro a seguir.

A RESISTÊNCIA INTERNA

O *front* interno, para começar, não é nada desprezível. Ele afeta tanto a capacidade de iniciativa quanto de sustentação da iniciativa em um impulso de liderança. A lista de exemplos de resistência interna à liderança brasileira é quase infindável. Eles ilustram três naturezas de resistência.

Os "handicaps" brasileiros

No primeiro grupo, encontram-se os *handicaps* e limitações impostos pela própria realidade brasileira e que têm a ver com parte do que se poderia chamar de poder nacional: no plano social (os desequilíbrios sociais e regionais, as iniquidades, a violência, as mazelas que geram a imagem do gigante de pés de barro e que retiram legitimidade e autoridade do país), no plano econômico (as vulnerabilidades a que a economia brasileira ainda está submetida, as suas limitações, os seus gargalos), no plano político (sobretudo no que se refere à governabilidade e à capacidade de gerar e administrar políticas de Estado, imunes aos embates partidário-eleitorais e às práticas clientelistas ou corruptas) e no plano ético (a questão da corrupção endêmica e as ameaças de fortalecimento dos seus vetores, como o narcotráfico e o crime organizado) — em suma, tudo aquilo que forma a dolorosa realidade de um país em desenvolvimento com pesado fardo social e institucional.

Não quer isso dizer que o país — Estado e sociedade — não esteja enfrentando essas questões, em algumas áreas com coragem, resultados e um louvável trabalho de base (muitas vezes imperceptível aos olhos da opinião pública). O Brasil de hoje, *grosso modo*, está fazendo o que os EUA fizeram quando enfrentaram com êxito as suas grandes mazelas do final do século XIX e princípios do século XX (banditismo, corrupção, fraude eleitoral, violência, abusos de direitos humanos, abusos econômicos, reforma agrária através do "Homestead Act" etc.). Mas essas mazelas constituem um limite objetivo ao poder nacional, à autoimagem do país e à ação diplomática e portanto trabalham contra a ideia de liderança por dois lados: fortalecendo as resistências internas e externas à ideia de liderança brasileira (de que trato mais abaixo) e retirando do país poder real e determinação para aspirar a ela ou exercê-la em casos específicos.

A dificuldade de criar consenso interno e a resistência da burocracia

Outro limite objetivo à liderança é a dificuldade para construir consenso interno — consenso mínimo, ou condicional, mas enfim algo que dê uma alma nacional e uma autoridade a qualquer impulso de liderança específico. O próprio governo brasileiro reproduz de forma às vezes crua as diferentes tendências ideológicas, regionais, setoriais que formam o complexo mosaico dos interesses internos brasileiros (para contrastar com a ideia de "interesse nacional", que deveria ser hegemônico, suprapartidário e suprarregional). Por isso mesmo, o Brasil é um caso curioso de país que busca o consenso minimalista, através de grandes debates abertos e até de políticas feitas através da imprensa. Essa dificuldade para decidir, própria de uma grande e complexa democracia, e a falta de autoridade que gera nos porta-vozes e negociadores do Estado brasileiro têm implicações em termos de poder e capacidade para conduzir políticas e exercer liderança. A ideia divertida de "fogo amigo" a obstaculizar a ação brasileira é uma triste e dolorosa realidade, que contrasta com o ânimo e o espírito de países como os EUA, em que em determinadas condições o dissenso interno é suspenso ou encapsulado em favor do resultado externo, sem que isso implique a adoção de discursos únicos ou a opressão de dissidências. São movimentos táticos. Mas o "fogo amigo" é um fato da vida nacional, com o qual se tem de lidar.

Acresce a essa dificuldade a questão da burocracia, cuja capacidade de resistir a políticas novas ou de neutralizar e reverter iniciativas apresentadas e assumidas como "políticas de Estado" continua a ser um dos grandes desafios brasileiros e motivo de frustração e desmotivação para quem deseja mudanças. Liderança é criatividade e capacidade de tomar e sustentar iniciativas; a burocracia tem por efeito neutralizar os impulsos através dos quais se manifesta a liderança (ou a simples execução de uma política) e ainda por cima expor a falta de consenso atrás da política e de autoridade atrás de quem a propõe ou conduz.

Perversa, autoritária, enfocada sobre o setorial ou simplesmente preguiçosa, a burocracia pode ser um dos grandes entraves à mudança no Brasil, seja ela interna, como reforma, seja ela externa, como alteração do perfil reativo do país na defesa e promoção dos seus interesses. Não há liderança feita contra a vontade da burocracia; mas tampouco há muitos exemplos de burocracia que alimente desígnios de liderança. A questão está em como impor à burocracia políticas de Estado, capazes de resistir aos entraves que são atávicos — quando não ativamente exercidos — no seio da burocracia, evitando ao mesmo tempo que ela seja permeada pelas dissensões político-partidárias, que tolhem o desenvolvimento de políticas de Estado.

O resultado dessas resistências e dissensões é sinalizar muitas vezes, para o interlocutor externo, uma imagem de divergência e descoordenação maior do que seria ideal admitir em situação de negociação — e de liderança. Sem uma voz única, minimamente consensual, para dizer por exemplo se queremos abertura ou fechamento da economia, como podemos propornos a liderar nas discussões sobre o aprofundamento do Mercosul, a integração hemisférica ou sobre as negociações na OMC? Se mudam as políticas, mudam os atores, mudam os nomes das agências governamentais, muda a estrutura de comando da burocracia e se amplia a margem de discricionalidade dessa mesma burocracia para entravar ou neutralizar iniciativas, como tomar iniciativas novas e criativas, como exercer liderança, como inspirar liderados? Em liderança, sobretudo, vale o preceito lincolniano, de inspiração bíblica: *"a house divided cannot stand"*. Seria legítimo acrescentar: "e tampouco lidera".

O rechaço à liderança como rechaço à perpetuação ou expansão da desigualdade

Além das dissensões e divisões internas, também parte da elite brasileira tem uma personalidade que pode estar na origem das resistências que o país nutre sobre a sua liderança. Liderança internacional é um processo de interação entre pessoas que representam Estados. Nunca é demais recordar: vale, em política interna como em política externa, a lição napoleônica: o líder tem que se mostrar a cavalo à frente da tropa, comandar, indicar o caminho, trilhá-lo, oferecer opções e induzir a escolha entre elas, submeter-se ao perigo, assumir riscos — e perder, se for o caso. A liderança só existe como ato de *reconhecimento*. Não há liderança vinda das sombras do poder ou de longínquos QGs fora do alcance dos tiros. Não há liderança sem interação. Basta lembrar do marechal Foch na Batalha do Marne, gritando, ao alcance dos tiros alemães: "*Avancez, avancez!*"

Por isso, no segundo grupo, falamos de resistências que estão mais no plano psicológico ou ontológico do país; mas, por mais subjetivas, não são menos importantes ou deixam de merecer alguma consideração.

Um exemplo que me parece interessante e mereceria maior reflexão é o de um tipo de resistência a algum papel de liderança do Brasil na sua região que se identifica em parte da própria elite brasileira. Ao censurar o *status quo* político, econômico ou social do país, tão negativo em certas épocas (o Império escravocrata, a ditadura) ou em certas áreas (a distribuição de renda, a concentração fundiária, a violência), ao insurgir-se contra parte da história brasileira em que se identificam gestos fortes de voluntarismo, quando não de liderança (as intervenções no Prata, a Guerra do Paraguai), ao criticar o *establishment* ou ao negar e combater o modelo econômico ou social, ao simplesmente fazer oposição ao governo dentro dos melhores cânones democráticos, essa parte da elite brasileira acaba, de forma implícita ou explícita, como corolário natural da sua atitude crítica, resistindo à ideia de liderança externa brasileira e rechaçando a possibilidade de ver a liderança externa como possível indutor da reversão ou melhora dos indicadores negativos do país.

Para essa forma de ver as coisas, a liderança brasileira seria a maneira de reproduzir fora mazelas internas e/ou de legitimar pelo prestígio externo o governo de turno ou os "desvios de conduta" internos. *Mutatis mutandis*, essa mesma resistência pode encontrar-se fora: ao identificar-se em um Brasil pretensamente líder traços de identidade nacional inaceitáveis pelos vizinhos ou por setores sociais dos vizinhos (como fora no Império a forma monárquica ou o regime escravocrata, mais recentemente a ditadura e atualmente a escandalosa desigualdade social e a violência), os pretendidos liderados rechaçam a liderança alegadamente como forma de impedir a reprodução daqueles traços, de conter a sua influência ou exemplo, de não legitimá-los. A mudança do quadro social brasileiro, a superação, na realidade objetiva, da força desses argumentos ou temores, são, portanto, essenciais para vencer essas resistências que foram e são reais e bem embasadas. Elas continuarão sendo fortes se os novos rumos da vida brasileira, iniciados com a posse de um governo socialmente progressista e engajado, capaz de mobilizar a sociedade na luta contra a desigualdade, não resultarem rapidamente em uma mudança palpável desse predicado brasileiro que nos estigmatiza e debilita internacional e regionalmente. Em outras palavras, sem um grande avanço social no Brasil, podemos esquecer qualquer veleidade de liderança, porque, diante da relativa escassez de poder material do Brasil — ao contrário de outros grandes países marcados por iniquidade social muito mais aterradora que a nossa —, o peso da nossa desigualdade social será cada vez mais, fatalmente, um *handicap* na nossa inserção internacional face ao poder econômico sempre relativamente mais débil que teremos.

O peso da inércia histórica

O Brasil enfrenta também o peso da inércia histórica quando se trata de liderança regional. Acostumado a séculos de isolamento imposto pelo sistema colonial, depois pela divergência de identidade (império escravocrata e estável em uma América do Sul republicana e instável, único país de língua portuguesa em um universo hispânico, único país com fortes traços afro-americanos em uma América do Sul indígena e imigrante), de interesses regionais e sub-regionais (por exemplo, na questão dos rios internacionais de curso sucessivo, que nos cria uma situação na Amazônia e outra oposta na bacia do Prata), pela diferença no perfil do seu relacionamento externo (o nosso relativo equilíbrio de comércio internacional em contraste com a maior concentração do comércio dos vizinhos) e no seu peso específico (grande país continental rodeado de países muito menores, que sofreram de alguma forma da síndrome de território minguante; economia poderosa e diversificada, mas relativamente fechada etc.), e com uma poderosa e por vezes bem-sucedida vocação autárquica, parte do Brasil lida mal com a ideia de fazer política em grupo e tende a ver como ameaça aos seus próprios interesses qualquer esforço de convergência e associação com vizinhos de menor peso relativo, diferente identidade e muito menor exposição regional e internacional. O regime militar exacerbou esse comportamento retraído e de baixo perfil, embora, durante o período do "Brasil potência" nos anos Médici, tenha adotado uma visão triunfalista desastrosa do ponto de vista diplomático, gerando desconfianças que até hoje persistem como hipoteca psicológica na nossa política sul-americana.

Quando ficou patente que a relação de indiferença relativa, de baixa integração econômica e, em períodos, de desconfiança renovada foi sendo substituída por uma relação alegadamente de *Brasil-dependência* (para usar um termo curioso que já traz em si o germe da resistência, já que não se fala em Europa-dependência ou EUA-dependência), os brasileiros começaram a dar repetidas mostras de que ainda têm de aprender a lidar com o novo fenômeno da dependência em relação ao Brasil e carecem do tipo de "sensibilidade" que os Estados Unidos, por exemplo, procuram mostrar em relação ao México e Canadá. Será um longo aprendizado, para o qual a nossa experiência anterior é demasiado específica ou historicamente limitada e não se aplica inteiramente ao conjunto dos parceiros sul-americanos que ampliam as suas relações com o Brasil ou aos muitos temas que formam as agendas regional e hemisférica contemporâneas.

A desconfiança em relação ao mundo exterior e a influência da "cordialidade brasileira"

Outro traço atávico de parte da elite dirigente brasileira, mesmo entre a mais cosmopolita e aberta ao mundo, é um paralisante sentimento de desconfiança em relação ao exterior quando se trata de interagir, de negociar, de alcançar compromissos. O parceiro do exterior é quase sempre visto como uma ameaça, seja porque é mais poderoso, e portanto quer impor opções, valores ou decisões unilaterais, seja porque é mais fraco, e portanto anda atrás de concessões, favores, privilégios e tratamentos diferenciados. Um corolário natural dessa atitude é resistir a negociar; pior: é não se preparar para negociar, e sim apenas para resistir. Liderar — portanto, sem a possibilidade de impor o seu ponto de vista, e ainda por cima tendo de fazer concessões — nem pensar.

Um último traço atávico com implicações sobre a liderança, por incrível que possa parecer, é a característica cordialidade brasileira, a vocação de buscar acomodações, de procurar convencer pela suavidade, pela ponderação. Esses traços, tão característicos de certa "alma brasileira" e tão presentes na vida política do país, e que nos levam muitas vezes a uma atitude de condescendência e tolerância no trato com os parceiros, podem no entanto ser confundidos com falta de firmeza ou determinação, com uma forma de ser pusilânime ou timorata — elementos antípodas da liderança, que lida muito com percepções, tanto quanto com realidades (as percepções são as verdadeiras realidades dos fatos, se pensamos bem). Entretanto, se visto sob um prisma afirmativo, esse traço da personalidade brasileira, que tantas vantagens traz em situações de conflito ou choque de interesses, seria responsável por certo realismo e pragmatismo na forma de ser brasileira, que compensaria em muitos casos a falta de poder real e geraria um tipo de *soft power* de boa cepa, se bem conduzido. Ele tenderia de qualquer forma a fazer de qualquer impulso de liderança brasileira — se este pudesse vingar — algo na vertente da *soft leadership*, mais sujeita portanto aos efeitos neutralizadores das resistências externas. Mas o seu efeito quase sempre é paralisador, desmobilizador.

Em outras palavras, o Brasil tem uma resistência atávica à própria ideia de liderança, porque a liderança implicaria alterar traços da sua personalidade que persistem mesmo tendo-se alterado tão sensivelmente o seu peso específico e a sua integração — e portanto os seus interesses — na região de que faz parte. Não se trata de isolacionismo no sentido norte-americano do termo, mas de isolamento e baixo perfil calculados, como se a diplomacia não devesse necessariamente responder a uma profunda alteração qualitativa na inserção externa do país. Parte influente da elite dirigente brasileira incorporou esse sentimento como um valor, um princípio imutável, e, até por uma característica humana, resiste à mudança.

O *temor aos custos*

O terceiro grupo de resistências faz referência ao temor que inspira todo ato que, como qualquer gesto de liderança, requer um determinado tipo de engajamento. Um dos principais temores nessa área diz respeito simplesmente aos custos da liderança: a

A ESCOLA DA LIDERANÇA

ideia, quase sempre equivocada, de que toda liderança necessariamente é um benefício que se paga de alguma forma, seja mediante concessões, seja mediante a assunção de algum tipo de ônus que passa a ser concentrado na liderança em benefício dos liderados. Aqui age um instinto de defesa natural, que talvez tenha a ver com a presunção de ilegitimidade da liderança, que seria então compensada com alguma forma de dispêndio; a dificuldade de assumir esse ônus limitaria portanto qualquer pretensão de liderança. Ou então, age um mecanismo recorrente na forma brasileira de tratar com o exterior: a prática de antecipar ou prejulgar os ônus — os nossos ou dos nossos parceiros — e *a priori* decidir que existirá um ônus e que ele não é razoável, ou então que haverá resistências e que elas não são superáveis (todo tipo de argumentação como "os [...] não vão aceitar", ou "os [...] vão vetar", ou "o que vão achar os [...]?"). Ou seja: o argumento para a inação não é real, é uma simples especulação sobre o potencial. Temos tido uma dificuldade orgânica em estabelecer uma correta relação entre custos e benefícios de grande número de atos de liderança, o que obviamente favorece as tendências à inação: na dúvida, melhor não assumir custos.

A RESISTÊNCIA EXTERNA

Império escravocrata e estável em meio a uma América Hispânica republicana e instável, país continental com fronteiras solidamente estabelecidas diante de vizinhos que sofreram alguma forma de "síndrome de território minguante", único país lusófono em um continente de fala castelhana, cioso dos seus direitos e orgulhoso dos seus vínculos especiais — reais ou imaginários — com a Europa ou os Estados Unidos, país de economia dinâmica, mas ao mesmo tempo subdesenvolvido, atrasado, emperrado e sem maior integração social ou política interna, o Brasil enfrentou desde sempre a resistência dos seus vizinhos ou de parcelas importantes das elites desses vizinhos a que reivindicasse ou exercesse qualquer tipo de liderança ou papel de preeminência ou mesmo de *primus inter pares* na sua região. A resistência está, sobretudo, na diferença, diferença que acentuamos em uma época e que procuramos relativizar em outra época.

Talvez a resistência mais forte a uma liderança brasileira esteja mesmo na ideia de que existiria uma competição relativamente equilibrada entre alguns países latino-americanos, de forma a permitir a qualquer um desses países da "linha de frente" aspirar a uma liderança ou pelo menos defender um sistema de liderança colegiada ou de geometria variável entre os países desse grupo. Brasil, México, Argentina, Chile, Venezuela e Peru seriam, nessas avaliações, os países que comporiam uma espécie de "sistema latino-americano" de equilíbrio do poder, funcionando de forma parecida ao velho sistema europeu de balança de poder: nenhum membro do sistema tem isoladamente poder para exercer hegemonia sobre os demais e qualquer membro do grupo que queira destacar-se imediatamente tem contra si uma coalizão formal ou informal dos demais, que neutraliza o seu impulso e restabelece o equilíbrio. No caso da nossa região, sem guerras, felizmente, embora às vezes com acrimônia.

Pode-se argumentar, em favor do Brasil, que o diferencial de peso específico é tal que essa visão sistêmica da América Latina como uma espécie de "balança de poder" não resistiria à análise e se justificaria apenas por um erro de avaliação, por ciúmes ou ainda por um espírito exacerbado de falsa rivalidade. Não haveria uma competição porque os objetivos e capacidades nacionais dos países não permitem essa competição. É fato, mas na análise crua da relação de poder, o sistema latino-americano parece já bem azeitado para funcionar e tem funcionado assim, para o bem ou para o mal: a qualquer impulso de liderança de um dos membros, os demais acabam por neutralizá-lo com a sua indiferença, resistência passiva ou encarniçada oposição. Mais ainda se o país a isolar for o Brasil, cujo diferencial de poder desperta atenção e cujos traços ontológicos ajudam a criar e manter uma resistência "grupal" àquele que é diferente. Pior se esse jogo for instrumentalizado de fora, por potências extrassistêmicas, mestras na insubstituível máxima maquiavélica do *"divide et impera"*.

Quando não foram elementos próprios da sua peculiar identidade que geraram as resistências, foi e continua sendo a tendência norte-americana a querer de alguma forma singularizar o Brasil para nele apoiar a sua política latino ou sul-americana — não necessariamente para dividir ou alentar rivalidades, mas com o mesmo efeito. Tendência frequente na diplomacia e no pensamento geopolítico norte-americanos em geral, ela muitas vezes é ecoada pelas elites brasileiras de forma mais ou menos exitosa, ao procurar fórmulas que sinalizem uma parceria especial ou algum tipo de relação privilegiada com os EUA, sempre entendida além-fronteiras, entretanto, como algo em detrimento dos interesses dos vizinhos.

Essa convergência de interesses, que resultava em um tipo de "aliança", foi exitosa durante a gestão de Rio Branco, que promoveu uma virtual *unwritten alliance* ou "aliança tácita" (a expressão é de Burns) com Washington para ajudar a promover claros interesses brasileiros; mas foi desastrosa durante o governo Castello Branco, o do "alinhamento automático" que produziu o célebre "o que é bom para os Estados Unidos é bom para o Brasil", de Juracy Magalhães, ou, durante o governo Médici, o da ilusão de que "para onde o Brasil se inclinar se inclinará o resto da América Latina", tão inoportuno, sentenciado por Nixon, e que está na base das acusações de "subimperialismo" ou "imperialismo por procuração", que ajudaram a atravancar durante anos as relações do Brasil na América do Sul e vez por outra ressurgem, fantasmagóricas, mas com um poder de assombro igualmente forte.

Criou-se na nossa região a ilusão de que poderíamos ser "uma região livre de hegemonias", algo que espelhasse na esfera do poder o que conseguimos fazer à base de declarações na área do desarmamento e da não proliferação. Obviamente, como com o poder realmente hegemônico e com a *hard leadership* essas declarações não funcionam, elas se voltam contra outras formas de poder não hegemônico, entre as quais se incluiria qualquer exercício de liderança *soft* por um país com as limitações e a modéstia de meios do Brasil. É como se a Europa, depois do Tratado de Roma, em nome da oposição ao hegemonismo de tipo norte-americano ou soviético, tivesse inviabilizado a liderança franco-germânica no processo de construção europeia: não teria havido a União Europeia.

O próprio Brasil acrescentou a essas resistências externas outras, de inspiração própria, quando atuou na região em defesa dos seus interesses (as intervenções no Prata, no século XIX, e a Guerra da Tríplice Aliança, que tantas sequelas deixaram, as atuações como mediador ou facilitador nas questões de Letícia, entre o Peru e a Colômbia, do Chaco, entre o Paraguai e a Bolívia, ou no encaminhamento da guerra entre o Peru e o Equador durante a Conferência Pan-Americana do Rio de Janeiro, em 1942) ou na promoção de supostos interesses "pan-americanos" (notadamente a Operação Pan-Americana e a intervenção na República Dominicana, em 1965, sob a égide da OEA).

Um exemplo particularmente notável de resistência à liderança brasileira foi de fato a Operação Pan-Americana, de Juscelino Kubitschek,[5] talvez a nossa maior lição histórica sobre liderança regional. A presidência brasileira teve o que parecia uma boa ideia, formulou uma proposta inacabada e preguiçosa

---

[5] Cf. Sérgio Danese, *Diplomacia presidencial*. Rio de Janeiro, Topbooks, 1999, p. 325-31.

A ESCOLA DA LIDERANÇA 169

de assistencialismo desenvolvimentista como forma de combater a expansão comunista nas Américas, apontou um caminho, mas de forma vaga, sem ter poder para sustentar a sua iniciativa, sem capacidade de articular o universo de atores que a deviam sustentar e sem mobilizar adequadamente os potenciais aliados da causa.

O resultado foi a sua apropriação imediata pelos EUA ("Como Vossa Excelência não adiantou um programa específico para fortalecer a compreensão pan-americana...", dizia Eisenhower a JK, na carta que levou à convocação dos chanceleres das Américas em Washington pelo secretário de Estado John Forster Dulles)[6] e o seu esvaziamento, só ignorado pelo discurso diplomático brasileiro, que durante anos manteve um tom triunfalista e ufano sobre a OPA. Mais tarde, quando a apropriação norte-americana da iniciativa tornou-se formal, com a "Aliança para o Progresso", a Operação Pan-americana sequer foi mencionada, entre outras razões por "receio de ciúmes de outros países latino-americanos".[7]Como ensina a dura lição sobre liderança, presidentes e governos não costumam promover iniciativas de outros; submetem-se a elas quando lhes interessa ou são forçados a fazê-lo; e ignoram-nas ou então as acaparam, assumindo-as como próprias, quando podem.

Em suma, essas resistências se manifestam de várias formas, às vezes inesperadas, como por exemplo a resistência a utilizar o conceito de América do Sul, em que se baseou a iniciativa da reunião presidencial de Brasília em 2000 e toda a estratégia sul-americana do governo Lula a partir de 2003, por temor, alegadamente, a que ele pudesse enfraquecer o conceito de "América

---

[6] Cf. Juscelino Kubitschek de Oliveira, *Mensagem ao Congresso Nacional, remetida pelo presidente da República, na abertura da sessão legislativa de 1957,* Rio de Janeiro, Imprensa Nacional, 1957, p. 6.
[7] Cf. Roberto Campos, *A lanterna na popa,* vol. I, 2a. ed., Rio de Janeiro, Topbooks, 1994, p. 419.

Latina" (que ninguém consegue mais definir) ou introduzir um elemento de exclusão ou discriminação em relação a outros países do hemisfério — como se a geografia não fosse a mais excludente e discriminatória das realidades. Às vezes, essa resistência assume contornos muito reais, na forma de resistências expressas à condução brasileira de processos, sob a alegação de que essa condução privilegia apenas os interesses brasileiros. No mais das vezes ela assume mesmo a forma de um discurso ideológico, que oculta ou traveste a resistência em argumentos processuais ou em propostas alternativas que não conseguem esconder a motivação ou os temores principais.

Tudo isso, no entanto, são fatos da vida internacional, contra os quais não é razoável insurgir-se: a resistência existe, ela é real, cabe-nos avaliá-la, tratá-la com maturidade, inseri-la na nossa avaliação e responder adequadamente a ela. O melhor a fazer é pensar que há razões concretas para essa resistência. Nas relações internacionais não há sentimentos nem gestos de generosidade, há interesses. E paixões. Mas a lição de Talleyrand continua sempre válida:

> Há circunstâncias (...) em que a paixão pode ser mais forte que o interesse; e a República (...), ainda que sempre empenhada em procurar amigos e em conservá-los, deve ter entretanto por primeira máxima só contar realmente com as suas próprias forças.

CONCLUSÕES: LIDERANÇA SE APRENDE EXERCENDO.

Psicológicas ou reais, essas resistências têm tido um papel seja de intimidação do Brasil, seja de arrefecimento de iniciativas ou reivindicações que possam ser confundidas com impulsos de li-

A ESCOLA DA LIDERANÇA

derança ou de hegemonia. E não é necessariamente bom ou mau que assim seja.

Perguntam-me se o Brasil deve ou pode exercer liderança. Eu respondo que sim, desde que tenha condições objetivas para fazê-lo. Desde que possa superar de uma ou outra forma algumas das resistências internas e externas que ainda prevalecem contra impulsos de liderança brasileiros. Desde que se guie por uma certeza tantas vezes testemunhada pela história: liderança também se aprende.[8]

Em termos simples, o Brasil precisa, como vem se aplicando em fazer, vencer as suas limitações como nação, da mesma forma que os EUA fizeram entre o início da Guerra de Secessão e o fim da Primeira Guerra Mundial, quando resolveram os seus principais problemas internos e reuniram poder nacional e consenso social suficientes para exercer um tipo de liderança regional e internacional que consultava os seus interesses.

---

[8] Ao tratar do tema da liderança, mesmo entre Estados, gosto sempre de recordar a lição de Harry S. Truman, exemplo notável de político clientelista provinciano que rapidamente teve de aprender a liderar e conseguiu resultados notáveis nessa liderança (inclusive ao saber quando era preciso sair de cena para ceder o prestígio a alguém como o general Marshall, que deu o nome ao Plano de Reconstrução Europeia porque Truman teve a humildade de reconhecer que, com o seu nome, como presidente *lame duck* que na ocasião era dado como eleitoralmente morto, o Plano não passaria pelo Congresso de maioria republicana). Uma esplêndida biografia de Truman, que permite conhecer em detalhe esse seu aprendizado da liderança tanto interna como internacional, é a de Cabell Philips, *The Truman Presidency. The History of a Triumphant Succession,* Nova York, MacMillan, 1966. Para uma análise específica do Plano Marshall e da liderança de Truman para lançá-lo, cf. Richard E. Neustadt, *Presidential Power and the Modern Presidents. The Politics of Leadership from Roosevelt to Reagan,* Nova York, The Free Press, 1991, p. 41-46. Tratei do aprendizado de diplomacia presidencial e de liderança de Truman em *Diplomacia presidencial,* op. cit., p. 188-200.

O Brasil precisa legitimar-se plenamente como nação se quiser ser mais eficiente no plano externo e exercer alguma liderança quando isso for do seu interesse. No mundo de hoje prevalecem certos valores políticos e sociais — democracia, direitos civis e direitos humanos, justiça social, paz civil, monopólio do uso da força pelo Estado, boa administração, participação cidadã, boa distribuição de renda, bons indicadores sociais e educacionais, bom nível de integração social, baixa disparidade social e regional — e certos valores econômicos, em geral centrados na competitividade, que, combinados com os inventários tradicionais que formam a base do poder nacional (território, população, recursos naturais), são condições indispensáveis para uma melhor inserção internacional e para o eventual exercício de liderança na busca dessa melhor inserção. Enquanto isso não ocorre, temos muito a fazer para desmontar as resistências internas e externas — desde que não tenham uma base puramente ideológica — a qualquer impulso de liderança que devêssemos ou pudéssemos ter. E o exercício de alguma liderança pode ajudar muito nesse processo, porque, desculpem-me a falsa tautologia, *é aprendendo que se aprende.*

No plano interno, temos de saber gerar os consensos mínimos que permitam que um dado impulso de liderança seja uma política de Estado, voltada para o interesse nacional a longo prazo. Não se pede o cheque em branco de um apoio acrítico e desmotivado, nem se sugere que a Chancelaria tenha o poder de convocatória para gerar aqueles consensos e obter aquele respaldo. O que se propõe é que as lideranças políticas, empresariais, sindicais, militares e da sociedade civil se engajem em forjar os consensos, mesmo que mínimos, mesmo que condicionais, que permitam à diplomacia brasileira ter e defender posições que reflitam objetivamente o interesse nacional brasileiro diante dos muitos desafios evocados e exercer com naturalidade uma liderança eficaz, onde e quando for cabível, em

A ESCOLA DA LIDERANÇA

proveito de todos os parceiros — e não exclusiva ou prioritariamente do Brasil.

No plano externo, temos de saber convencer os nossos parceiros de que qualquer iniciativa que se assemelhe a um impulso de liderança brasileiro consulta também os interesses desses parceiros, e que o Brasil, por seu peso e a amplitude dos seus interesses, tem capacidade de impulsionar e sustentar processos de *parceria com liderança sem hegemonia* com os seus vizinhos em nome desses interesses compartidos. Temos de convencê-los, quando for o caso, de que a ausência de uma liderança regional, na falta de uma liderança brasileira, não priva a região de hegemonias; ao contrário, torna-a mais vulnerável a hegemonias extrarregionais e a enfraquece com a sua pulverização, com o predomínio de forças centrífugas que lhe retiram peso e densidade.

A agenda contra a qual se julgará a utilidade e oportunidade dessa liderança é extensa e importante: o Mercosul, a integração sul-americana, a estabilidade democrática regional, uma relação respeitosa e equilibrada com os EUA e a Europa, a luta pela abertura dos mercados e contra o protecionismo, a organização racional do espaço político-diplomático sul-americano em torno dos eixos da integração física, energética e econômico-comercial, uma política sul-americana de defesa, a cooperação no Atlântico Sul, a interação com outras regiões e comunidades de países etc., apenas para citar alguns tópicos capitais.

Os desafios, oportunidades e ameaças também são impressionantes. Eis, exemplificativamente, alguns deles:

- um governo forte nos EUA, a exemplo do que sobreveio com o 11 de setembro de 2001, e que, como toda administração norte-americana, deseja fazer a sua própria pauta de política internacional e imprimir uma marca na política externa norte-americana e nas relações internacionais como resposta aos interesses do país e ao novo cenário pós-11 de setembro; isso dá nova dramaticidade à relação com os EUA e a todos os tabuleiros onde os EUA são para nós especialmente críticos como parceiro, notadamente as Nações Unidas, a OMC e os tabuleiros em que se discute a integração e o comércio hemisféricos, ou onde a relação com os EUA é uma referência importante, ainda que indireta, como no caso da consolidação e expansão do Mercosul ou das negociações deste com a União Europeia;

- o recrudescimento de crises internacionais — políticas e econômico-financeiras — com forte impacto direto sobre os interesses do Brasil, de grande visibilidade de opinião pública e que tendem a exigir constantes posicionamentos e participação construtiva da diplomacia brasileira;

- a ameaça de centrifugação diplomática na região, com a tentação — tão ilusória — de uma integração verticalizada da América do Sul no hemisfério, cuja defesa é recorrente mesmo dentro do Mercosul e se faria por uma espécie de via rápida que prescindiria não apenas dos *building blocks* ideados em um tempo como forma de construir a Alca (com reflexos adversos sobre a diferenciação do Mercosul), mas da própria Alca, através de entendimentos bilaterais diretos que idealmente ajudariam a resolver os problemas de acesso individual ao mercado e aos investimentos norte-americanos;

- a ameaça de desestabilização política na América do Sul, com crises políticas e econômico-sociais em países da região que fazem renascer todos os temores de um passado que muito cedo se acreditou enterrado em um espaço em que finalmente o Brasil definiu com os seus vizinhos um esboço de concertação baseada em interesses concretos (energia, integração física e comercial, investimentos intrassul-americanos, democracia).

A eles se junta, obviamente, o desafio de sustentar o Mercosul como projeto político-diplomático e macroeconômico, em um cenário particularmente adverso, marcado pela gravidade das crises que continuam a afetar os sócios e pela aceleração das negociações externas, que, se durante bom tempo serviram de principal elemento aglutinador do bloco enquanto internamente ele sofria o impacto de tendências centrífugas, agora exigem definições e atuações muito precisas se o que se pretende é continuar o processo de integração nos moldes e com os objetivos que presidiram a sua criação — chegar a um mercado comum pleno, que se vá estendendo ao restante da região até consolidar um novo superator internacional na América do Sul.

Todos os tópicos de agenda gerados por esses desafios e riscos exigem uma melhor coordenação dos países sul-americanos e obviamente um impulso de liderança regional, que, condicionalmente, *pode* ser assumido pelo Brasil, se essa for uma política de Estado consensuada internamente e com os parceiros da região.

Daí a oportunidade de que se discuta a questão da liderança, no Brasil e entre nossos parceiros, de forma desapaixonada, objetiva e serena. Liderança como instrumento, não como um fim em si mesma; como projeto de parceria, não de hegemonia ou de prestígio.

De qualquer forma, é preciso antes de mais nada deixar claro, dentro e fora do Brasil, que a suposta ausência de liderança própria na nossa região ou em processos em que a região esteja engajada não cria uma "região livre de hegemonias", mas apenas um vazio de poder que é imediatamente preenchido... sem qualquer controle, sem qualquer método de *checks and balances* inerente a todo processo de liderança, sem qualquer compromisso maior com a região. Em detrimento da região e de cada país. Quem sabe essa certeza não nos ajuda a mover-nos, como nação e como região, no aprendizado e no exercício da liderança.

VI

Nove ensaios em torno da aprendizagem da liderança

"The right move here is to move on."

John F. Kennedy, durante a crise dos mísseis

(1)
OS EUA DE TED ROOSEVELT E WILSON E O BRASIL DE HOJE[1]

"In a moment of decision the best thing you can do is the right thing. The worst thing you can do is nothing."

Theodore Roosevelt

"We grow great by dreams. All big men are dreamers. (...) Some of us let these dreams die, but others nourish and protect them (...)."

Woodrow Wilson

---

[1] Publicado originalmente na *Folha de S.Paulo*, 16 de agosto de 1996. Texto revisto.

Theodore Roosevelt, presidente dos EUA de 1901 a 1909, e Woodrow Wilson, presidente de 1913 a 1921, foram, cada um a seu modo, exemplos da então nascente "diplomacia presidencial" norte-americana, quando o país se tornava potência global. Ambos forjariam doutrinas de política externa, o *big stick* rooseveltiano e o utopismo internacionalista wilsoniano. Roosevelt foi o primeiro presidente norte-americano a viajar oficialmente ao exterior, visitando o Panamá recém-independente e o seu Canal; Wilson foi o principal protagonista da Conferência de Paz de Paris, que gerou o problemático Tratado de Versalhes e criou a natimorta Liga das Nações. Mas há mais em comum, entre os EUA de então e o Brasil de hoje, do que a descoberta da "diplomacia presidencial". As biografias dos dois presidentes norte-americanos e uma viagem à sua época surpreendem os brasileiros de hoje pela coincidência nas agendas dos dois países.

Concluída a reconstrução após a Guerra Civil de 1861-65, os EUA do começo do século cresciam a um ritmo acelerado, em meio a inúmeros conflitos políticos, econômicos e sociais de grande complexidade, e estavam diante de muitas encruzilhadas para fixar o seu modelo de desenvolvimento. Elas foram o centro da ação de Ted Roosevelt e Wilson, primeiros presidentes dos EUA a ter projeção histórica depois de Lincoln — quem se lembra sem refletir dos presidentes que vieram no intervalo? —, e ilustram os saltos qualitativos na formação de um país. Apesar da diferença de formação histórica entre os dois países e da distância entre as épocas, impressiona a frequência com que essas realidades e desafios dos EUA do começo do século XX se aparentam com as encruzilhadas brasileiras atuais.

A simples enumeração das coincidências é útil para a reflexão no Brasil, um país onde o velho, que ainda não morreu, luta com o novo, que ainda não acabou de nascer, para usar a defi-

A ESCOLA DA LIDERANÇA 179

nição gramsciana de *crise* e assim tentar explicar sumariamente todas as nossas perplexidades. Com diferenças em função das forças que os levaram ao poder e das suas próprias personalidades e visões do mundo, Roosevelt e Wilson enfrentaram pressões, problemas e o imperativo de ações nas seguintes áreas, enumeradas sem preocupação exaustiva:

1) isolacionismo *versus* internacionalismo em política externa;

2) choque de interesses regionais (Nordeste, Sul, Meio-Oeste e Oeste);

3) papel da União no desenvolvimento econômico e social;

4) acomodações na estrutura partidária (Roosevelt criaria um partido, o Progressista, nas eleições de 1912, responsável pela derrota do presidente Taft, candidato do Partido Republicano a que Roosevelt pertencia antes);

5) clientelismo político e personalismo na condução das máquinas partidárias;

6) desestruturação e despreparo do serviço público;

7) corrupção administrativa;

8) corporativismo no serviço público;

9) corrupção eleitoral;

10) representação popular (questão da eleição dos senadores, então feita por via indireta);

11) corrupção na polícia;

12) violência policial e abusos contra os direitos humanos em geral e contra trabalhadores urbanos e rurais e imigrantes em particular;

13) segregação de minorias, especialmente da comunidade negra, preconceito contra imigrantes de certas origens, exclusão social;

14) direitos da mulher;

15) direitos dos índios;

16) abuso de poder econômico pelas grandes corporações e formação de trustes e oligopólios, especialmente na área de serviços públicos;

17) definição de direitos trabalhistas e problema do trabalho infantil;

18) carência de recursos e despreparo das Forças Armadas face às necessidades de defesa e projeção externa do país;

19) conflitos pela posse de terras, especialmente em novas fronteiras agrícolas e em áreas indígenas (apesar de o Homestead Act, a reforma agrária em terras da União, datar de meio século antes e ter encaminhado basicamente o problema agrário norte-americano);

20) uso predatório do meio ambiente, especialmente dos recursos florestais;

21) disputas de competência e de poder entre a União e os estados;

22) protecionismo *versus* liberalismo comercial e definição do grau e do alcance da proteção tarifária;

23) direitos do consumidor;

24) exigência de créditos especiais para o setor agrícola;

25) fortalecimento da moeda e criação de autoridade monetária independente (o FED seria criado sob Wilson).

Dirá o leitor se não estamos de certa forma descrevendo o Brasil de hoje ao recordar aspectos dos EUA de Roosevelt e Wilson, vão-se já quase cem anos. Lá, vencer esses desafios pressupôs, além de certo tempo, a normalidade do sistema democrático, um debate concentrado em questões concretas e não em falsas opções ideológicas e os progressos obtidos no "sonho americano" de melhor distribuição da riqueza, acesso a bens materiais, redução da desigualdade e acesso à educação básica e à casa própria. Mas o sucesso pressupôs também uma firme liderança presidencial, com duração no tempo e a consciência clara das competências, responsabilidades e limites constitucionais da União. E pressupôs também assumir liderança internacional, quando foi o caso, ou agir em firme defesa unilateral do interesse nacional.

Não se trata de fórmula, mas é bom lembrar que o jogo dos desafios deu relativamente certo nos EUA, embora tenha levado tempo e exigido instrumentos e políticas que hoje não estão mais tão facilmente disponíveis (até porque os próprios EUA foram os primeiros a tentar evitar que outros utilizassem as ferramentas, como o protecionismo comercial, agrícola, industrial e tecnológico, que eles utilizaram para crescer, em um processo que hoje ficou conceitualmente consagrado como *ladder kicking*, ou seja, literalmente "chutar a escada" com a ajuda da qual se alcançou um patamar mais alto para impedir que haja seguidores).

Há lições a aprender em Ted Roosevelt, um dos mais populares presidentes dos EUA, isolacionista talvez, mas cuja obra interna é desconhecida no Brasil, onde tende a ser visto apenas como pai do *big stick* e do intervencionismo truculento na América Central e no Caribe, e nunca como a alavanca de poder que representou para aquela que já se transformava na maior potência mundial nos anos 1900-10. Há lições a aprender de Wilson, outro grande presidente norte-americano, internacionalista certamente, mas também desconhecido no Brasil, lembrado apenas pelo seu fracasso na tentativa de fazer aprovar o Tratado de Versalhes e colocar os EUA na Liga das Nações. Com democracia, crescimento, distribuição da renda, reforma agrária, educação e uma liderança com sentido de futuro, tanto no plano interno como no da diplomacia, esse jogo pode ter bom resultado também no Brasil. É o que espera a geração que nasceu durante o desenvolvimentismo dos anos 1950, a última vez em que pareceu que o Brasil daria certo, e que agora, pela primeira vez, vê renascer essa perspectiva.

(2)
LIMITES DA HIPERPOTÊNCIA[2]

*"It was the vote of the Organization of American States that
gave a legal basis for the quarantine. (...) It had a major
psychological and practical effect on the Russians and
changed our position from that of an outlaw actng in violation
of international law into a country acting in accordance
with twenty allies legally protecting their position."*

Robert Kennedy, *Thirteen Days*

O ex-chanceler francês Hubert Védrine cunhou uma expressão forte para designar os EUA na estrutura do poder mundial dos anos 1990 e mesmo 2000: hiperpotência americana. Corrigindo a insuficiência que afetou a tradicional noção de superpotência, ligada à estrutura bipolar característica da Guerra Fria, o conceito de Védrine descreve uma situação de fato, mesmo que hoje mais fortemente matizada pela consolidação da China como grande potência: os EUA detêm uma soma de poder estratégico e econômico que os coloca numa posição sem paralelo na história mundial desde os tempos da *pax romana*. Esse hiperpoderio tem uma base sólida: por um lado, a ausência de contrapoderes e, por outro, o inegável e impressionante peso econômico e estratégico dos EUA, sustentado por taxas de crescimento que, a 7% (calculados sobre a base do crescimento do primeiro trimestre de 2000), significam crescer quase um Brasil por ano, gerando uma força centrípeta inigualada, e indicam quem é o principal vencedor da globalização.

Essa singularidade do poder norte-americano se manifesta de diversas formas: na capacidade de organizar alianças milita-

---

[2] Publicado originalmente em *O Estado de S. Paulo*, 10 de abril de 2000. Texto revisto.

A ESCOLA DA LIDERANÇA

183

res de geometria — e legitimidade — variáveis (na Guerra do Golfo, em 1991; na Operação Raposa do Deserto, contra o Iraque, em 1998; na repressão à Sérvia, na Guerra do Kosovo; na guerra contra os talibãs depois do 11 de setembro de 2001; na Guerra do Iraque); na insistência, contida com dificuldade, em perseguir políticas independentes dos marcos jurídicos internacionais (ONU, Otan, OEA), como no caso mais que emblemático da Guerra do Iraque de 2003; no desígnio de impor medidas unilaterais na área comercial e de organizar a agenda e o debate na imensa maioria dos foros políticos e econômicos mundiais; e na sua condição de cabeça e grande beneficiário da globalização. Tudo isso sem falar na progressiva penetração norte-americana em áreas antes consideradas a expressão por excelência da identidade de países, como a França, orgulhosos da sua "excepcionalidade": a alimentação e as festas populares, hoje atingidas pela força do *fast-food* e pela vitalidade surpreendente do Halloween.

Existem limites a essa hiperpotência?

O fortalecimento da União Europeia, o surgimento da China como novo polo de poder estratégico, o irredentismo islâmico, a resistência de certas crises regionais, a regionalização da corrida armamentista e as veleidades de hegemonia regional de certos países — todos são fatores objetivos de limitação externa da hiperpotência norte-americana, envolvida hoje com gastos militares, e dos problemas financeiros que são a expressão mais táctil dos desafios — e portanto dos limites — que enfrentam os EUA em todo o mundo.

Mas talvez os limites mais interessantes de analisar do ponto de vista diplomático sejam intrínsecos aos próprios EUA. Resumidos a dois grandes grupos, eles têm que ver com a busca de legitimidade, por um lado, e com o funcionamento da democracia, por outro — ou seja, o limite histórico interno do poderio dos EUA é em última análise a opinião pública.

A busca da legitimidade na ação interna e externa é insepará-vel da visão de mundo norte-americana — a visão de quem, des-de os peregrinos do *Mayflower*, já se via como o povo predesti-nado a construir, pela ação e pelo exemplo, um Novo Mundo, distinto da conturbada Europa. Daí a querer impor essa visão e essa vocação a vizinhos contíguos ou distantes — fossem eles os sulistas escravocratas ou as irrequietas repúblicas latino-ameri-canas — foi apenas um passo, e mais ainda quando à vocação messiânica se juntaram fortes interesses econômicos e comer-ciais. Mas era preciso legitimidade. Por isso mesmo, os EUA sempre procuraram justificativas de caráter ético — portanto, subjetivas — ou de caráter jurídico — portanto, mais objeti-vas — para desempenhar-se como nação. A crença na legitimi-dade — e a necessidade de explicitá-la — sempre foi uma das fontes do poder nacional dos EUA. Que o digam os japoneses depois de Pearl Harbour ou a URSS acuada pela agressiva polí-tica de direitos humanos de Carter.

Essa busca de legitimidade permitiu a Wilson convencer a opinião pública norte-americana da justiça de entrar numa guer-ra para "tornar o mundo seguro para a democracia". E explicou os esforços da diplomacia norte-americana para conseguir um mandato da ONU na Coreia, ou o amparo jurídico da OEA ou do Tiar contra Jacobo Arbenz na Guatemala, em 1954, ou na crise dos mísseis de Cuba, em 1962, quando adicionalmente os EUA se utilizaram com sabedoria do Conselho de Segurança das Nações Unidas para apresentar provas irrefutáveis e impactan-tes sobre a construção das bases e a presença de mísseis na ilha. Ela também operou nas Guerras do Golfo e do Kosovo, na Etió-pia e na Bósnia, e tem estado presente nas muitas intervenções capitaneadas ou conduzidas individualmente pelos EUA. Mes-mo a controvertida guerra contra o Iraque, no início de 2003, foi precedida por uma intensa — ainda que frustrada e mesmo torpe — movimentação em busca de legitimidade jurídica para

A ESCOLA DA LIDERANÇA

o uso da força e posteriormente para administrar a ocupação. Por outro lado, a incapacidade de encontrar uma legitimidade ética ou jurídica esteve na base da derrota norte-americana no Vietnã. A preocupação com a legitimidade tem sido, portanto, um freio original e ainda inigualado no plano internacional ao exercício sem limites do poder por uma grande potência, os EUA — e uma brecha para dialogar.

O outro grupo de limites tem que ver com a democracia, tanto como conceito ideológico que justifica a projeção internacional do poder norte-americano desde os tempos de Woodrow Wilson quanto como mecanismo institucional inibidor da ação internacional dos EUA. Primeiro limite, o próprio messianismo democrático. Ao tempo da Guerra Fria, com uma ótica estrita de *power politics*, os EUA favoreceram por todo o mundo — inclusive no Brasil — regimes "autoritários" (para contrastar com os regimes "totalitários" da esfera comunista). Após o fim da Guerra Fria, contudo, todo o arcabouço ideológico que justificava aquela "relativização" da democracia ruiu. O messianismo democrático dos EUA recuperou a sua força e por isso o hiperpoderio norte-americano está hoje contido dentro dos limites muito claros no que se refere à promoção e consolidação da democracia em vastas regiões do mundo: os EUA nem podem fazer o que querem ao arrepio do ideal de democracia, tampouco democrata algum pode de boa-fé negar o valor que tem para a democracia contar com o tipo de alavancagem que lhe garante um poderio mundial da estatura do norte-americano. A democracia, como arma de poder, foi substituída pelo livre comércio, pela liberalização econômica e pela luta antiterrorista, com o mesmo sentido de pregação e em defesa de interesses também concretos.

Segundo limite, a força da opinião pública, que derrotou Johnson e Nixon no Vietnã tanto quanto a guerrilha vietcongue. Ela gerou, por exemplo, o conceito de guerra sem baixas, que foi central na Guerra do Golfo e, mais recentemente, no

Kosovo, e tanto custou a Clinton na Somália e a Bush filho no Iraque. É natural que, mesmo com o extraordinário desenvolvimento tecnológico das armas convencionais, um país que se impõe fazer guerras sem baixas e aceita que cada soldado individualmente possa valer politicamente mais do que um pelotão no Vietnã ou um batalhão na Normandia esteja impondo um limite antes impensável ao seu próprio poder militar. Que diferença do Japão dos camicases ou dos próprios EUA do Dia D!

Terceiro limite, o intrincado funcionamento do Congresso norte-americano, expressão de um sem-número de localismos e setorialismos, submetido a uma violenta clivagem partidária e sujeito a decisões individuais de cada congressista ou senador empenhado no rígido e acelerado calendário eleitoral. Do Congresso emanaram os sucessivos *war powers acts* com que se tentou seguidas vezes controlar a capacidade de iniciativa e engajamento militar do Executivo. Foi ele que, contrariando o que se supõe seja o hegemonismo econômico da diplomacia norte-americana, recusou o *fast track* indispensável para a estratégia de criação da Alca e vetou a ratificação do Tratado de Proscrição Total de Testes Nucleares, peça-chave da não proliferação, uma das políticas de poder mais caras aos EUA e um acordo que consagra a superioridade nuclear norte-americana. Repete-se hoje o drama isolacionista de 1919, quando o Senado impediu a ratificação do Tratado de Versalhes e a presença dos EUA na Liga das Nações, peça-chave do internacionalismo e do hegemonismo de Wilson. Poucos são os exemplos na história mundial de um Estado que se impõe tantos autoconstrangimentos para o exercício e a projeção do seu poder.

Os EUA — como superpotência num mundo bipolar, como hiperpotência num mundo unipolar — navegam, portanto, submetidos a forças ligadas à legitimação das suas ações, à opinião pública e às injunções político-eleitorais que funcionam como inibidores ou limitadores do seu poder. Curiosamente, o primei-

A ESCOLA DA LIDERANÇA

ro grupo de fatores, ligados à busca da legitimidade, tem uma relação forte com a tradição de internacionalismo dos EUA, de que foram paradigmas Wilson, o segundo Roosevelt, Kennedy, Clinton. O segundo grupo tem relação com a tradição do isolacionismo e do unilateralismo, de que as presidências republicanas têm sido expressão constante. Ambas as tradições operam numa intrincada dialética com a vocação messiânica e a necessidade de projeção de poder dos EUA.

O fato é que, internacionalistas ou isolacionistas, os próprios EUA somam aos fatores globais que limitam cada vez mais o seu poderio alguns complexos limites internos ao exercício do seu incomensurável poder nacional. Reconhecer esse fato e explorá-lo da melhor forma possível é o que permite a potências médias como o Brasil e a própria Argentina, reforçados pelo Mercosul, enxergar mais além da barreira psicológica imposta por tamanha soma de poder concentrada num só país e continuar a buscar jogo, na nossa região, no nosso hemisfério ou fora dele.

(3)
A HIPERPOTÊNCIA E O *CONTAINMENT* PELA DIPLOMACIA[3]

"Diplomacy must be judged by what it prevents, not only by what it achieves."

Abba Eban

Dois fatos marcantes das relações internacionais em 2004 foram a ampliação da União Europeia, agregando oito antigos satélites

---

[3] Publicado originalmente na *Folha de S.Paulo*, 19 de maio de 2004. Texto revisto.

ou partes da ex-União Soviética, e a decisão da OMC que condenou os EUA na questão dos subsídios domésticos à produção de algodão. São grandes vitórias de dois laboriosos trabalhos diplomáticos. Pelo que representam, um, em matéria de fortalecimento de um polo do poder mundial, e, o outro, do direito internacional, na sua vertente do multilateralismo e da solução jurídica de controvérsias, ambos ajudam a contestar a crença reducionista de que vivemos em uma ordem estritamente unipolar, em que o poder da única hiperpotência seria ilimitado, restando aos demais membros da comunidade internacional a submissão passiva, o isolamento amedrontado ou atos de pura temeridade.

Por mais desmesurado que seja, o poder norte-americano sofre limitações, que abrem espaço para um país como o Brasil. Depois de 1989, as relações internacionais continuaram a ser um conjunto de jogos de poder com geometrias variáveis, e não o jogo único de um só ator. É o que explica, por exemplo, a criação da OMC, com plena participação dos EUA. É tese que contraria a visão de arautos e opositores do que seria a hegemonia dos EUA no mundo da globalização e que chama ao realismo, para enxergar — sem a lente das ideologias ou da paranoia — as verdadeiras relações de poder que marcam cada tabuleiro do jogo internacional. É também uma exortação à ação serena e determinada para defender interesses diante da hiperpotência, com a qual, de resto, o mundo inteiro deseja ter as melhores relações possíveis — ninguém se iluda.

A ampliação da União Europeia e a tremenda vitória, por enquanto jurídico-política, mais adiante possivelmente econômica, obtida na OMC por um país em desenvolvimento contra os interesses dos EUA, vêm se acrescentar a diversos fatores que fazem uma realidade: mesmo uma hiperpotência como os EUA de hoje, com músculos flexionados pela luta contra o terrorismo, está longe da onipotência que muitos, dentro e fora dos EUA, à direita e à esquerda, e pelas mais diferentes razões, lhe atribuem. Dou dois exemplos:

1) A necessidade, constante na história dos EUA e ligada à ideologia sobre a qual o país se construiu, de legitimar a sua ação externa. Boa parte da legitimação buscada pelos EUA implica forjar coalizões externas (o caso da Guerra do Golfo em 1990-91 e da Bósnia, em 1993-94), obter mandatos formais de órgãos representativos da comunidade internacional (de que é exemplar a resolução da OEA sobre a quarentena imposta a Cuba na crise dos mísseis de 1962) e propor e implementar ideias ou projetos com tal força moral e ética que eles passam a constituir a própria fonte da legitimidade (vários dos 14 pontos de Wilson ou a política de direitos humanos de Carter). A forma pela qual os EUA perseguem a legitimação é reflexo dos seus instintos de poder; mas a história registra inúmeros exemplos de como essa necessidade obrigou-os a flexibilizar as suas posições e a buscar alianças; e

2) a própria complexidade da sociedade norte-americana, na qual é relativamente fácil encontrar aliados de maior ou menor peso e influência sobre o processo decisório em relação a praticamente qualquer causa. Hiperpotência, sim, mas permeável, através do sistema de *lobbies* e jogos de interesses setoriais e regionais, a alianças que têm o forte potencial de matizar o que de outra forma seria a monolítica determinação de impor vontades supostamente nacionais. Foi o que ocorreu na ação brasileira em favor da quebra de patentes dos medicamentos contra a aids: a aliança se faz não com o Estado norte-americano, mas com um grupo de poder organizado da sociedade civil que compensa de dentro o diferencial externo de poder.

A realidade também é um poderoso fator limitador. As teses da unipolaridade do mundo pós-Guerra Fria se baseiam principalmente na questão do poderio estratégico-militar. Se o mundo de hoje é unipolar pelos critérios analíticos pré-1989, também é verdade que a ideologia da Guerra Fria deixava de lado o plano econômico e tecnológico, multipolar desde que a Europa e o Japão engrenaram na sua reconstrução. Hoje, com a força econômica e estratégica da União Europeia e da China, é difícil insistir na mesma tese; afinal, a história do segundo pós-guerra tem sido a da continuada relativização do poder, este sim então incontestável, que os EUA haviam acumulado com a derrota do Eixo e a destruição da Europa e da União Soviética.

No início da Guerra Fria, os EUA desenvolveram a doutrina do *containment* (contenção) norteados pela noção de que a URSS não tinha limitações de qualquer espécie às suas pretensões hegemônicas. A hiperpotência do século XXI traz o *containment* em parte dentro de si, em parte na complexa e cambiante realidade da diplomacia mundial e do direito internacional, que mostram as realidades de uma Europa gigante, de uma China que já assumiu um lugar de destaque no mundo ou de uma OMC capaz de condenar juridicamente os EUA. Dessa realidade e de boa parte desse direito internacional os EUA não podem prescindir. A ampliação da União Europeia e a consolidação do sistema de solução de controvérsias da OMC não são estratégias deliberadas de *containment* dos EUA, e sim *business as usual* nas relações internacionais contemporâneas; mas acabam tendo esse efeito, ao mostrar limites às hegemonias e às vocações de unilateralismo (que não são apenas norte-americanas). Ao contrário do que se diz, portanto, o nome do jogo, mais do que nunca, é diplomacia.

(4)
DIPLOMACIA E ESTADO EM ÉPOCA DE MUDANÇA[4]

"The secrecy of success is constancy of purpose."

Benjamin Disraeli

---

[4] Publicado originalmente em *O Estado de S. Paulo*, 14 de outubro de 2002. Texto revisto.

A política externa do período Fernando Henrique Cardoso foi muito analisada, na campanha eleitoral de 2002, pelo prisma da sua diplomacia presidencial e de alguns temas singulares e problematizados, como a Alca e o futuro do Mercosul, em meio à pior crise da história argentina.

Essas análises davam bem a medida do desafio do sucessor na área da diplomacia pessoal, mas não permitiam uma visão de conjunto dos nossos desafios na área internacional, sensivelmente afetados por fatos novos como o incremento do unilateralismo norte-americano, o aumento do nível do conflito armado em todo o mundo, o esvaziamento de parte da agenda econômica e de cooperação internacional pelo inchamento da agenda política e de segurança pós-11 de setembro de 2001, a aceleração e a imbricação de múltiplas negociações comerciais, a ampliação da União Europeia, a resistência dos países desenvolvidos a fazer qualquer concessão na área do protecionismo agrícola, industrial ou tecnológico. A todos esses desafios, somar-se-iam também aqueles próprios do complexo desenvolvimento político-institucional sul-americano, cujas oscilações, tensões e incertezas constituiriam um dos mais visíveis focos de atenção da diplomacia brasileira na primeira década do século XXI.

Tampouco essas análises ajudavam a valorizar o patrimônio da diplomacia brasileira para evitar improvisações, sugestões de mudanças bruscas e o enfraquecimento da nossa representação externa pela desconstrução do relativamente elevado grau de consenso que nossa diplomacia foi construindo ao longo de décadas. Não faltaram sequer as fórmulas altissonantes que sugerem a solução de problemas reais de inserção externa do país com o passe de mágica da criação de novas estruturas burocráticas ou o rebaixamento puro e simples da instituição que há quase duzentos anos defende com a diplomacia parte substancial dos interesses externos do país. É nisso que desejo concentrar-me aqui.

Como valorizar esse patrimônio de uma diplomacia de Estado em uma etapa ao mesmo tempo de mudança de governo como a que ocorreu em 2002, de grandes desafios negociadores e de fortes convulsões no cenário internacional?

A diplomacia, como as Forças Armadas ou a Justiça, é universalmente atividade ligada ao Estado por excelência, não terceirizável e não privatizável. Não há Estado sem diplomacia, nem diplomacia que não deva obedecer ao interesse geral do Estado e da nação. Mesmo na União Europeia, uma imensa parcela das relações exteriores dos Estados-membros é nacional; e a parte comunitária é delegação soberana a uma instância colegiada, continuamente monitorada pelas diplomacias, pelos Parlamentos nacionais e pelo eleitorado, no caso do recurso a referendos.

Não se trata de mero corporativismo das instituições encarregadas da execução da política externa nos países que têm diplomacias de carreira, mas de verdade histórica e realidade palpável, particularmente nos dias de hoje, em que é patente o enfraquecimento do Estado nacional, em função dos fenômenos, tão associados, da globalização, da regionalização e da supranacionalidade, por um lado, e, por outro, do enxugamento, controle social e redução dos aparelhos de Estado a funções básicas, preconizados por muitos e muitas vezes, de fato, necessários, desde que feitos criteriosamente.

O Brasil é um caso peculiar em que se pode identificar um papel importante, às vezes decisivo, da diplomacia *lato sensu* na sua história. Afinal, até porque o país carece de poder econômico ou militar, a história internacional brasileira é marcada pela diplomacia e pela cooperação, muito mais do que pela guerra ou pela confrontação; pela busca pragmática e realista de entendimento e composição em torno das questões de interesse nacional, mais do que pela sua afirmação unilateral pela força ou pelo exercício de hegemonia.

A ESCOLA DA LIDERANÇA

193

Ao refletir sobre o papel da política externa no projeto nacional, é preciso ter em conta que a diplomacia esteve associada às quatro grandes etapas da formação do Estado brasileiro, a última das quais, longe de concluída, se desenrola sob os nossos olhos, com a nossa participação, e terá uma inflexão importante nos próximos mandatos presidenciais. São elas:

- a etapa pré-estatal (colônia), como parte da diplomacia portuguesa que criou e manteve o território, por intermédio dos grandes tratados e negociações coloniais (Tordesilhas, o "negócio do Brasil" com os holandeses — tão bem analisado por Evaldo Cabral de Mello —, o Tratado de Madri);
- a etapa de fundação da soberania, negociando a independência com Portugal e o seu reconhecimento pelos atores internacionais e regionais mais relevantes;
- a etapa de consolidação da soberania, negociando e delimitando em forma definitiva o território, base da nacionalidade e da soberania, definindo os eixos de relacionamento externo na dimensão da assimetria (Grã-Bretanha, EUA) e da simetria (região do Prata, vizinhos amazônicos), renegociando os chamados "tratados desiguais" e criando uma burocracia estatal com visão de Estado, da região e do mundo; e, finalmente,
- a etapa da transformação do Brasil de um país agrário-exportador num país agroindustrial de economia diversificada, com projeção comercial global relativamente equilibrada e fortes interesses regionais e mundiais.

O Brasil construiu-se territorialmente como obra diplomática, vive em paz com seus vizinhos há mais de 130 anos e encontrou a sua identidade internacional contemporânea ao assumir plenamente dois traços ontológicos capitais, consolidados em boa medida pela ação da sua diplomacia ao longo do século XX e início do século XXI: a sua dupla identidade de país em desenvolvimento (portanto, engajado numa "diplomacia da reivindicação" junto aos países desenvolvidos e na busca de parcerias privilegiadas no Sul) e de país sul-americano (portanto, engajado em valorizar a região por meio de sucessivas ondas de aproximação com os vizinhos, em etapas quase sempre coroadas por tratados ou iniciativas, culminando com o Mercosul, a reunião presidencial de Brasília e a consolidação de uma política sul-americana sistemática sob o governo Lula, marcada em parte pela criação da Unasul em 2008).

É a continuação dessas tarefas tão ligadas à essência e à missão do Estado brasileiro que incumbe à diplomacia brasileira em tempos de mudança interna, forte turbulência externa, intensas negociações em tabuleiros múltiplos e crescente dependência brasileira de uma boa combinação entre o interno e o externo. Só com voz forte e coesa, com a sua missão claramente definida e apoiada pela sociedade, bem coordenada e bem conduzida internamente, a diplomacia brasileira poderá continuar a responder a esses desafios.

Criação da diplomacia, com Tordesilhas, o Brasil continuará por longo tempo a ser dependente de boa diplomacia tradicional e presidencial de alcance global — e, principalmente, de muitas melhoras internas, em todos aqueles campos que definem o poder nacional externo (indicadores sociais, competitividade da economia, interesse pelo mundo exterior, capacidade de potencializar o seu poder por meio de alianças e da participação em todos os tabuleiros negociadores que lhe interessam). O país conta com o patrimônio respeitado de um bom desempenho histórico em política exterior, marcado, desde antes da independência e de forma contínua, pelo pragmatismo e pela visão de Estado de uma diplomacia treinada, reconhecida e respeitada dentro e fora do país. A diplomacia não inventa a sua missão, que é missão de Estado, mas está pronta e decidida a defender o que a nação, por intermédio dos seus representantes legítimos, lhe identifique como interesse nacional.

Para isso precisará de meios e, sobretudo, da autoridade, que vem da legitimidade e do consenso, e de liderança.

(5)
O INTERESSE NACIONAL E A LÓGICA DAS ALIANÇAS[5]

"Les grands pays le sont pour l'avoir voulu."

Charles de Gaulle

"Os países devem fazer a política da sua geografia" — a frase, atribuída a Napoleão (*se non è vero...*), define uma diplomacia realista e eficaz na defesa do interesse nacional e traduz boa parte da história diplomática do mundo. Esse axioma felizmente já constitui um dos impulsos organizadores da diplomacia brasileira: a ênfase na dimensão sul-americana do Brasil como alavanca para garantir-nos peso e estatura no jogo da globalização. Uma intensa e explícita política sul-americana do Brasil, formalizada com a reunião presidencial sul-americana de Brasília em 2000 e aprofundada e consolidada ao longo dos dois mandatos do presidente Lula, a ponto de constituir um dos seus pilares, foi o passo mais recente na consolidação dessa abordagem brasileira do mundo e da sua região.

A diplomacia brasileira hoje põe ênfase na integração política, econômico-comercial, energética e de infraestrutura física com os vizinhos sul-americanos. Fora disso, o resto ou é decor-

---

[5] Publicado originalmente em *O Estado de S. Paulo*, 5 de dezembro de 2000. Texto revisto.

rência das realidades do poder mundial (como as relações com os EUA, a União Europeia, o Japão, a Rússia, a China e a Índia) ou é de alguma forma complementar ou instrumental a essa prioridade sul-americana; se não, ao menos por enquanto, é marginal ou experimental — exceção feita a certos parceiros (Angola e África do Sul, por exemplo). E nesse resto o êxito do Brasil dependerá da situação diplomática no seu principal tabuleiro externo, a América do Sul. É em torno dessa linha, que se enraíza na nossa melhor história diplomática, que será preciso cimentar o indispensável consenso — mesmo que *condicional*, para usar uma expressão feliz do embaixador Rego Barros para descrever no seu momento a abordagem brasileira sobre as negociações da Alca — que dê força e autoridade à ação externa brasileira.

Um passeio pela história mostra que nem sempre foi difícil definir o interesse nacional brasileiro. No Império escravocrata, um interesse nacional claramente definido e defendido pela diplomacia brasileira foi a manutenção do tráfico escravo; na República Velha, o interesse nacional era o interesse cafeeiro. Mas há também exemplos de consensos amparados na opinião pública — mais *hegemônicos*, no conceito de Gramsci — em torno de um interesse nacional bem definido: a defesa intransigente que o Império fez dos interesses brasileiros na região do Prata, para garantir a segurança na fronteira sul e o acesso fluvial ao Mato Grosso; a política de fronteiras que o Império e a República Velha, com Rio Branco à frente, sustentaram com indiscutível e duradouro êxito; ou a política de desenvolvimento à base de substituição de importações, que reuniu amplo apoio social, político e regional e ensejou que o país desse o salto qualitativo que marcaria a sua história na segunda metade do século XX.

O problema da identificação, hoje, de um grande interesse nacional como esses, que funcionaram tão bem no passado, decorre da própria complexidade do Brasil. O debate deve portanto conduzir não à determinação autoritária de um conjunto de

A ESCOLA DA LIDERANÇA 197

interesses e ações, mas à identificação das áreas que são do interesse comum dos diversos grupos que controlam o Estado ou são mais vocais na defesa de interesses setoriais ou regionais. É esse o segredo de países como os Estados Unidos ou a França, quando atuam com grande força no cenário internacional: a capacidade de definir, pelos mecanismos decisórios da burocracia e pelo funcionamento das instituições democráticas, interesses que permeiam as fronteiras ideológicas, regionais e setoriais e constituem uma zona de interseção, um máximo denominador comum dos interesses localizados, dando lugar a verdadeiras políticas de Estado.

Frequentes ataques setoriais ao Mercosul; exagero na abordagem de problemas que são inerentes à integração; ênfase excessiva nas debilidades estruturais da inserção internacional dos nossos países, como se elas devessem justificar *a priori* a inação ou a timidez; resistência da burocracia ao novo; tendência a demonizar o externo para explicar ou desculpar as mazelas nacionais; relutâncias localizadas em cumprir os compromissos que geram credibilidade e confiança; ignorância acerca dos avanços obtidos até aqui, em comparação com o passado: estes são apenas alguns exemplos de comportamentos recorrentes, e de resto compreensíveis, em setores expressivos e vocais, mas não majoritários, da sociedade brasileira e de muitos dos nossos parceiros regionais. Eles dificultam a definição precisa da prioridade sul-americana como interesse nacional do Brasil e dos seus vizinhos e impedem uma visão mais clara dos reais interesses nacionais e regionais em jogo, porque reforçam percepções de cisão e falta de coesão nacional e intrarregional e confundem os nossos parceiros e interlocutores extrarregionais, que neles percebem, com razão, sinais de fraqueza estrutural e negociadora.

A identificação de um interesse verdadeiramente nacional no Brasil e em cada um dos seus parceiros regionais deve responder ao que é central na nossa equação externa, ou seja, como potencializar ao máximo o poder nacional relativamente menor que temos, de forma a participar do jogo global e regional com parceiros muito mais poderosos. E poder, no caso de países estruturalmente limitados como os nossos, só se consegue de duas formas não excludentes: com boa alimentação para o corpo e o espírito (ou seja, educação, saúde e prosperidade) e com boas alianças, dentro e fora do país.

Boas alianças são o domínio por excelência da boa diplomacia.

O Brasil já mostrou que isso é possível em algumas ocasiões; três delas são exemplares na discussão sobre o interesse nacional.

A primeira, estrutural e externa, quando o país apostou na parceria estratégica com a Argentina e no Mercosul e conquistou um novo *status* regional e internacional graças ao acréscimo inestimável de poder (e de credibilidade) que essas alianças concêntricas representam.

A segunda, circunstancial e interna, quando, na reunião da Alca de 1997, em Belo Horizonte, o Brasil, percebendo também a brecha das hesitações norte-americanas, fez valer, em defesa das suas posições, além do peso do próprio Mercosul, a força de um grande consenso nacional em torno da ideia de prudência, de abrangência, de reciprocidade e de respeito ao Mercosul na construção da Alca.

E a terceira, com as duas dimensões, quando, na reunião ministerial da OMC em Cancún, em 2003, apostou e teve um papel de ativa liderança na constituição do então chamado G-20, como forma de equilibrar as forças negociadoras na Rodada de Doha, com intensa repercussão interna e externa e grande e reconhecida funcionalidade diplomática. Meses depois de lançado, e enfrentando as vicissitudes próprias desse tipo de iniciativa (a combinação de ataques externos com incertezas e hesitações internas), o G-20 "consolidou sua posição de protagonista central da Rodada [Doha], atuando de forma coesa tanto no plano técnico quanto na esfera política", nas palavras do representante em Genebra, embaixador Seixas Corrêa (*Carta de Genebra*, III-2, abril de 2004).

O que possibilita esse tipo de demonstrações de poder relativo pelo Brasil? Antes de mais nada, que essas opções da diplomacia brasileira façam sentido e, por isso, seja natural criar e fazer valer em torno delas um certo consenso nacional e uma boa dose de convergência com alguns dos nossos parceiros.

Porque faz sentido um país relativamente fraco buscar, na aliança com os seus vizinhos ou parceiros igualmente fracos, mas com os quais superou sistematicamente todas as hipotecas do passado e tem afinidades profundas, aquele diferencial de poder que lhe permite, não digamos ditar as regras do jogo, que isso seria ilusório, mas ao menos entrar em campo com a vestimenta correta, algum fôlego e uma torcida interessada na geral, para usar imagens futebolísticas sempre de grande vigência na diplomacia. Como faz sentido que, numa democracia, se abra o processo decisório para permitir que os interesses setoriais e regionais se filtrem, dialoguem, busquem a convergência onde é possível — para que o país fale, em suma, ao menos com o exterior, e sobretudo com os parceiros mais fortes, e mesmo que condicionalmente no plano interno, uma só linguagem e não se abram brechas que nos enfraquecem e por onde o poder dos outros se infiltra e nos atinge.

Consenso nacional e convergência externa com alguns parceiros estratégicos constituem a única base de poder que um país como o Brasil pode construir de forma voluntarista.

É claro que outros fatores compõem a base de poder nacional relativo do Brasil e contribuem para dar sustentação a iniciativas que visam a potencializar esse poder. Afinal, não é pouco o atrativo sem par que representa uma economia de 190 milhões de habitantes, estabilizada e que esquenta os músculos; não é pouco a plena vigência democrática no país, que lhe dá força moral para influir no jogo internacional e regional e lhe possibilita dar legitimidade e portanto autoridade e força às suas posições. A democracia e a estabilidade econômica fazem parte, com a integração regional e a abertura competitiva ao exterior, do mesmo conjunto de atos de racionalidade e credibilidade que nos habilitam a buscar ou reforçar alianças — internas ou externas — no mundo de hoje.

O interesse nacional brasileiro pode ser difícil de ser definido, mas vai ser bem servido sempre que se aplicar essa lógica das alianças. Porque somos estruturalmente mais fracos, não se coloca para nós a opção entre isolacionismo e internacionalismo. O debate é, portanto, sobre quais alianças fazer — e como. Alianças internas — mesmo que condicionais — para falar com uma só voz como parceiro e ator nas relações internacionais; e alianças externas, que projetem essa voz e ajudem a defender o único interesse nacional indiscutível: que o país seja mais respeitado para que seja melhor para todos os seus habitantes.

(6)
O "GAULLISMO" DA DIPLOMACIA BRASILEIRA[6]

> "*La politique la plus coûteuse, la plus ruineuse, c'est d'être petit.*"
>
> Charles de Gaulle

Quando, no Curso de Altos Estudos do Itamaraty, debrucei-me sobre a diplomacia presidencial para a tese que originaria o livro

---

[6] Publicado originalmente na *Folha de S.Paulo*, 25 de julho de 2002. Texto revisto.

A ESCOLA DA LIDERANÇA   201

do mesmo nome, defendi como padrão ideal, para uma comparação, a diplomacia presidencial norte-americana, até pela ausência histórica, no Brasil, de liderança comparável, por exemplo, à de De Gaulle. Mas é útil reconhecer a atualidade da diplomacia e da visão de mundo do general, que faria da França, contra vento, maré e todas as evidências, e por hábil exercício de voluntarismo e liderança, um país vencedor da Segunda Guerra e ator de primeira grandeza na construção da Europa e na globalização.

Ao conclamar a França a resistir e ter um papel na condução da guerra, De Gaulle foi decisivo para dar-lhe um lugar entre os vencedores.

Foi ele quem apostou na independência — diante dos Aliados e contra o regime colaboracionista de Vichy — para a retomada da autoestima nacional destruída com a humilhante derrota de 1940. E quem buscou depois a aliança com o antigo inimigo para consolidar a construção europeia, opondo-se a certas políticas do aliado e libertador norte-americano e propugnando uma política externa "*tous azimuths*", livre dos constrangimentos da Guerra Fria.

Graças a ter desenvolvido "uma certa ideia" de si mesma, com lideranças como a de De Gaulle, a França não se ofuscou na reestruturação do poder europeu e mundial, nem pagou preço maior pela sua perda de primazia ou pelos erros — graves, reconheçamos, e alguns do próprio De Gaulle, é preciso não esquecer — da sua política colonial no pós-guerra (Vietnã, Argélia).

Noto agora que, em contraste com parte da análise feita no Brasil, o adjetivo "gaullista" é por vezes aplicado à política externa brasileira por analistas e diplomatas estrangeiros para criticar em nós uma independência de visão e de ação em relação ao mundo e ao hemisfério, a pretensa veleidade de ter alguns projetos próprios e atitude tranquila e firme — às vezes de manhosa resistência — diante dos EUA, quando consulta os nossos interesses.

"Gaullismo", nessa acepção, seria simplesmente ilusionismo presunçoso de potência de segunda classe, antiamericanismo desdenhoso e irresponsável ou simplesmente desejo pueril de fazer pirraça, de ser do contra. Aplicado com ironia, sarcasmo ou irritação, o adjetivo indicaria ser ilegítimo ou mau ter uma visão própria dos nossos interesses ou do nosso destino manifesto como nação que tem pesadas responsabilidades internas, muitas responsabilidades regionais e alguma responsabilidade internacional. Ou ser ruim ter um projeto nacional e sustentá-lo com uma ação externa minimamente coerente com ele.

Segundo essa visão, os países não poderiam ter projetos próprios se não têm poder estratégico ou pelo menos econômico equiparável ao das grandes potências mundiais — como se estas, para chegarem ao que são, não tivessem tido de percorrer caminho árduo e pleno de obstáculos. Tampouco poderiam inspirar-se em bons êxitos históricos (de que Rio Branco é paradigma), logrados graças a uma visão pragmática, realista e voluntarista da sua capacidade de ação e dos seus interesses. Não poderiam, em suma, ser diferentes e defender a sua individualidade, expressa na sua forma de ser, nas suas necessidades, aspirações e realizações.

É como se De Gaulle tivesse sido exemplo de irrealismo político ou de traição ao interesse supremo da França de voltar a figurar entre as grandes potências mundiais, nem que fosse pelo prazer (tão francês) do prestígio. Como se tivesse feito mal à França por ter defendido as suas concepções e não se ter submetido aos aliados anglo-saxões da Segunda Guerra, que teriam reduzido a França à condição de potência de segunda classe e não de copartícipe da vitória aliada, com um lugar permanente no Conselho de Segurança da ONU. É como, em suma, se a França devesse ter-se conformado com uma posição subalterna e modesta, para purgar os erros da III República e da colaboração, alienando seu futuro.

Os países intermediários, como a França no pós-guerra ou o Brasil de hoje, precisam de um tipo de liderança que catalise um salto adiante na sua visão de si mesmos, do seu projeto nacional e do seu lugar na sua região ou no mundo. Sem esse tipo de liderança — que pode ser individual sem ser bonapartista, ou colegiada sem ser emperrada —, esses países tendem a ofuscar-se diante da preeminência ou resistência dos demais, a ser reativos, a intimidar-se e a lidar com as situações de confronto, competição ou afirmação individual a partir de posição assumida de desvantagem, arcando de antemão com o ônus da fraqueza.

Aplicado ao Brasil, o adjetivo "gaullista" não só ganha atualidade e transitividade, como é até apropriado para referir-se ao que o nosso país tem feito, mas sobretudo deve continuar fazendo para defender os seus interesses com independência, soberania e eficiência.

Vamos ser gaullistas: defendendo um projeto sub-regional de integração e as alianças estratégicas que nos convêm; mantendo uma visão construtiva, mas crítica, das nossas grandes parcerias; enfrentando o protecionismo dos países ricos e os assomos de protecionismo dos parceiros emergentes e exigindo reciprocidade e simultaneidade na abertura econômica e comercial, sem esquecer de buscar maior competitividade; defendendo a primazia do multilateralismo sobre o unilateralismo — norte-americano, europeu, russo ou chinês, ou de qualquer outro país — e o diálogo e a convergência no lugar da confrontação; tendo uma política externa sem alinhamentos nem camisas de força ideológicas, mas também sem exclusões — "tous azimuths", como queria De Gaulle; e, por que não, exercendo liderança "suave" quando os tempos, os desafios ou nossos projetos e interesses justificarem ou exigirem.

Se ser "gaullista" é ter "uma certa ideia do Brasil" e propugnar, na política externa, independência, firmeza e determinação na defesa do interesse nacional, então, sejamos gaullistas, como poderíamos dizer — "somos riobranquinos". São adjetivos que honram qualquer diplomacia e que, mais que descrever um sentimento ou inspirar uma vaidade, ilustram um projeto. Em suma, uma boa ideia. Perguntem aos franceses.

(7)
AS LIÇÕES DOS *13 DIAS* DE OUTUBRO[7]

"The final lesson of the Cuban missile crisis is the importance of placing ourselves in the other country's shoes."

Robert Kennedy

"Never put yourself in a position from which you cannot retreat without losing face and from which you cannot advance without grave risks."

Hans Morgenthau

Mais além do debate sobre as suas qualidades cinematográficas ou acuidade histórica, o filme *Treze dias* (*Thirteen Days*, New Line Cinema/Beacon Pictures, dezembro de 2000, dirigido e estrelado por Kevin Costner) tem o mérito de evocar, para o público, um episódio, a crise dos mísseis em Cuba (16 a 28/10/1962), cujas lições guardam atualidade em um mundo em que a Guerra

---

[7] Publicado originalmente em *O Estado de S. Paulo*, 14 de agosto de 2001. Texto revisto.

A ESCOLA DA LIDERANÇA 205

Fria pode ser mera recordação, mas os conflitos e disputas internacionais e regionais mantêm a sua vitalidade. E que tem ensinamentos importantes para um país, como o Brasil, que ensaia passos maiores nos cenários regional, hemisférico e mundial.

O filme, como toda recriação ficcional, tem limitações; a principal, talvez, o fato de apresentar apenas um lado da história, o dos EUA (o lado ainda hoje mais acessível). Tem o defeito de origem de tudo o que é história ficcionalizada — já dizia Montesquieu, nas suas deliciosas *Lettres pernanes*, que "um historiador, que atribui às suas personagens palavras que elas não pronunciaram, pode também atribuir-lhes ações que não fizeram". A começar pelos diálogos, que por vezes bordam um pouco sobre o excelente registro das chamadas *Kennedy tapes*, que eternizaram boa parte das tensas e ilustrativas conversas no âmbito do Ex-com, o Comitê Executivo do Conselho de Segurança Nacional que lidou com a crise — diálogos que, editados em 1997 por Ernest May e Philip Zelikov, deveriam ser leitura obrigatória para todos os que tratam ou participam de processos decisórios.

Para o diplomata ou o historiador, no entanto, o filme vale por recordar e reviver um momento decisivo da história contemporânea, sob a ótica nova dos numerosos documentos finalmente liberados pelos arquivos norte-americanos — em especial as já mencionadas *Kennedy tapes*, a mais importante divulgação pública de documentos sobre a crise. Para o cidadão, o filme documenta, com a força dessas superproduções hollywoodianas que acabam cumprindo um papel didático, o funcionamento do sistema de tomada de decisões no centro do poder da maior potência do mundo. Para todos, indistintamente, o filme dá pistas sobre os grandes ensinamentos que o episódio da crise dos mísseis encerra para a tomada de decisões, a prática da negociação e a vivência da liderança em tempos de crise aguda.

O espectador interessado em ir além dos efeitos especiais ou dos diálogos ágeis do filme (baseados, como disse, nas *Kennedy* tapes) lerá ou relerá com prazer alguns dos textos básicos sobre a crise, o seu alcance, as suas implicações e suas lições. Por exemplo, de Robert Kennedy, *Thirteen Days — A Memoir of the Cuban Crisis* (com o extraordinário posfácio de Richard Neustadt e Graham Allison); de Graham Allison e Philip Zelikov, *The Essence of Decision — Explaining the Cuban Missile Crisis*; e, organizados pelos citados Zelikov e May, *The Kennedy Tapes — Inside the White House During the Cuban Missile Crisis* — para citar apenas três das obras mais decisivas e sempre atuais sobre a crise.

Quais são essas lições que o filme evoca e essas obras permitem inventariar? Algumas se encerram em frases célebres, outras em axiomas fáceis de guardar. Enumero-os exemplificativamente, um para cada dia da crise:

1) *"Confie, mas verifique"* (uma das frases preferidas de Ronald Reagan quanto tratava de assuntos soviéticos, é princípio que teria poupado a Kennedy o constrangimento de ter confiado em simples declarações soviéticas sobre a presença exclusiva de armas defensivas em Cuba);

2) *Quem decide deve ouvir opiniões e recomendações variadas e conflitantes*, porque a decisão se beneficia do debate da mesma forma que se prejudica com a unanimidade, sobretudo se esta for motivada pelo desejo de agradar a quem decide;

3) *"Nunca negocie por medo, mas nunca tenha medo de negociar"* (coincidentemente, um dos *sound bites* do discurso de posse de Kennedy, em 20 de janeiro de 1961);

4) Em muitas ocasiões em que tudo parece exigir *pronta e vigorosa ação*, vale a tirada célebre e paradoxal de Talleyrand: *"É urgente esperar!"*;

5) *Quando estiver negociando, estabeleça quais são seus objetivos reais* e não procure ganhos adicionais que não têm a ver com esses objetivos, correndo o risco de sacrificar toda a negociação;

6) *"Coloque-se sempre no lugar do seu adversário, de forma que você possa ver as coisas através dos olhos dele"* (do livro de

A ESCOLA DA LIDERANÇA

B. L. Hart, *Deterrence or Defense*, que Kennedy havia relido em 1960, segundo seu mais autorizado biógrafo, Arthur Schlesinger, Jr.);

7) *"Nunca acue um adversário e sempre assista-o para que possa parecer bem"* (B. L. Hart, no mesmo livro);

8) *As decisões precisam ter uma base de legitimidade* e não estar apenas respaldadas pela força ou pelo artifício político; mesmo um adversário poderoso tentará encontrar um respaldo ético ou legal para as suas ações ou argumentos; aí estará parte da sua força ou da sua debilidade;

9) *As recomendações para o uso da força têm de ser testadas em todas as suas consequências e implicações* e somente devem ser levadas em conta para adoção depois de esgotadas todas as demais opções; o uso da força não pode ser um atalho para alcançar um objetivo político ou diplomático;

10) *Em qualquer caso, a ameaça do uso da força não pode ser nem um blefe*, nem um argumento puramente retórico, pois a ameaça ou uso da força alterará as condições objetivas da negociação;

11) *"Nenhuma ação se toma contra um adversário poderoso no vácuo"* (Robert Kennedy); uma vitória com base na força contra um adversário de mediano ou grande poder terá sempre um custo e quase sempre esse custo será desproporcionalmente maior do que o benefício obtido;

12) *Não tente comprometer publicamente o seu adversário, nem negociar com ele pela mídia*, sem antes tentar convencê-lo privadamente e explorar ao máximo as suas razões e argumentos, através dos canais tradicionais do diálogo; trazer o debate a público, mesmo que a boa causa esteja do seu lado, pode apenas enrijecer as posições e criar impasses onde antes havia espaço para dialogar ou negociar;

13) Finalmente, *"há vitórias que não se comemoram"* (Rio Branco).

O leitor cotejará essas lições com o filme, com as suas leituras, com a sua memória daquele e de outros grandes fatos históricos, com a sua própria experiência e com a atualidade das relações internacionais e regionais, para chegar às mesmas conclusões: em política, como em relações humanas, não há substituto para a diplomacia. E em diplomacia, como em política, não há substituto para a liderança, seja ela individual ou coletiva, seja ela humana ou estatal. E, na liderança, não há substituto para o extremo cuidado, a sensibilidade, a capacidade de colocar-se no lugar do interlocutor ou dos liderados; não há substituto para a diplomacia. Não é verdade que a guerra seja apenas a continuação da política por outros meios, como queria Von Clausewitz; a guerra é apenas o pior fracasso da política. Quando há interesses concorrentes ou conflitantes, não há alternativa senão a negociação; fugir dela é perder a oportunidade de avançar os seus interesses para buscar o confronto, que cedo ou tarde virá; e, numa negociação, não há outras opções fora a clareza de objetivos, a firmeza de voz, a frieza, a paciência e, em especial, a sensibilidade para o poder, as razões e os argumentos do outro.

Essa é a atração dos *Treze dias*, em filme, nos livros ou na simples memória: o fascínio e a sabedoria das grandes lições da história.

(8)
A CRISE DOS MÍSSEIS, 40 ANOS DEPOIS[8]

"(...) we made every effort to find peace and
every effort to give our adversary room to move."

John F. Kennedy

---

[8] Publicado originalmente na *Folha de S. Paulo*, 15 de outubro de 2002. Texto revisto.

A crise dos mísseis de Cuba fez quarenta anos. Marco da história contemporânea e da Guerra Fria, ela é muito mais do que um fato histórico para quem a vê com olhos de hoje: é uma lição de poder e de diplomacia e um convite à reflexão, em um mundo em que a boa diplomacia continua a ser crucial como fator de estabilidade político-estratégica e econômica global.

Em 13 dias — da manhã de 16 à manhã de 29 de outubro de 1962 — passou-se da estupefação da prova fotográfica sobre a dissimulada presença dos mísseis em rápida montagem na ilha (após reiteradas promessas soviéticas, públicas e privadas, de que as remessas de armas para Cuba se limitavam a armamento defensivo convencional) a uma importante e inovadora acomodação entre as superpotências, então há década e meia engajadas em uma acirrada confrontação político-ideológica e estratégica global. Para chegar a essa acomodação, depois da virulenta confrontação inicial, as duas partes souberam exercer contenção e prudência, sem deixar de defender de maneira determinada os seus interesses, preparadas para recorrer a uma retaliação suicida com armas nucleares, mas prontas também a negociar e eliminar o que imediatamente perceberam como uma ameaça à sua própria sobrevivência, uma guerra sem possibilidade de vencedores.

Entre o primeiro e o décimo terceiro dias, o mundo acompanhou aterrorizado as idas e vindas da diplomacia e dos preparativos militares, as recriminações recíprocas, os blefes, as sutilezas dos gestos medidos, a busca de apoio e legitimidade por cada parte, os atos bem calibrados e medidos de cada governo e as bravatas e exasperações dos "falcões" que, de um e outro lado, preconizavam a intimidação militar e a reação armada como única forma de deter a outra parte. E assistiu a um verdadeiro triunfo da diplomacia, ótica sob a qual o episódio histórico assume toda a sua significação como fonte de sabedoria, sem dúvida, mas também de inspiração para os dias que correm.

Resumida às suas grandes linhas, a crise dos mísseis foi um ato de força e dissimulação da antiga URSS, que pretendeu um ou mais objetivos centrais ao estacionar em Cuba mísseis de alcance médio (MRBM, alcance de 1.200 quilômetros) e intermediário (IRBM, alcance de 2.000 quilômetros) e também armas nucleares táticas, soube-se depois: consolidar o seu compromisso de proteção da ilha, já passada ao campo soviético e pouco antes submetida à fracassada invasão da baía dos Porcos (março de 1961), aumentar o seu poder de barganha para tratar de outras questões espinhosas da agenda entre as superpotências (Berlim, os mísseis da Otan estacionados na Turquia e na Itália), testar a determinação norte-americana e reforçar o seu sistema de mísseis nucleares, inferior ao dos EUA (embora não se tivesse certeza à época). E foi um ato de força e dissuasão dos EUA, que tardiamente acordaram para a realidade de mísseis nucleares em rápida habilitação a 150 quilômetros da costa da Flórida, capazes de atingir praticamente todo o território continental dos EUA (à exceção do noroeste do país e do Alasca) e até a altura de Lima e Belém na América Latina. Para os EUA, tratava-se, às vésperas de uma importante eleição legislativa, de desarmar uma bomba-relógio destinada quase certamente a provocar um grave dano — a criação do fato consumado dos mísseis nucleares a escassos minutos de Washington e a consequente humilhação política diante da URSS, com graves implicações para a equação do poder global dos EUA, ou, alternativamente, o início de um conflito que escaparia de controle, em instantes, para assumir proporções bíblicas.

Muito se terá dito, em cada um dos seus aniversários, sobre a crise dos mísseis — e é útil que assim seja. Que se evoquem a sua cronologia detalhada, as imagens de contido terror cidadão daqueles dias e a fórmula original da "quarentena" imposta a Cuba como forma de testar a decisão soviética enquanto avançavam as negociações. Que se enalteça a liderança pessoal que

Kennedy e Kruschev exerceram nos seus países, cada qual a seu modo. Que se mostrem as imagens da trapaça soviética flagrada e do aparato de guerra que se montou como reação, enquanto se dava uma chance à diplomacia, que teve ali alguns dos seus melhores momentos. Que se recordem os perigos em que o mundo vivia sob o chamado equilíbrio do terror, posto a dura prova e prestes a romper-se naquele episódio. E que se valorize esse trecho da história como parte de um passado suficientemente próximo, do qual se retira uma série de ensinamentos que nunca será demais repetir, porque a sua aplicação é universal.

Lembremos dois deles, de grande atualidade: 1) uma superpotência, por mais poderosa que seja, atua sempre dentro de limites impostos pela sua realidade política doméstica, regional e internacional, opera dentro de um sistema de valores no qual tem de buscar uma base de legitimidade para as suas ações e tem consciência de que o uso da força não necessariamente traz a solução desejada, dentro de uma relação flutuante entre custos e benefícios (hoje em dia, por exemplo, um soldado morto equivale politicamente a uma brigada inteira na Primeira Guerra Mundial...); 2) em política, como em relações humanas, não há substituto para a diplomacia, mas diplomacia não significa ceder ante o poder ou ante a ameaça da força; ao contrário, significa canalizar o poder e a força.

Não é verdade que a guerra seja apenas a continuação da política por outros meios, como queria Von Clausewitz; a guerra é apenas o pior fracasso da política. Tampouco é verdade que apaziguar, cedendo, seja a forma de lidar com os poderosos. Como dizia Churchill na crítica feroz à política de *appeasement* que levou à triste Conferência de Munique (1938) e à partilha da Tchecoslováquia (1939), um *appeaser* (apaziguador) é apenas alguém que "alimenta o crocodilo na esperança de ser o último a ser comido". Quando há interesses concorrentes ou conflitantes, não há alternativa para a negociação; caso contrário, o confronto cedo ou tarde virá; e, numa negociação, não há opções fora a clareza de objetivos, a consciência do próprio poder, a firmeza de voz, a frieza, a paciência e, em especial, a sensibilidade para o poder, as razões e os argumentos do outro.

Uma lição de liderança dos estadistas, dos funcionários e dos Estados envolvidos. Esse é o fascínio da "crise dos mísseis", um episódio a ser não apenas recordado e explicado aos mais jovens, mas revisitado, com os olhos de hoje e a consciência da sabedoria que nos dá a história. Porque foi uma crise tratada com uma diplomacia exemplar, podemos hoje falar dela como parte do passado e seguir adiante, enriquecidos com a dura experiência.

(9)
REDESCOBRINDO A AMÉRICA DO SUL[9]

*"La vieillesse n'est autre chose que la privation
de folie, l'absence d'illusion et de passion."*

Stendhal, *Lucien Leuwen*

"Isto que muitos chamam a América Latina é, de modo muito significativo, o mundo ao qual se arrebatou o nome." Com essa frase memorável e triste, o venezuelano Arturo Uslar-Pietri, expoente do pensamento latino-americano do século XX, lembrava, em "A outra América", que o nome *América*, originalmente, foi dado apenas à porção sul do hemisfério americano, no mapa *Universalis cosmographiae*, de Martin de Waldseemüller (1507), e examinava o processo de perda de iden-

---

[9] Publicado originalmente no *Valor Econômico*, 9 de dezembro de 2004. Texto revisto.

A ESCOLA DA LIDERANÇA 213

tidade do hemisfério ao sul do rio Grande para a porção anglo-saxônica do continente.[10]

De fato, na introdução ao seu mapa de 1507, Waldseemüller reconheceu o trabalho intelectual pelo qual não o sonhador Colombo, mas o pragmático Américo Vespúcio, por dedução, chegou à conclusão de que a massa continental que havia bordejado tão rumo ao sul não podia ser parte da Ásia e sim um continente novo, não previsto na cosmografia da época, ainda que antevisto pela mitologia. A América entrou para a história ocidental, portanto, como um continente ao sul do equador. Mais tarde, quando se comprovou que as terras ao norte estavam conectadas às do Sul, estendeu-se ao hemisfério a denominação "América".

Nascida do erro original em que Colombo insistiria até a sua morte — ter chegado à Índia ou ao extremo oriental da Ásia — , a nossa identidade nunca foi, desde então, senão uma aproximação, uma metáfora, segundo Uslar-Pietri: Novo Mundo, Índias, Terra Firme. Até Hegel deu a sua contribuição, chamando-nos de "Terra do Futuro". "América para os americanos", o ambíguo lema da Doutrina Monroe, foi parte essencial desse processo de "desidentificação" sofrido desde a nossa mais tenra infância colonial. Reduzindo-se por um processo de assimilação à porção anglo-saxônica e mais especificamente aos Estados Unidos, o termo "América" perdeu para nós precisão geográfica e sentido político e teve de ser qualificado para poder servir conceitualmente.

A porção sul do hemisfério teve de ser chamada, naturalmente, "América do Sul"; o istmo tornou-se a América Central e o México, apesar da plena identidade geográfica e histórico-cultural com a chamada "Meso-América", foi estacionado na "América do Norte", situação que só seria homologada política

---

[10] Para uma rica análise do processo de intelecção do Novo Mundo pela Europa do século XVI, remeto à obra clássica de Edmundo O'Gorman, *La invención de América*, México, Fondo de Cultura Econômica, 1977.

e economicamente com a adesão do país ao Nafta. Enquanto a porção anglo-saxônica assumia a identidade original do continente sul-americano, outros nomes tentavam definir o restante do hemisfério, em um curioso e malsucedido processo de substituição e transmutação ontológica. América Latina, Indo-América, América Hispânica, Ibero-América, América Latina e Caribe são conceitos que tentaram reencontrar uma identidade única para um conjunto de nações e culturas que, se bem têm muitas afinidades, apresentam notável diversidade, disparidades geográficas, históricas e culturais e mesmo desencontros e rivalidades, algumas duradouras. Mas são conceitos que perderam força política e transitividade no mundo de hoje, onde o poder relativo e a capacidade de articulação real dos Estados e grupos regionais é o que conta.

O discurso latino-americanista — de que são expoentes, entre muitos outros, o próprio Uslar-Pietri e também Bolívar, Carpentier, Rodó, Henríquez Ureña, Mariátegui, Martí — nunca chegou a resolver o dilema da nossa ontologia. Ao contrário, ao reivindicar, com grande paixão e engajamento, uma identidade única para o continente ao sul do rio Bravo, base e vetor da sua desejada independência, resvalou muitas vezes para a utopia e a idealização romântica, a que a dura realidade continental nunca se dobrou. O entusiasmo com que todos cantaram a mestiçagem, fator definidor da nossa identidade, sem dúvida acabou ajudando a ocultar a iniquidade social, o racismo, a violência política, o autoritarismo, o populismo irresponsável e a dependência econômica que tanto marcaram e em grande medida continuam marcando o nosso continente. Poucos se lembram da amarga frase de Bolívar ao fim da vida, derrotado, exilado, desiludido: "Na América, só nos resta uma coisa a fazer: emigrar."

A história nos dá agora uma oportunidade real de resgatar a nossa identidade. Ao insistir no conceito de "América do Sul",

A ESCOLA DA LIDERANÇA 215

hierarquizando-o como fundamento de um processo próprio de integração econômica e física, a diplomacia brasileira vem dando uma contribuição ainda não de todo reconhecida à ontologia de 12 países. Não se trata de exercício ideológico de sublimação das nossas mazelas históricas nem de cabala para excluir ou confrontar nações que a geografia infelizmente não pôs no nosso espaço. Trata-se de um sóbrio exercício de realismo político, não do tipo conformista, mas pragmático, criativo. Como reconheceu Waldseemüller há quinhentos anos, a América do Sul é uma unidade cosmográfica e foi como tal que ela nasceu para a história ocidental. É como tal que ela deve assumir a sua identidade e a sua história.

Esse pragmatismo geográfico da nossa diplomacia tem uma longa trajetória, marcada desde a nossa independência pelo gradualismo, pela noção de lenta construção, pela correta dosagem entre bilateralismo — que deve ser o cerne da nossa ação na região — e plurilateralismo. Muito antes do barão de Rio Branco, mas em especial com ele, erigimos a demarcação definitiva e pacífica dos nossos limites territoriais como primeira prioridade da nossa ação externa, e depois começamos a acumular um patrimônio de relações e tratados bilaterais e sub-regionais com os nossos vizinhos, até chegarmos ao Mercosul e à rede de acordos e iniciativas que nos ancoram, hoje, no nosso lugar no mundo, a América do Sul. São vertentes e dimensões complementares. Esse é o caminho.

A decisão de lançar uma Comunidade Sul-Americana de Nações e de fazê-la dialogar com outras regiões é ousada e comporta forte dose de idealismo, é verdade; traz também grande responsabilidade, porque engaja a nossa credibilidade. Por enquanto, é, mais que nada, uma declaração política, ancorada em acordos concretos de comércio e integração e em uma carta constitutiva que ainda é uma virtualidade; mas é sem dúvida um ato de reivindicação de uma identidade antes de tudo geográfica, que nunca deixou de ter vigência, por mais globalizado que esteja o mundo.

Da América Latina talvez tenham roubado o nome. Aproveitemos esta oportunidade para dar a esta outra América, a América do Sul, a identidade e o projeto que a história lhe tem negado.

VII

Dois ensaios sobre diplomacia presidencial

"If there is not at the summit of the nations the wish to win the greatest prize of peace, where can man look for hope?"

Winston Churchill

(1)
A DIPLOMACIA PRESIDENCIAL NA POLÍTICA EXTERNA BRASILEIRA[1]

"If this nation is to reassert the initiative in foreign affairs, it must be presidential initiative. If we are to rebuild our prestige in the eyes of the world, it must be presidential prestige."

John F. Kennedy

---

[1] Publicado originalmente em *Carta Internacional*, ano VII, número 72, 1999. Versão revista e ampliada.

A intensa diplomacia presidencial dos dois mandatos do presidente Fernando Henrique Cardoso e a que marcou ainda mais o governo Lula desde o seu início trouxeram para o centro do debate sobre a política externa brasileira a questão da intensidade e da utilidade do uso, na política internacional contemporânea, da diplomacia de cúpula, ou diplomacia de mandatários — nome genérico que engloba a diplomacia de chefes de Estado, de governo e de outras autoridades (como os antigos secretários-gerais do Partido Comunista da extinta União Soviética) que representem o Estado nas relações internacionais.

Paralelamente, a intensificação da diplomacia presidencial no Brasil — hoje um instrumento bem aceito pela sociedade e pelos formadores de opinião como legítimo, dentro de certos parâmetros, para avançar interesses do país — também gerou um debate sobre os seus efeitos sobre a diplomacia tradicional, aquela que é realizada pela Chancelaria e pelas missões no Exterior. É, portanto, oportuno, tanto do ponto de vista da política externa quanto das funções do Itamaraty, passar em revista o papel da diplomacia presidencial na política externa brasileira.

UM POUCO DE HISTÓRIA

A história da diplomacia de mandatários — entendida aqui como aquela que é pessoalmente exercida por chefes de Estado ou governo — praticamente se confunde com a da grande diplomacia mundial. Ela praticamente nunca foi exceção, e sim traço constante nas relações internacionais, sempre em permanente interação com a chamada diplomacia tradicional, aquela que é exercida pelas Chancelarias e os seus plenipotenciários no exterior, em missões permanentes ou específicas. E ela tende a ganhar projeção em momentos de crise ou de mudanças no sistema internacional ou em um subsistema regional, da mesma maneira que a liderança interna de um mandatário tende a ganhar projeção em momentos de crise ou mudança na vida de um país.

Até Napoleão, a diplomacia de mandatários foi a regra na diplomacia — uma diplomacia patrimonialista, produto do absolutismo e da visão dinástica e personalista que reis, imperadores e esporadicamente grandes primeiros-ministros impunham à condução dos negócios diplomáticos, na paz e na guerra. Durante séculos, mas notadamente com o advento do Estado moderno sob formas monárquicas absolutistas, a diplomacia foi conduzida pessoalmente pelos soberanos ou por um depositário da sua confiança, subordinando-se todo o aparato diplomático à função de instrumentar essa ação e promover interesses puramente dinásticos, patrimoniais. Também foi determinante para essa forma peculiar de relação entre os Estados a complexa rede de relações familiares que se tecia entre as diferentes casas reinantes, para as quais casamentos e laços de sangue selavam alianças diplomáticas e militares ou acresciam ou modificavam o patrimônio da casa reinante.

São numerosos os exemplos de diplomacia administrada pessoalmente pelos soberanos, como são também numerosos os exemplos da guerra conduzida pessoalmente por eles, e isso, em alguns casos, até bem avançado o século XIX. Cenas que cobrem séculos de história — Francisco I da França prisioneiro de Carlos V, Napoleão encontrando-se com o czar em Tilsit ou Napoleão III prisioneiro do cáiser depois da derrota de Sedan — bem ilustram essa preeminência da condução pessoal do Estado pelo seu chefe, na paz como na guerra. Reflexo e instrumento da estrutura do poder no Estado, era natural que a diplomacia fosse muito diretamente influenciada pelo personalismo decorrente da forma de governo prevalecente na Idade Moderna.

Isso não impedia que os grandes Estados absolutistas desenvolvessem uma poderosa máquina diplomática, criando e mantendo serviços diplomáticos com estrutura, tradições e linhas de política de Estado e de conduta dos seus agentes que em muito se assemelham ao que hoje entendemos por esses conceitos. Em outras palavras, soberanos absolutos concebiam e em parte executavam as suas próprias políticas externas, marcadas pelos seus interesses patrimoniais e dinásticos, mas não deixavam de contar com uma diplomacia "profissional", nem tampouco ignoravam políticas e interesses de Estado que caracterizavam a inserção externa dos seus reinos.

É o que explica, por exemplo, a um só tempo, a fortaleza e a continuidade da diplomacia francesa ao longo dos séculos XVII, XVIII e XIX, entrando pelo século XX adentro, seja consolidando uma imagem de serviço diplomático, seja seguindo linhas de política que ganharam dimensão de Estado com Richelieu — a tese das fronteiras naturais da França, a busca da contínua fragmentação do mundo germânico, a contenção da Grã-Bretanha, as alianças na Europa do Leste, a submissão da Espanha — e marcaram indistintamente a diplomacia francesa.

É no Congresso de Viena que ocorre a primeira grande modulação dessa preeminência absoluta dos mandatários na condução da diplomacia. Ali se consagra pela primeira vez o protagonismo de chanceleres (Metternich, Castlereagh, Talleyrand), ao lado do de alguns monarcas, notadamente o czar Alexandre I, que operou em Viena como Wilson em Versalhes, um século depois, envolvendo-se diretamente nas negociações e defendendo pessoalmente as suas propostas.

Essa modulação responde em parte à crescente complexidade dos assuntos internacionais, que passaria a exigir um tempo, uma dedicação e uma especialização de que não mais dispunham os mandatários ou para as quais não tinham dotes adequados; mas responde também à fissura da autoridade dos mandatários representada pela Revolução Francesa e a progressiva liberalização da vida política. Menos patrimonialistas, mais controlados pela burguesia financeira, industrial e comercial e

A ESCOLA DA LIDERANÇA 221

com novas instituições que controlavam ou matizavam fortemente o poder monárquico, era natural que os Estados liberais desenvolvessem diplomacias menos personalistas, que, se não prescindiam da ação pessoal dos seus chefes, tinham de responder a interesses crescentemente complexos e variados, ampliando a sua presença política em um mundo em expansão (o número de Estados independentes aumentou consideravelmente no século XIX e continuaria ampliando-se sempre).

Com Napoleão III, Gladstone, Disraeli e Bismarck, na segunda metade do século XIX, e com Theodore Roosevelt, Woodrow Wilson, Lloyd George, Clemenceau e alguns outros nas duas primeiras décadas do século XX, a diplomacia de mandatários volta a ocupar o primeiro plano, refletindo, no entanto, os novos parâmetros impostos à diplomacia, como a força da opinião pública e do eleitorado, por exemplo, e, no caso dos grandes presidentes-diplomatas norte-americanos, os embates com o Congresso. Em outras palavras, o ressurgimento da diplomacia de mandatários no Estado contemporâneo, parlamentarista e plebiscitário, se fez com uma nova característica: o fato de que os mandatários que exerceram diplomacia pessoal ativa o fizeram com os olhos e a sensibilidade postos em grande medida na política interna dos seus países, como fator de legitimação e fortalecimento do seu poder ou para alavancar-se eleitoralmente.

Depois de novo recesso na década de 1920, quando novamente os chanceleres ganham preeminência (nesses anos, vários receberam o Nobel da Paz, um dos bons termômetros da grande diplomacia no século XX), a diplomacia de chefes de Estado e governo ganha cada vez mais força a partir da década de 1930. Ela o faz primeiro com os grandes ditadores-diplomatas — Hitler, Stalin, Mussolini —, que realizam uma nova versão do personalismo típico dos monarcas absolutos — a sua autoridade incontestada e os seus projetos de poder os levam a assenhorear-se da parte mais importante da diplomacia dos Estados sob seu poder. Depois, com as atuações de Churchill e Roosevelt como condutores dos seus respectivos países na guerra, fica patente que também as grandes democracias confiariam aos seus mandatários parcela substancial — por vezes a mais importante — da defesa e projeção dos seus interesses internacionais.

Com as conferências dos Três Grandes (Teerã, Yalta, Potsdam), que abriram o caminho para os *summits* da Guerra Fria, e com o surgimento de lideranças de grande estatura em países que reivindicavam maior protagonismo na cena regional ou mundial (De Gaulle na França, Nasser no Egito, Tito na Iugoslávia, por exemplo), o mundo entra em uma era de grande intensificação do uso da diplomacia pessoal dos mandatários, com um uso cada vez mais difundido e intenso — por vezes exagerado, é certo — das reuniões de cúpula regionais ou internacionais, da diplomacia de visitas bilaterais e de iniciativas do mais alto nível com que os estadistas procuram marcar as suas administrações no plano externo.

Essa realidade se torna tão intensa que vários dos momentos mais importantes da história mais recente das relações internacionais acabam por ser marcados por encontros ou iniciativas dessa natureza (os *summits* sovieto-americanos, o célebre encontro entre De Gaulle e Adenauer que lançou a aliança franco-germânica, motor da integração europeia, a visita de Nixon à China, a visita de Anuar el Sadat a Israel em 1978, o encontro entre os presidentes Sarney e Alfonsín em Foz do Iguaçu, apenas para citar alguns exemplos). E assim chegamos aos dias de hoje, em que a diplomacia mundial praticamente se move a poder de encontros de cúpula (o tratamento de grandes questões internacionais, a integração regional ou o fortalecimento de parcerias bilaterais) ou simplesmente busca gerar noticiário e promover a imagem interna e internacional dos seus protagonistas.

Em suma, a diplomacia de cúpula é claramente a regra na diplomacia mundial, e não a exceção, e portanto um dado objetivo da realidade das relações internacionais: quem quiser fazer política internacional terá de utilizar a diplomacia de mandatários ou estará fora do jogo da grande diplomacia. Ela é um imperativo, não uma opção, e, mesmo que muitas vezes a sua importância se revele apenas pelo custo da ausência, ela é hoje um elemento central da atividade diplomática. Mais que isso, às vezes é a única forma de avançar iniciativas complexas como o Mercosul, por exemplo, que dependem de grande grau de vontade política dos governos — vontade política que só é plenamente mobilizada (e mesmo assim por curtos periodos) em função da atuação direta dos mandatários. Portanto, além de imperativa, a diplomacia de mandatários — presidencial, no caso brasileiro — tornou-se um instrumento moderno e eficaz de fazer política externa e relações internacionais, porque ela ganhou muitas dimensões além da puramente diplomática (ou seja, o diálogo e os entendimentos entre Estados), sempre valendo-se da capacidade de mobilização e de "convocatória" inerente aos mandatários. Essas dimensões hoje englobam as vertentes empresarial, federativa, sindical, cultural, acadêmica, de relações públicas, de divulgação, comemorativa etc., dando à diplomacia de cúpula um foco muito mais abrangente.

A DIPLOMACIA PRESIDENCIAL NA HISTÓRIA BRASILEIRA

Contra esse pano de fundo, qual é a trajetória da diplomacia de chefes de Estado na história diplomática brasileira? A resposta é complexa. O Brasil nasceu de um ato de diplomacia de cúpula típico do absolutismo patrimonialista, o Tratado de Tordesilhas (1494), e teve a sua história colonial muito afetada pelas relações dinásticas de Portugal (a união das coroas ibéricas, entre 1580 e 1640, teria importantes consequências para a formação territorial do Brasil). Depois ficou independente por força de uma diplomacia também de cúpula, que mesclou o princípio da legitimidade do Congresso de Viena com os interesses dinásticos da casa de Bragança. Mas em seguida, a nossa história diplomática tomou um curso peculiar: não houve, ao longo de quase todo o século XIX, salvo episódios isolados, uma diplomacia do Imperador, e sim uma diplomacia do Império brasileiro, chancelada pelo Imperador, mas quase sempre concebida e executada por estadistas que militaram na escola diplomática da política do Prata e que são responsáveis pela precocidade da institucionalização da diplomacia brasileira. As próprias grandes viagens de Pedro II foram de caráter privado e pouco ou nada têm de funcional para a política externa. Apenas o encontro de Uruguaiana, de 1865, entre os três mandatários da Tríplice Aliança (Pedro II, Mitre e Flores), teve um caráter funcional, de concertação entre aliados e de simbolismo na condução da guerra. E inaugurou o que muito mais tarde, já bem entrado o século XX, se tornaria uma verdadeira vertente funcional da nossa diplomacia de cúpula, os encontros de fronteira.

A diplomacia de mandatários brasileira sofreu, além disso, no início do século XX, do fenômeno Rio Branco: um chanceler tão excepcional que ofuscou, no plano diplomático e mesmo como estadista, os quatro presidentes (Rodrigues Alves, Afonso Pena, Nilo Peçanha e Hermes da Fonseca) a quem serviu nos seus dez anos de atividade ministerial, de 1902 a 1912. Mais do que dos presidentes a quem Rio Branco serviu, a história consagrou a diplomacia desse período, e de forma justa e apropriada, como sendo a do próprio Rio Branco.

Essa timidez originária da nossa diplomacia presidencial foi agravada ao longo de todo o século XX pela frequência com que as iniciativas presidenciais brasileiras foram reflexas, passivas, reativas: retribuições desmotivadas de visitas, formalismo protocolar, vazio retórico dos pronunciamentos, limitação da agenda, falta de *follow up*, ausência de iniciativa prática, incapacidade de alguns presidentes de se engajarem em um diálogo ou amizade pessoais com os seus pares, multiplicação de iniciativas sem grande retorno diplomático, caráter puramente *ex officio* da condução da diplomacia por certos presidentes, timidez diante da atuação internacional, bloqueio linguístico e cultural. Pior: a impetuosidade característica de alguns momentos, como o da retirada do Brasil da Liga das Nações, em 1926, iniciativa desastrada de Artur Bernardes, ou a curta e conturbada presidência de Jânio Quadros, quase comprometeu a imagem do exercício protagônico da diplomacia pelos presidentes.

Mas a história da diplomacia presidencial brasileira tem tido também os seus bons momentos, através de presidentes que comandaram pessoalmente políticas que deixaram marcas no tempo ou tiveram impacto prático indiscutível: o Getúlio Vargas do período autoritário, Juscelino Kubitschek, Jânio Quadros, Geisel e Sarney geraram o que se pode chamar, se não de uma tradição de diplomacia presidencial brasileira (porque não houve continuidade no sentido da diplomacia presidencial norte-americana ou francesa), certamente de momentos marcantes de atuação diplomática desses presidentes.

Em geral, esses bons momentos obedeceram a uma regra: o uso da diplomacia presidencial para avançar os nossos grandes paradigmas diplomáticos, como as relações com a Argentina, com o Paraguai e com o Uruguai, as relações com os Estados Unidos, a integração sub-regional e a construção do Mercosul, as relações com alguns parceiros-chave na Europa, com Portugal à frente, e na Ásia, a construção de Itaipu e a cooperação transfronteiriça, geradora de uma importante e produtiva vertente da nossa diplomacia presidencial a partir dos anos 1930, os encontros de fronteira, de importância singular para um país com dez vizinhos contíguos, a construção do que hoje viria a consolidar-se como a nossa política sul-americana.

Esses paradigmas são uma constante na nossa diplomacia presidencial, embora às vezes se percam em meio a atividades muito menos relevantes e a uma dificuldade de compreensão da sua importância pela opinião pública. Não por acaso, o primeiro chefe de Estado que recebemos foi Julio Roca, presidente da Argentina, que visitou o Rio de Janeiro em 1899, e a primeira visita presidencial brasileira ao exterior foi à Argentina (Campos Sales, que visitou Buenos Aires em 1900, em retribuição à visita de Roca). A Argentina forneceria outros grandes momentos da diplomacia presidencial brasileira, como a visita de Getúlio Vargas em 1935, ou o encontro Quadros-Frondizi, em 1961, gerando o que se poderia chamar de "espírito de Uruguaiana", para sempre um marco e uma referência na relação bilateral, que inspirou momentos muito posteriores, ou ainda as visitas de Figueiredo (1980, marcando o fim do contencioso) e Sarney (1986, marcando o início da integração Brasil-Argentina e portanto do Mercosul).

Tampouco por acaso alguns dos momentos mais produtivos da nossa diplomacia — ou seja, com maior impacto concreto — foram encontros presidenciais de fronteira. Respondendo a interesses concretos, muitas vezes plenamente locais, muitos desses encontros marcaram importantes avanços na integração, sobretudo física, com os nossos vizinhos, quase sempre na área do Prata, porém mais recentemente também na fronteira norte.

Outros paradigmas ou áreas centrais de atuação da nossa diplomacia receberam importante, quando não decisivo, aporte da diplomacia presidencial brasileira. O Mercosul, por exemplo, foi construído a poder de diplomacia presidencial, pela capacidade que essa diplomacia tem de mobilizar a burocracia e gerar fatos políticos com consequências em uma área em que havia e continua havendo muitas resistências a vencer e gargalos a superar. A nossa política sul-americana também tem sido construída com base em impulsos dados pela diplomacia presidencial, que desde os anos 1980 e cada vez mais concentra na nossa região a maioria das nossas iniciativas presidenciais (visitas feitas e recebidas, encontros regionais e sub-regionais, iniciativas unilaterais, bilaterais ou plurilaterais etc.); a própria construção de uma consciência brasileira da nossa sul-americanidade — porque disso se trata quando hoje reivindicamos a América do Sul como região que sustenta a nossa identidade e a partir da qual nos projetamos no hemisfério e no mundo — foi impulsionada pela diplomacia presidencial ou dela recebeu, em boa sinergia, um importante aporte conceitual e prático.

Fora dos paradigmas, dificilmente a nossa diplomacia presidencial foi funcional, relevante: essa é a grande lição a reter da nossa história diplomática presidencial, o grande ensinamento para uma diplomacia que lida com poucos recursos e se sustenta em um poder nacional relativamente reduzido, e o grande desafio para quem deseje usar diplomacia presidencial para abrir novos paradigmas na política externa brasileira.

O governo Fernando Henrique Cardoso colocou em grande e inédita evidência a diplomacia presidencial no Brasil e o seu sucessor, o presidente Luiz Inácio Lula da Silva, a tem mantido em patamar mais elevado, com ainda maior visibilidade e grande engajamento. Para isso, a história diplomática brasileira deixou-lhes, como herança — como visto acima —, bons e importantes precedentes de diplomacias presidenciais que serviram para priorizar e impulsionar iniciativas e foram atentas a alguns dos nossos paradigmas diplomáticos. Deixou-lhes, também, o ensinamento de muitos erros e omissões. A novidade, a partir dos governos Fernando Henrique Cardoso e Luiz Inácio Lula da Silva, foi a combinação feliz, por um lado, de um maior poder nacional do país, graças à estabilização e aos atrativos representados pelas suas dimensões econômicas, incluindo sua participação no Mercosul, pela abertura da sua economia e pelo vigor da sua democracia; e, por outro, da vocação e a disposição pessoais dos dois presidentes para protagonizar uma diplomacia presidencial no estilo hoje consagrado pelas melhores tradições e lideranças mundiais (uma combinação de versatilidade, gosto, disponibilidade para a diplomacia, interesse pelos assuntos internacionais e compreensão da importância da dimensão externa para o projeto interno).

Havia também espaço e demanda para uma diplomacia presidencial mais ativa, na busca de novos parceiros ou na renovação de velhas parcerias. O Brasil tinha um *déficit* de diplomacia presidencial após os bons momentos do passado, e isso também porque houve uma aceleração do uso da diplomacia de mandatários nos anos 1990, tanto no nosso âmbito regional (Grupo do Rio, Mercosul, Conferência Ibero-Americana) quanto no plano global (inclusive em função das grandes conferências das Nações Unidas, como a Rio-92).

O preenchimento daquele *déficit* pelo presidente Fernando Henrique Cardoso, com o uso de uma intensa diplomacia presidencial, criou uma nova referência para a diplomacia presidencial brasileira, como Geisel ou Sarney haviam feito ao seu tempo em relação à diplomacia dos seus antecessores. O seu sucessor, o presidente Lula, iniciou o seu governo elaborando sobre essa referência nova, a ponto de criar um novo padrão, utilizando-se de forma intensa e sustentada da diplomacia presidencial para articular a sua política sul-americana e projetá-la em outras geometrias inter-regionais, para atualizar as relações com os parceiros desenvolvidos, para fazer uma ponte política entre os mundos desenvolvido e em desenvolvimento e para oxigenar nossa diplomacia africana, árabe e junto aos chamados "países gigantes", Índia, China e Rússia.

Esse novo padrão, parece-me, baseia-se em alguns dados reais do país e do próprio presidente: o país ganhou importância relativa na sua região e no mundo e para essa importância relativa sem dúvida contribuíram a alternância real de poder ocorrida em 2002 e a transição tranquila entre as duas administrações em

A ESCOLA DA LIDERANÇA 229

um quadro econômico particularmente tenso e nervoso; o presidente tem uma trajetória pessoal e política que o tornou um caso único dentre os estadistas do mundo, em grande medida na linha do que foi Nelson Mandela, o que o faz por si só uma *autoridade* — no sentido pleno da palavra — valorizada pelas suas diferentes plateias e interlocutores em todo o mundo; finalmente, mas não menos importante, que a ênfase na estabilidade e no social dada pelo governo Lula, construindo sobre o que havia sido lançado em governos anteriores, mostra o Brasil disposto a dar o grande salto qualitativo que, se exitoso, alterará definitivamente para melhor o poder nacional do país e portanto a sua capacidade de fazer política externa e melhor inserir-se na sua região e no mundo. E, portanto, de fazer diplomacia presidencial.

Em outras palavras, um Brasil socialmente melhor, a exemplo do que ocorreu com um Brasil livre do flagelo da inflação e mais aberto ao mundo, impõe respeito aos interlocutores porque progresso social e econômico significa poder, e a alternância política ocorrida no Brasil é a melhor prova de que o país está empenhado nisso. É o que dará a base de poder que sustente uma diplomacia presidencial ativa e bem calibrada — poder que não existia quando a nossa inflação era de três dígitos, ou éramos um regime autoritário, ou uma economia fechada e autárquica, ou acreditávamos na teoria do "bolo" — crescer primeiro, dividir depois — como a melhor política social para um país com as mazelas e debilidades do Brasil...

A VARIEDADE DA DIPLOMACIA PRESIDENCIAL

Muitas vezes as análises sobre a diplomacia presidencial são superficiais e ignoram tanto a sua utilidade quanto a sua necessidade no contexto das relações internacionais contemporâneas. Os próprios governos às vezes tendem a simplificar o exercício dessa modalidade pelos chefes de Estado ou governo, ao, por exemplo, exagerarem no caráter "político" de uma visita ou iniciativa que não se presta muito bem a gerar manchetes ou chamadas (*leads*) interessantes na grande imprensa, ou ao procurarem caracterizar a mobilização presidencial como simplesmente uma operação de promoção comercial. Ou quando simplesmente buscam ocupar vazios de política interna ou distrair a opinião pública utilizando-se da diplomacia.

Essas simplificações ou desvios ocultam a riqueza e a utilidade da diplomacia presidencial e são tão nocivas para a percepção da opinião pública e dos agentes econômicos quanto a própria multiplicação incontrolada e disfuncional de iniciativas e encontros. Em um mundo dominado pela mídia e no qual a diplomacia de mandatários tem uma dimensão ao mesmo tempo de política externa, como o seu instrumento, e de política interna, como fator de projeção da liderança política e administrativa do mandatário, é útil ter presentes tanto as diversas modalidades de realização da diplomacia de mandatários quanto a variedade de vertentes ou dimensões que uma visita — talvez a forma mais frequente de diplomacia presidencial — pode assumir.

MODALIDADES

Examinemos brevemente essas modalidades, que mostram que a diplomacia presidencial vai muito além da diplomacia de visitas, embora esta seja parte importante daquela. A primeira delas é a *condução pessoal do processo decisório da política externa*. A condução pessoal, pelo mandatário, dos assuntos de política externa deve extrapolar as obrigações que cumpre *ex officio*, como depositário da responsabilidade ou competência originária pelas relações exteriores e pela representação do Estado perante outros Estados, inerente a todo chefe de Estado. É consequência da combinação de capacidade, interesse, conhecimento e sentido de oportunidade e urgência do mandatário para lidar com assuntos exteriores; e decorre também do comando do mandatário sobre a burocracia estatal com competência sobre os temas das relações exteriores — a Chancelaria, os ministérios econômicos, as Forças Armadas e as agências governamentais que interagem de alguma forma com o exterior.

A segunda é a *diplomacia das iniciativas*, que o mandatário propõe e assume como próprias. É normalmente decorrência natural da primeira vertente, uma espécie de resultado prático, propositivo, do exercício pessoal da condução da política externa e da identificação de interesses claros do mandatário na área internacional. A história dá muitos exemplos dessa vertente, inclusive no Brasil, com a Operação Pan-Americana de Juscelino Kubitschek (apropriada mais tarde, em certa forma, por Kennedy, que lançou a sua "Aliança para o Progresso") ou a integração Brasil-Argentina de Sarney. É claro que há uma fronteira tênue entre o que é condução pessoal na proposição de uma iniciativa externa e o que é assumido como pessoal por um mandatário bem assessorado por uma equipe que tem consciência da importância política de fortalecer o seu chefe com base na área diplomática. Outras vezes, a burocracia diplomática vale-se do mandatário como alavanca para iniciativas de política externa que não são propriamente da concepção pessoal deste ou do seu núcleo de assessoramento direto, mas que acabam sendo assumidas como tal pela própria burocracia governamental e pela opinião pública. O importante aqui é que o mandatário assume como marca pessoal a iniciativa e coloca o seu poder interno a serviço da implementação do que propõe. A sinergia criada com a diplomacia é evidente; o prestígio interno e externo que o mandatário busca é natural quando a iniciativa prospera.

A terceira modalidade é a *diplomacia das doutrinas*, que têm um lugar privilegiado na história de diplomacia de cúpula e na projeção dos mandatários que as propõem, como no caso das Doutrinas Monroe e Truman, ou da Doutrina Betancourt, para ficarmos também com um exemplo sul-americano. A importância histórica das doutrinas e a sua continuada possibilidade de utilização como manifestação da diplomacia de cúpula justificam um esforço de sistematização do instrumento.

As doutrinas geralmente são declarações unilaterais sobre formas virtuais de procedimento que um país adotará em função de certos desenvolvimentos potenciais nas relações internacionais — podendo ter ou não uma realização concreta, posterior, na forma de uma iniciativa, como é o caso expressivo da Doutrina Truman, acoplada ao programa de ajuda à Grécia e à Turquia e em grande medida ao próprio Plano Marshall, ou da Doutrina Betancourt, sobre a legitimidade democrática como condição para o reconhecimento dos governos. Obedecem a uma lógica do tipo *se-então*, que pode estar expressa ou subentendida. Sua gênese pode estar ligada a um fato real das relações internacionais, mas não necessariamente: podem ter origem também em uma análise prospectiva da realidade (o fato objeto da doutrina, portanto, é potencial). As doutrinas se voltam, assim, seja para evitar que ocorra determinada relação de causa e efeito, seja para evitar que se repita essa mesma relação de causa e efeito, seja ainda para dar um curso diverso aos acontecimentos caso a condicionalidade se materialize.

A quarta modalidade é constituída pela *diplomacia dos encontros e dos deslocamentos e visitas*, traço mais forte, visível e às vezes mesmo preocupante da diplomacia de cúpula contemporânea.

A DIPLOMACIA DAS VISITAS

As visitas de mandatários surgiram historicamente como instrumento para lograr um ou mais dos seguintes objetivos: 1) um

A ESCOLA DA LIDERANÇA

gesto político ou de relações públicas em relação ao país visitado; 2) a explicitação de uma diplomacia afirmativa em função de interesses concretos do país do viajante; e 3) a conclusão de um processo negociador, de adoção de decisões conjuntas ou de aproximação entre países que precisa de chancela no mais alto nível (para impor-se sobre a burocracia, para ganhar publicidade, para servir ao projeto político dos mandatários envolvidos — ou tudo isso). Também é preciso levar em conta que as visitas, muitas vezes, constituem, a exemplo das iniciativas, a culminação de um processo de condução pessoal da diplomacia pelo mandatário; ou então materializam iniciativas.

Uma tipologia da diplomacia dos encontros serve para mostrar a quantidade de compromissos de natureza internacional que um chefe de Estado ou governo pode assumir. Existe uma primeira distinção, aquela que se deve fazer entre os compromissos obrigatórios de um mandatário no campo diplomático e os compromissos concebidos como parte de uma estratégia de política externa (e interna). Mas uma segunda distinção leva em conta que a evolução da diplomacia de encontros em todo o mundo ampliou os três objetivos básicos que se associaram a elas na sua fase de consolidação como instrumento diplomático; ela passou a perseguir outros objetivos, inclusive o objetivo tautológico do encontro ou da visita como resultado de si mesmo, pelo seu "simbolismo". Daí a possibilidade de se identificarem vários tipos de visitas, alguns deles passíveis de combinação com outros. São eles:

1) viagem de candidato (a presidente, a primeiro-ministro);

2) viagem de presidente eleito;

3) visita privada (eventualmente com encontro com autoridades locais);

4) posses presidenciais e coroações;

5) funerais de Estado;

6) atos comemorativos;

7) escala técnica com contato oficial;

8) visitas bilaterais unitárias, nas três categorias usualmente utilizadas pelos protocolos (visita de Estado; visita oficial; visita de trabalho);

9) encontros bilaterais regulares, alternando a sede;

10) encontros bilaterais paralelos a compromissos regionais ou multilaterais;

11) encontros sub-regionais paralelos a compromissos regionais ou multilaterais;

12) encontros de fronteira;

13) encontros regionais e sub-regionais;

14) encontros de coalizões limitadas ou coalizões plurirregionais;

15) mecanismos permanentes de integração e de coordenação de macropolíticas (Mercosul, União Europeia);

16) encontros multilaterais e grandes conferências mundiais de cúpula;

17) viagens unilaterais para participação em seminários internacionais, em atividades acadêmicas ou políticas, para fazer contatos empresariais etc.

VERTENTES DE UMA VISITA DE MANDATÁRIO

Também a programação de uma visita de mandatário ao exterior — bilateral ou no contexto de um compromisso de outra natureza — pode compreender a combinação de várias modalidades e variantes de realização dentro de cada uma delas. Em geral, produz-se uma combinação dos itens 8 ou 9 e 17 (visitas bilaterais unitárias ou regulares e programação unilateral do mandatário). A dimensão dada pelo item 17 cresce com a evolução das relações internacionais e a transformação das visitas em instrumentos de promoção de políticas e de difusão da imagem do país, do governo e do mandatário no exterior.

A ESCOLA DA LIDERANÇA   235

Essa nova realidade impõe hoje, quase como uma obrigatoriedade, uma série de variantes na programação de visitas de mandatários ao exterior — variantes essas que, no passado, eram claramente opcionais, raramente dominando o planejamento das visitas, mas podendo nelas figurar como espécies de "enfeites", a reforçar-lhes o caráter simbólico ou protocolar. Hoje, com a proliferação da diplomacia de cúpula, pode-se mesmo argumentar que a dimensão não governamental das visitas assumiu uma preeminência nova — é a área em que se realiza de fato a competição entre os mandatários pela atenção da parte mais importante do público-alvo da sua visita. Indo à Grã-Bretanha, qualquer chefe de Estado passeia de carruagem, vê a rainha e conversa com o primeiro-ministro; são as variantes em relação a esse menu básico da visita o que constitui hoje o melhor indicador para o seu sucesso ou funcionalidade. E essas variantes se conseguem muitas vezes fora do âmbito governamental.

Tendo isso em mente, é possível estabelecer o que tem sido o menu mais frequente de elementos com base nos quais, mediante critérios políticos, naturalmente, devem ser compostas as visitas de mandatários. Assim, uma visita de mandatário poderia ter algumas ou a totalidade das seguintes vertentes:

1) vertente política (conversações com o governo anfitrião; contatos com governos locais; visita ao interior do país etc.);

2) vertente parlamentar (contatos com parlamentares do país visitado; inclusão de parlamentares na comitiva; visita ao Parlamento do país visitado etc.);

3) vertente federativa (visita a unidades federais ou regionais, contatos com autoridades de nível infranacional etc.);

4) vertente de política interna nacional (inclusão de políticos na comitiva; discurso ou mensagem voltada para o público interno; anúncios de medidas administrativas internas etc.);

5) vertente econômica (conversas com representantes de grandes grupos ou dos meios acadêmicos e jornalísticos especia-

lizados, visitas a entidades de natureza econômica, atividades voltadas à promoção da política econômica etc.);

6) vertente empresarial (participação em encontros empresariais, feiras e congressos, recebimento de empresários, palestras para empresários etc.);

7) vertente comercial (por exemplo, a defesa de interesses específicos de empresas nacionais junto ao governo ou cliente estrangeiros, a assinatura de contratos etc.);

8) vertente de investimentos (promoção da imagem do país junto a investidores potenciais, recebimento de investidores específicos, palestras etc.);

9) vertente acadêmica (recebimento de grau honorífico, conversas, cerimônias, palestras etc.);

10) vertente científica (visitas a entidades científicas, conversas com cientistas e entidades de pesquisa etc.)

11) vertente de imprensa (entrevistas individuais ou coletivas, conversas em *off*, contatos etc.);

12) vertente cultural (encontros com personalidades e artistas, participação em espetáculos ou exposições etc.);

13) vertente esportiva (assistência a eventos e premiações, encontros com desportistas, visitas a entidades etc.);

14) vertente fronteiriça (visitas a área de fronteira, encontros com a comunidade fronteiriça etc.);

15) vertente de política interna do país visitado (encontros com lideranças políticas e autoridades eleitas, com ex-mandatários etc.);

16) vertente de relações públicas (participação em *town house meetings*, encontros com a sociedade civil, participação em atividades beneficentes etc.);

17) vertente consular (encontros com a comunidade nacional, visitas a centros de detenção de nacionais, atos ligados à área consular etc.);

18) vertente de relações com organizações não governamentais e sociedade civil organizada (encontros com representantes, participação em atos, recebimento de prêmios etc.);

19) vertente comemorativa (participação em festividades do país anfitrião ou no país anfitrião, entrega ou recebimento de prêmios etc.);

20) vertente multilateral (participação em eventos multilaterais, encontros e conversas com autoridades multilaterais etc.).

Há, contudo, uma dimensão da diplomacia de visitas que não se deve perder de vista: a das visitas recebidas pelo mandatário, e que dele exigem também grande engajamento. Visitas recebidas são rigorosamente parte da diplomacia de mandatários, ainda que elas sejam muitas vezes um campo de maior passividade da atividade presidencial e tendam a ser vistas pela burocracia como menos imperativas.

DIPLOMACIA PRESIDENCIAL *VERSUS* DIPLOMACIA TRADICIONAL: UMA FALSA OPOSIÇÃO, UMA VERDADEIRA SINERGIA

Parte do debate sobre a diplomacia presidencial no Brasil incide sobre as relações entre a diplomacia presidencial e a diplomacia tradicional, aquela que é executada pelo Ministério das Relações Exteriores e pela rede diplomática no exterior. Em grande medida, nesse debate, questiona-se se não haveria um exagero na utilização da diplomacia presidencial e se esta não prejudicaria o trabalho da diplomacia tradicional, ou se não o duplicaria ou diminuiria.

Esse é um falso debate. Como se procurou demonstrar antes, a diplomacia de cúpula, ou de mandatários, é a regra nas relações internacionais; diplomacia de cúpula e diplomacia tradicional quase sempre são duas faces de uma mesma moeda, operando em sinergia e não em oposição.

De fato, não existe diplomacia presidencial no vazio. Ela será necessariamente parte e instrumento de uma política externa mais ampla, com a qual terá de guardar coerência e sintonia. Ela será também preparada e realizada, tanto nos seus aspectos logísticos e materiais (todo o universo coberto pelo cerimonial envolvido na atividade) quanto nos seus aspectos substantivos (escolha da oportunidade, compromissos assumidos, declarações emitidas, gestos, simbologia, contatos, mensagens etc.) pela diplomacia dita tradicional, que terá de negociar previamente agendas, programas, contatos, acordos e tratados, declarações, enfim, tudo aquilo que dá conteúdo e forma a uma iniciativa presidencial.

Mais ainda: bem utilizada, a diplomacia presidencial torna-se a ponta de um grande *iceberg*, a parte mais visível de um trabalho que compreende uma intensa atividade de preparação, realização e seguimento, que obviamente são atribuições não do presidente ou da sua assessoria mais direta, mas da Chancelaria, dos postos envolvidos na iniciativa, de parte da burocracia estatal e até de agentes e organizações não governamentais.

Isso não quer dizer que não haja momentos de tensão ou de competição entre a presidência e a Chancelaria na implementação de uma diplomacia presidencial, nem que muitas vezes não haja, do ponto de vista da diplomacia, uma incidência maior do que o desejável da política interna sobre a política externa (tanto no sentido de que a política interna tenha preeminência ao impulsionar o ativismo internacional do presidente quanto no sentido de que ela iniba a atividade diplomática presidencial ou interfira diretamente sobre compromissos assumidos, obrigando, por exemplo ao cancelamento ou adiamento, com algum custo diplomático, de visitas laboriosamente preparadas).

De qualquer forma, a boa diplomacia presidencial exige uma perfeita sintonia com a diplomacia tradicional e uma cuidadosa calibragem do seu uso, de forma a não exagerar na atividade di-

A ESCOLA DA LIDERANÇA 239

plomática do mandatário e a não gerar um déficit dessa atividade em um mundo que exige muito da diplomacia de cúpula e onde muitas vezes o custo se mede não em relação aos benefícios da presença, mas ao ônus da ausência.

CONCLUSÕES

A diplomacia presidencial, portanto, é um fato da história e da realidade contemporânea das relações internacionais, e por isso o importante é que o Brasil esteja preparado para participar do exercício de valorização da sua diplomacia presidencial, compreendendo-a não como algo isolado, mas como parte e instrumento de uma política de Estado, a política externa.

As considerações acima estão longe de esgotar o tema da diplomacia de mandatários, mas dão alguma medida da sua importância e da sua complexidade na diplomacia contemporânea. Não há substituto para a boa diplomacia presidencial, assim como a boa diplomacia presidencial não se choca nem compete com a diplomacia chamada tradicional.

A história recente da nossa diplomacia presidencial e o pragmatismo dos nossos interesses na consolidação do Mercosul, na integração da América do Sul, na busca de relações mais intensas e equilibradas com os nossos numerosos parceiros desenvolvidos e em desenvolvimento e em uma presença ativa e construtiva nos diversos foros e geometrias da diplomacia multilateral política e econômica nos dão tranquilidade em relação à utilidade e oportunidade do uso da diplomacia presidencial, mas também implicam uma imensa responsabilidade na concepção e dosagem dessa diplomacia.

Todas essas áreas reúnem para nós os elementos fundamentais de interesse e centralidade — de paradigma, portanto — que nos autorizam a tentar explorar ao máximo esse instrumento,

240   SÉRGIO DANESE

sem dele abusar, contudo. Para isso, devemos ter a consciência de que o seu êxito não depende apenas da capacidade pessoal dos mandatários brasileiros, já provada em vários momentos do seu protagonismo diplomático, mas também de que exista um projeto de política externa por trás dessa ação, consensuado e articulado com os interesses nacionais, e uma diplomacia profissional — formada por diplomatas e funcionários de carreira do Serviço Exterior — capaz de implementá-lo. Que o presidente seja a voz com que a nação fala ao mundo, mas que a mensagem que transmita tenha conteúdo e apoio interno, seja bem preparada e tenha vigência e seguimento como política de Estado. Eis aí o que se espera da diplomacia presidencial.

(2)
AS VIAGENS INTERNACIONAIS DOS PRESIDENTES ELEITOS[2]

"[D]iplomacy is best conduct in person, not over the telephone. It is not just that being willing to travel shows respect to others and helps earn their trust. It is that in an increasingly democratic world, effective diplomacy requires speaking to foreign publics as well as to their leaders."

Ivo Daalder e James Lindsay, *America Unbound*

As viagens do presidente eleito já constituem uma tradição republicana no Brasil. Ela remonta a Campos Sales, já ocupa lugar próprio na história diplomática brasileira e foi valorizada no período da transição após as eleições de 2002, em que o presi-

---

[2] Publicado originalmente na *Folha de S.Paulo,* 8 de dezembro de 2002. Texto revisto.

A ESCOLA DA LIDERANÇA 241

dente eleito Luiz Inácio Lula da Silva cumpriu uma importante agenda externa, antecipando parte do que seria a sua própria diplomacia presidencial.

Campos Sales deu um tom pragmático à sua longa viagem de presidente eleito a cinco países europeus (abril a agosto de 1898). O seu objetivo foi negociar, em Londres, o *funding loan* — o empréstimo-ponte — que permitiria ao seu austero governo sanear as contas públicas nacionais, exauridas em menos de dez anos de turbulento início do regime republicano. Graças a esse êxito, Campos Sales pôde deixar ao seu sucessor, Rodrigues Alves, um legado de estabilidade econômica, essencial para a consolidação do regime republicano civil. Adicionalmente, reforçou a incipiente inserção da República no cenário diplomático mundial e firmou a sua própria vocação diplomática, que o levaria a realizar a visita oficial à Argentina, em 1900, a primeira de um chefe de Estado brasileiro ao exterior.

Epitácio Pessoa realizou uma viagem de presidente eleito *sui generis*. Eleito pela máquina partidária da República Velha enquanto ainda estava na Europa chefiando a delegação brasileira à Conferência de Paz de Paris, em 1919, Pessoa "esticou" a sua permanência com um giro por capitais europeias em visita protocolar. Mas manteve a linha de perfil baixo e reativo que seria a marca da diplomacia presidencial da República Velha depois de Campos Sales, sombreada pela diplomacia de Rio Branco, chanceler-estadista de quatro presidentes.

Juscelino inaugurou o padrão moderno de viagem do presidente eleito no Brasil — a busca de alavancagem internacional para o projeto econômico e eleitoral do novo governo e a realização do seu *marketing* político junto aos governos e agentes econômicos e sociais vistos como cruciais para as novas políticas. Concebeu, com o Itamaraty, uma viagem de três semanas que o levou, em janeiro de 1956, a Londres, Berlim, Paris, Roma, Madri, Lisboa, Haia, Bruxelas, Washington e São Domingos.

Bem recebido nos meios oficiais e privados, apresentou o seu plano de metas a governos e empresários e advogou, com êxito, em favor da vinda de capitais industriais para participar do novo impulso desenvolvimentista que daria ao Brasil. A viagem livrou-o de pressões clientelistas internas e mostrou-o disposto a manter elevado o seu perfil na área externa, mesmo dentro dos estreitos limites da diplomacia brasileira de então.

Jânio Quadros fez uma viagem durante a campanha eleitoral de 1960, mas com efeitos simbólicos semelhantes aos de uma visita de presidente eleito. Foi ao Egito e a Cuba, antecipando a sua fugaz política externa independente e deixando claro que optava por uma gestualística destinada a compensar, na diplomacia, a sua política econômica ortodoxa e austera. Costa e Silva fez uma viagem como "presidente eleito", mas ela obviamente escapa ao conceito de "eleito" que orienta esta abordagem. Caberia a Tancredo Neves retomar o esboço de tradição anterior a 1964 ao realizar, em fins de janeiro e início de fevereiro de 1985, um longo périplo por diversas capitais europeias, EUA, México, Peru e Argentina. Era a estreia internacional da "Nova República", e o interesse que o Brasil despertava com a redemocratização abriu a Tancredo todas as portas.

A visita — cujo relato finalmente estará disponível com a publicação de *Diário de bordo*, o notável registro da viagem feito pelo embaixador Rubens Ricupero — foi apropriadamente definida por Celso Lafer como "o momento presidencial de Tancredo Neves", o que bem resume a importância histórica da iniciativa. O então futuro presidente pôde apresentar-se ao mundo e ao Brasil exercendo já uma das atribuições básicas da presidência, o comando da diplomacia e da representação internacional do país. Valorizando o feito da redemocratização e a normalização plena da inserção externa do país, a visita rendeu apoio político para administrar o que se sabia ia ser uma difícil situação econômica e permitiu a Tancredo escapar das pressões

A ESCOLA DA LIDERANÇA

inerentes à obra de engenharia política que foi a constituição do seu ministério.

Com Tancredo se firmaria o padrão Campos Sales/JK de viagem de presidente eleito, voltada para objetivos práticos de natureza política e econômica, sobre o padrão Epitácio Pessoa, de natureza puramente protocolar. Collor o seguiria, realizando uma longa viagem para apresentar as linhas básicas do seu projeto de abertura da economia e de ampliação dos compromissos brasileiros em matéria de não proliferação e direitos humanos. O presidente Fernando Henrique não realizaria uma viagem extensa nos moldes de JK e Tancredo, mas inovaria ao participar, como presidente eleito, ao lado do presidente Itamar Franco, de dois importantes compromissos da diplomacia presidencial da época, ambos em dezembro de 1994, a Cúpula Hemisférica de Miami, onde seria lançado oficialmente o projeto da Alca, e a Cúpula do Mercosul de Ouro Preto, que consolidaria o projeto da união aduaneira.

Produto natural de uma longa transição entre a eleição e a posse do novo presidente, as viagens do presidente eleito no Brasil obedeceram em geral a vários objetivos de relevo para a diplomacia: fazer gestos de cortesia para algumas capitais, apresentar planos de governo aos principais parceiros do país, estabelecer o universo básico de prioridades externas da nova administração, colocar o novo mandatário em contato com os seus homólogos e principais interlocutores externos (incluindo grandes agentes econômicos, mundo acadêmico, ONGs) ou mesmo negociar temas concretos, ainda que preliminarmente.

Ao longo da história diplomática brasileira, essas viagens ganharam o caráter, hoje consagrado, de uma prática bem aceita internamente e em geral muito bem recebida pelos parceiros contemplados no roteiro de visitas. O próprio Brasil, aliás, tem também uma longa e cada vez mais intensa prática de receber visitas de presidentes eleitos, sobretudo de países vizinhos.

Espécie de pré-estreia do mandatário na cena internacional, ato inaugural da sua diplomacia presidencial, as viagens do presidente eleito têm servido para calibrar tanto a substância da sua diplomacia pessoal quanto a sua forma, o seu estilo, a sua visão de mundo. Permitem expor e explicar um novo governo e os seus compromissos, internos e internacionais, em um momento de grande visibilidade, força política, interesse e expectativa, em especial se a dimensão externa for parte considerável da equação de êxito do novo mandatário. Em suma, trata-se de um instrumento útil, já consagrado, fundamental, mesmo, para orientar a política externa dos novos governos e dar início à liderança que se espera do presidente como chefe de Estado na condução das relações exteriores, na única arena em que tem diante de si homólogos de mesma hierarquia.

VIII

Os paradigmas na diplomacia brasileira

"No foreign policy — no matter how ingenious — has any chance of success if it is born in the minds of a few and carried in the hearts of none."

Henry A. Kissinger

INTRODUÇÃO

À exceção de períodos de crises maiores de que participamos diretamente, como a Guerra do Paraguai ou as duas Grandes Guerras, ou de êxitos que tocavam no âmago da nacionalidade, como no intenso período Rio Branco das negociações de fronteira, a política externa e as relações internacionais nunca foram objeto de tanta atenção da nossa opinião pública como na atualidade. A intensidade da agenda internacional e regional — tanto política como sobretudo econômico-comercial —, com efeitos reais ou potenciais sobre o país, combina-se com o engajamento de dois presidentes sucessivos e dos seus governos, expresso em uma ativa diplomacia presidencial e em várias iniciativas, para explicar a grande visibilidade que a nossa política externa vem tendo no Brasil e fora dele. Corolário natural desse interesse é a tendência a julgar essa política externa a partir de uma visão de curto prazo e a colocá-la sob a ótica da política interna, com a qual ela interage inegavelmente, mas da qual terá alguma independência quando for examinada à luz da sua própria história, que soma já mais de 180 anos.

O objetivo deste texto é indicar alguns elementos de juízo que permitam avaliar a diplomacia brasileira dentro do marco histórico mais amplo em que se insere e ao qual dá continuidade, ainda que fazendo as adaptações e correções de curso exigidas pelos interesses do país, que não cessam de crescer, pelo seu perfil interno e externo, que não cessa de mudar, e pela macroestrutura internacional, sempre cambiante e cada vez mais onipresente. A ideia motriz destas considerações é que tanto a concepção quanto a avaliação e o acompanhamento da política externa brasileira devem procurar sempre situar as iniciativas e a administração regular da política externa dentro das matrizes e da continuidade histórica que felizmente o Brasil já pode reivindicar na sua interação com o mundo e a sua região, independentemente do referencial de política interna que possa matizar essa avaliação. Já temos maturidade e realizações sufientes para agir assim.

O GRAU ZERO DA DIPLOMACIA

O que traduz uma boa diplomacia para um país como o Brasil?

As respostas óbvias que vêm à mente nem sempre explicam de modo completo ou satisfatório essa inquietação que não é apenas dos diplomatas, do governo ou dos estudiosos de relações internacionais, mas principalmente do contribuinte, do trabalhador, do empresário, do consumidor — do cidadão, enfim, a quem a diplomacia e todas as demais políticas públicas devem em última análise prestar contas.

Talvez seja de alguma ajuda definir a boa diplomacia por contraste ou oposição ao que seria uma diplomacia ruim — e a diplomacia, reflexo e instrumento por excelência da soberania, pode ser ruim de várias formas. Pode ser meramente reflexa e passiva, ou excessivamente voluntarista e ideológica, contentando-se com ser retórica; pode não se engajar em uma mudança do estatuto internacional do país se este for insuficiente ou limitado ou ser incapaz de ver a relação com o mundo sem compartimentações ou exclusivismos; pode não se assumir como um instrumento de mudança qualitativa do seu país; pode atrelar-se de forma servil a outra, sem qualquer benefício concreto sustentável a médio ou longo prazo ou válido mesmo a curto prazo; ou concentrar-se em se opor ou criar dificuldades ao trabalho ou aos objetivos de outra, não propriamente fazendo, mas tentando impedir que se faça; pode deslumbrar-se com parceiros isolados ou com formulações engenhosas, mas que escasso resultado prático trazem, e assim por diante. Dessas várias modalidades, ou de combinações delas, a história e a atualidade das relações internacionais estão plenas de exemplos, que um diplomata, entretanto, deve escusar-se de citar, por razões mais que óbvias.

Não ser reflexa, passiva, servil, ideológica, retórica, irresponsável, inconsequente, impetuosa, ingênua ou simplesmente niilista do projeto do outro seriam assim condições básicas para que uma diplomacia seja, se não de boa qualidade, ao menos neutra. Mas ainda estamos longe de uma definição mais precisa e operacional, afirmativa, do que é uma boa diplomacia.

Haveria critérios objetivos que sirvam ao propósito de orientar um julgamento eficaz e legítimo da política externa, próprio de toda sociedade democrática, e acorde com a história que o país está construindo ao longo de gerações?

Para isso, é preciso antes reconhecer que existe um "grau zero" da diplomacia, aquilo que, *ex officio*, devem fazer todas as diplomacias profissionais: manter relações corretas e cordiais com um grupo de países mais próximos ou afins, negociar tratados e acordos comerciais e econômicos de acordo com as tendências internacionais do momento, participar rotineiramente dos organismos internacionais ou regionais mais ou menos obrigatórios, receber visitantes e reciprocar visitas com caráter sobretudo protocolar ou "político", proteger os seus nacionais, fazer alguma promoção comercial e turística, administrar a cooperação recebida e canalizar a cooperação oferecida. Tudo o que é apenas *ex officio* é pouco, mas é o que muitos fazem — e o que a muitos satisfaz (e, nesse caso, não haveria por que censurar uma diplomacia dessa natureza, se o país não exigir mais dela).

Dizer que uma diplomacia é boa porque defende os interesses nacionais e a soberania é tautologia; que ela nos projeta lá fora também. Nem ao mais servil dos governos, em relação a uma potência estrangeira, ocorreria dizer que está trabalhando *contra* os interesses nacionais ou para isolar o país. O próprio *isolacionismo* que os EUA praticaram em muitos momentos não era a negação ou o questionamento das relações com o exterior, mas a recusa de certos compromissos ou envolvimentos — simplificadamente, a ideia de procurar extrair o máximo de benefícios com o mínimo de custos.

Dizer que a diplomacia ajudou ou ajuda a definir regras melhores de convivência internacional ou regional, a aumentar o comércio exterior, a ampliar, diversificar e fortalecer as parcerias externas e a atrair investimentos, cooperação e tecnologia já representa um grande avanço para dar conta completamente do que se pretende com a ideia de "boa diplomacia".

Uma boa diplomacia seria, assim, por princípio, a que amplia com bons resultados (econômico-comerciais e políticos — aí incluídos os extensos domínios da cooperação nas suas várias modalidades, instrumentos políticos por excelência da atividade diplomática e de promoção comercial e econômica) aquele "grau zero" do que *ex officio* deve fazer, por princípio e minimamente, toda diplomacia. Ir além do grau zero seria, portanto, o que ajudaria a definir uma boa diplomacia.

A BOA DIPLOMACIA: INDO ALÉM DO GRAU ZERO

O que indicaria, então, um afastamento positivo desse grau zero da diplomacia, dessas atividades de rotina próprias de toda política exterior, em particular para um país em desenvolvimento do porte e da complexidade do Brasil?

Uma forma de sistematizar essa resposta estaria em avaliar quanto dessa diplomacia, em que condições de equilíbrio e harmonia e com que resultados palpáveis para o país em termos de mudança para melhor do seu status internacional:

1) baseia-se em verdadeiros paradigmas de política externa — os grandes eixos da inserção externa do país em torno dos quais trabalha a diplomacia, realizando a interação entre o sistema internacional e as aspirações ou condicionamentos nacionais;

2) está constituído por políticas de Estado, concebidas com sentido de longo prazo e infensas a mudanças conjunturais na política interna ou nas relações internacionais; e

3) responde por iniciativas que mostrem uma atitude próativa e criativa do Estado na sua relação com o mundo e sua região, gerando mais adiante novas políticas de Estado, reforçando paradigmas existentes ou eventualmente criando novos.

Em outras palavras, o que permitiria avaliar o desempenho de uma diplomacia é a sua disposição de iniciativa, a sua competência para gerar ou aprofundar políticas de Estado com essas iniciativas e a capacidade de consolidar essas políticas de Estado em paradigmas duradouros — porque definidores de uma personalidade internacional do país, de uma concepção própria do seu lugar no mundo e na sua região e de uma rede de relações estáveis e produtivas com os seus amigos e sócios, de forma a extrair da inserção externa benefícios concretos para o projeto de desenvolvimento social e econômico do país, para o desempenho das suas empresas, para o seu nível de emprego e para o seu aperfeiçoamento institucional. Neste estudo, concentrar-me-ei sobre os paradigmas de política externa, que são aqueles eixos de atuação consolidados a partir do funcionamento eficaz de políticas de Estado, as quais deixam uma marca profunda e indelével na diplomacia de um país e conseguem firmar-se como grandes linhas mestras — paradigmas — de política exterior.

PARADIGMAS

A política externa brasileira, felizmente, já tem um patrimônio de realizações e de atuação que permite dizer com segurança que ela foi capaz de criar e consolidar, através de iniciativas e políticas de Estado, sustentadas pelo exercício de uma diplomacia profissional e com claro senso dos interesses do Estado, alguns paradigmas fundamentais que vertebram e articulam a inserção internacional do país e dão sentido à sua tarefa diplomática, como instrumento do projeto nacional. Certamente isso não esgota as responsabilidades da nossa diplomacia em um mundo em que a palavra-chave, ao lado da cooperação, é também a competição, e em que cada vez mais as diplomacias procuram medir os seus resultados não apenas pelos critérios impalpáveis da política, mas pelos critérios mensuráveis da economia e do comércio.

Quais seriam os nossos paradigmas de política externa?

Eles respondem, por um lado, à forma de inserção que temos; por outro, à forma de inserção que queremos. São, fundamentalmente, aquelas grandes áreas em que é possível identificar uma continuidade de ação diplomática e elos permanentes de ligação do país com o mundo, em busca de projetar ou defender interesses nacionais. A sua característica básica é a permanência, conferindo estabilidade e previsibilidade à diplomacia, ainda que por vezes possam ser objeto de ajustes, de maior ênfase, de uma injeção de prioridade em função de um aumento do seu interesse ou da sua evolução natural em função de novas condicionantes internas e externas.

PARADIGMAS-DOGMA OU PARADIGMAS DO "SER"

A soberania e a conformação do território nacional constituem os paradigmas fundadores de toda diplomacia de países oriundos de processos de independência como o Brasil. Poderiam ser considerados eixos limitados no tempo: uma vez lograda e reconhecida a independência e fixadas as fronteiras e a unidade territorial em forma definitiva e juridicamente inquestionada, esses paradigmas tendem a tornar-se dogmas da política externa, pressupostos fundamentais sobre os quais se constrói o restante da inserção externa. Mas não deixam de ser paradigmas, que são reafirmados de forma implícita ou explícita no discurso e na ação diplomáticos e defendidos com vigor ante qualquer questionamento real ou potencial, interno como externo, do seu alcance ou da determinação do Estado a resguardá-los.

É, sem dúvida, o caso do Brasil, que desses paradigmas-dogma extrai corolários que permanentemente conduzem a sua ação externa: a preeminência da soberania e a igualdade jurídica dos Estados nas relações internacionais; o apego ao direito internacional e aos meios de solução pacífica dos diferendos e litígios e o repúdio ao uso da força; a supranacionalidade em processos de integração ou de cooperação internacional como uma concessão condicionada do Estado soberano; a intangibilidade das fronteiras; o caráter juridicamente perfeito dos tratados de limites e dos seus desdobramentos naturais, as demarcações, e a sacralidade dos tratados, acordos e contratos internacionais livremente assumidos pelos Estados.

Os tempos recentes viram acrescentar-se aos paradigmas-dogma tradicionais da nossa diplomacia ao menos dois novos paradigmas-dogma: a não intervenção unilateral nos assuntos internos de outros Estados (uma lição duramente aprendida com as nossas intervenções no Prata e com o desastre de diversas outras experiências alheias de intervenção unilateral, que continuam a se produzir) e o repúdio às armas de destruição em massa e em particular à arma atômica, hoje um princípio bem assentado na visão de mundo brasileira, a ponto de ter sido erigido em preceito constitucional, além de decorrer de vários compromissos internacionais, regionais, bilaterais e unilaterais.

Os paradigmas-dogma e os seus corolários estão vinculados à própria essência de um Estado independente e moderno, comprometido com os fortes interesses de desenvolvimento e segurança da sua própria sociedade, cioso da sua responsabilidade e da sua credibilidade, como se quer o Brasil. Mas esses paradigmas-dogma, uma vez assentados em função de uma ação diplomática consistente, que durou no tempo como política de Estado (como o reconhecimento da nossa independência ou o estabelecimento das nossas fronteiras), não mais constituem campo de ação propositiva da diplomacia fora do seu respeito incondicional — pelo Brasil e pelos seus parceiros e outros Estados que com ele interajam — e da sua assunção como preceitos básicos de toda atuação diplomática. Por isso são dogmáticos: são inquestionáveis, pela palavra ou pela ação, e a palavra e a ação do Estado não fazem mais do que reafirmá-los, valorizá-los, invocá-

A ESCOLA DA LIDERANÇA

los — cultuá-los. Eles constituem o lado imutável da diplomacia. São paradigmas do "ser". Não quer isso dizer que não haja de tempos em tempos quem defenda um afastamento desses dogmas, mas a tendência tem sido cada vez mais a de que tais tentativas esbarrem em forte oposição de uma consciência nacional e de uma sabedoria e determinação dos governos de turno que demonstram a força desses paradigmas-dogma.

OS PARADIGMAS DO "FAZER"

Os outros paradigmas, ao contrário, se formam em torno de eixos em redor dos quais se move a diplomacia a partir de um projeto de inserção externa e de uma visão do mundo, como resposta a necessidades concretas do país nas suas relações com o exterior. São fundamentalmente paradigmas de ação, ou do "fazer".

O EIXO DAS RELAÇÕES ASSIMÉTRICAS[1]

As nossas relações com as potências hegemônicas, por exemplo, constituíram, desde a independência, um eixo central da nossa política externa. Em torno dele, formou-se o paradigma por excelência da nossa diplomacia, um dado da nossa realidade externa com o qual sempre tentamos lidar da melhor forma possível,

---

[1] Eu havia utilizado os dois termos empregados a seguir, "relações simétricas e assimétricas", no trabalho que resultou no capítulo II deste livro ("A diplomacia da República Velha: lições de uma etapa decisiva"), realizado em 1981 e publicado depois em forma de artigo. Rubens Ricupero elaborou-os na excelente introdução que fez para a obra coletiva de exalunos meus do Instituto Rio Branco, que editei pela Funag/Ipri (cf. Vários — *Ensaios de história diplomática do Brasil*, Introdução de Rubens Ricupero, Brasília, Funag/Ipri (Cadernos do Ipri, vol. 2), 1989.

com a melhor relação custo-benefício: a nossa relação com as principais potências hegemônicas no nosso universo de relações externas.

A atualidade desse paradigma em um mundo marcado pelo diferencial do poder militar e econômico é flagrante. A assimetria e a busca de hegemonia são os outros nomes das relações internacionais. E a atualidade do paradigma ainda vem sendo acentuada de forma desafiadora pelo fenômeno da China, por exemplo, um país em desenvolvimento que se comporta, sob praticamente todos os pontos de vista, como uma grande potência de vocação universal, consumidora de matérias-primas e insumos e exportadora de bens, tecnologias e, cada vez mais, investimentos, e tendente a criar com países como o Brasil uma relação no mínimo complexa, que em muitos aspectos chega a aproximar-se do que outrora era apontado como relação "centro-periferia".

O que tem esse eixo e os paradigmas que ele gera para que os consideremos algo mais do que meros reflexos da nossa inserção periférica no sistema internacional?

A resposta é que ele muito poucas vezes foi aceito pelo Brasil com passividade, com fatalidade, com conformismo e como fator de desmobilização ou alinhamento automático — e isso desde que o Império reagiu às pressões britânicas pela renovação dos chamados "acordos desiguais" de 1810 (o preço pelo apoio na transferência da Corte portuguesa para o Brasil em 1808) e 1827 (o preço pago pelo Império pelo reconhecimento britânico da nossa independência) ou, em uma vertente menos nobre da nossa história, pela extinção do tráfico de escravos.[2]

---

[2] Cf. Alan Manchester, *British Preeminence in Brazil. Its Rise and Decline*. Nova York, Octagon Books, 1972. O livro de Manchester ainda continua sendo também a grande obra de referência para analisar objetivamente a "transmutação da família real" — ou como se queira chamar a saga portuguesa de 1807-08, cujo bicentenário se comemorou em 2008

A ESCOLA DA LIDERANÇA

Ao contrário, quase sempre mostramos, na nossa rede de "relações assimétricas" — pois disso se trata —, a determinação, se não a capacidade, de procurar retirar o melhor proveito possível da realidade das relações internacionais, tendo sido raros os momentos de alinhamento, nesse eixo, que não respondessem a um interesse pragmático brasileiro (as exceções mais chamativas são o "alinhamento automático" do governo Castello Branco, rapidamente esgotado, e a nossa posição ambígua em relação ao colonialismo, que tanto sustentou o colonialismo português durante quase todo o período que vai de JK a Médici, responsável por uma pesada hipoteca política resgatada somente a partir de 1974 — a exceção é o período da chamada "Política Externa Independente", de 1961 a 1964).[3]

O pragmatismo com que geralmente o Brasil administrou o eixo das suas relações assimétricas tem antecedentes importantes na diplomacia portuguesa, da qual somos a um tempo criação e discípulos e que foi capaz de manter a independência portuguesa intacta ao longo de nove séculos (com a única exceção da União das Coroas Ibéricas, durante a qual, no entanto, e ironicamente, Portugal logrou a sua maior expansão territorial nas Américas), mesmo tendo às vezes de pagar custos elevados no curto e médio prazo (como o célebre Tratado de Methuen, de 1703, precedido pelos de 1642, 1654 e 1661, ou as tratativas

---

em meio a uma oportuna e até certo ponto surpreendente atenção nacional ao originalíssimo episódio histórico.

[3] O apoio ao colonialismo português e, de forma mais indireta, aos demais colonialismos só se analisa sob o eixo das relações assimétricas se visto sob o prisma do alinhamento político-ideológico ao bloco ocidental, capitaneado pelos EUA. Não se trataria, aqui, de uma relação de dependência ou subordinação às metrópoles coloniais, em sentido estrito, ainda que a França, a Inglaterra, a Bélgica e os Países Baixos fossem investidores de relativa importância no Brasil.

com Londres para a transferência da corte lusitana para o Rio de Janeiro, em 1807-08).[4]

Esse pragmatismo, herdado de Portugal e aperfeiçoado no reconhecimento e consolidação do Império, foi o que levou Rio Branco a reconhecer, no plano político, mediante uma virtual "aliança tácita" com Washington (para usar a boa definição de E. Bradford Burns),[5] a crescente preeminência que os Estados Unidos adquiriam não apenas na região e no mundo, mas no comércio exterior brasileiro, no final do século XIX e início do século XX. E Rio Branco o fez não apenas como ato de realismo, mas porque viu na iniciativa uma forma de alavancar os interesses brasileiros na América do Sul, em meio a delicadas negociações de limites, face ao marcado diferencial de poder em relação à Argentina (que vivia o seu apogeu) e em vista da consolidação do novo regime republicano nos planos interno e externo. Rio Branco desenhou a política de Estado que reconheceria os EUA como um paradigma da nossa política externa, simbolizado na abertura, em 13 de janeiro de 1905, da nossa primeira embaixada no exterior, a de Washington, e da primeira embaixada estrangeira no Brasil, a dos EUA, no Rio de Janeiro (na nossa prática, contávamos apenas com legações, chefiadas por ministros plenipotenciários).

Estava traçado um caminho, que seria trilhado nas décadas seguintes, com modulações e matizes, como na época da ambiguidade varguista (a política pendular entre os EUA e o Eixo), do reivindicacionismo assistencialista de JK, da política externa independente ou ainda durante o governo Geisel e os sucessivos governos brasileiros até o presente. A política de "aliança tácita com Washington" foi claramente uma iniciativa que se transformou em política de Estado e redefiniu o paradigma das nossas

---

[4] Cf. *ibidem*, p. 1-25.
[5] Cf. E. Bradford Burns, *The Unwritten Alliance. Rio Branco and the Brazilian-American Relations*, Nova York, Columbia University Press, 1966.

A ESCOLA DA LIDERANÇA 257

relações assimétricas, antes dominado, embora com crescente resistência da parte brasileira, pela relação com a Grã-Bretanha. Vem de longe, portanto, a nossa tradição de uma relação complexa, pragmática e muitas vezes tensa com as potências hegemônicas desde o início da nossa vida independente.[6] Hoje essas relações ao longo do eixo das assimetrias estão claramente delineadas em três grupos, cada um deles constituindo um paradigma com a sua importância singular e diferenciada: as relações com os Estados Unidos, as relações com a União Europeia e as relações com o Japão, a Coreia e a China, moduladas pelo fato de que parte delas — e é preciso insistir nessa parcialidade — se administra em condomínio com os demais sócios do Mercosul no âmbito das negociações sobre integração hemisférica, do acordo Mercosul-União Europeia e de outros exercícios de negociação comercial.

Em nenhum desses eixos existe qualquer tipo de alinhamento ou relação de subordinação; há parcerias complexas, que por isso mesmo não deixam de ter, ao lado de intensa cooperação e excelente nível de relacionamento geral, um grau de tensão, de competição e de conflito que é próprio das grandes teias de relações internacionais, onde muitos interesses de Estado e privados, de curto, médio e longo prazos, estão em jogo e muitas vezes em confrontação.

O paradigma é, portanto, sólido e inquestionável; a ninguém ocorreria pensar as relações exteriores do Brasil sem uma sólida e densa relação com os Estados Unidos, a União Europeia, o Japão e a China, sem que a cordialidade e o interesse possam ou

---

[6] A leitura de *British Preeminence in Brazil*, de Alan Manchester, op. cit., é fundamental para mostrar como, desde cedo na sua vida independente, o Brasil encarou com realismo, mas sem resignação, a relação com a potência hegemônica, e como foi possível operar com as forças e alianças disponíveis para neutralizar em grande medida concessões feitas anteriormente em função do enorme diferencial de poder.

devam implicar qualquer forma de subserviência, sem que a tensão e o contencioso prenunciem ou indiquem ruptura ou um desejo de desconstrução da relação e sem que a relação implique renúncia ou relutância a valer-nos dos instrumentos jurídicos e políticos à nossa disposição para defender os nossos interesses.[7] Trata-se, efetivamente, de um eixo, tão essencial para o andar da carruagem como o são o cavalo ou as rodas e que, nunca é demais insistir, de forma alguma implica a exclusão ou a irrelevância de outros eixos em torno dos quais giram também os interesses do Estado e da nação no plano internacional. O debate sobre uma opção preferencial pelo paradigma das relações assimétricas em detrimento de outros é, assim, a meu ver, um falso debate, que em nada serve aos interesses do país. Paradigmas bem construídos e com uma racionalidade objetiva nunca são exclusivos nem excludentes. Devem ser estudados, compreendidos, aperfeiçoados, nunca desprezados ou supervalorizados.

O EIXO DAS RELAÇÕES SIMÉTRICAS OU DE RELATIVA IGUALDADE

O paradigma argentino

Ao mesmo tempo que assentava, no início da sua vida independente, e redefinia, no início do século XX, o paradigma das suas relações assimétricas, acompanhando com pragmatismo a evolução do sistema internacional, o Brasil construía outro dos seus paradigmas ao resolver definitivamente a questão de limites com a Argentina, em 1895. A relação com a Argentina já era antiga e densa, no quadro da nossa grande diplomacia do Prata. Já sob

---

[7] Como comprovam as ações movidas na OMC contra os EUA e a União Europeia (gasolina, algodão, açúcar, frango).

a Primeira Regência havíamos definido nossa posição de apoio aos direitos soberanos do país sobre as Ilhas Malvinas, invocada em 1982, quando da Guerra das Malvinas, em um exemplo brilhante de continuidade e memória diplomática. O país fora objeto de uma cuidadosa política que teve um dos seus ápices na intervenção contra o ditador Rosas e outro na nossa primeira grande aliança militar, na Guerra da Tríplice Aliança contra o Paraguai de Solano López. Mas é com o advento da República e a solução da velha hipoteca territorial — a solução da questão de Palmas ou Missões com o laudo arbitral do presidente Cleveland, dos EUA, em 1895 — que se abre o caminho para que o vizinho se torne uma referência permanente e obrigatória na nossa diplomacia.

Não por acaso a primeira visita de Estado que recebemos foi a do presidente argentino Julio Roca, em 1899, reciprocada por Campos Sales em 1900, na primeira visita oficial de um governante brasileiro ao exterior (Pedro I havia viajado três vezes em caráter privado e seu encontro com Mitre e Flores, em Uruguaiana, em 1865, foi de natureza puramente militar).[8] Foi, é certo, uma ação em grande parte conduzida pela Argentina, que tomou a iniciativa da primeira visita dentro de um projeto de política regional bem concebido; mas o resultado produziu para nós um avanço palpável ao destacar a Argentina como parceiro de primeira grandeza no nosso entorno regional. Foi a partir desses dois marcos — a solução do litígio territorial e a aproximação

---

[8] A melhor síntese descritiva e analítica das duas visitas presidenciais é a obra de Luiz Felipe de Seixas Corrêa e Rosendo Fraga, *Centenário de duas visitas*. No meu *Diplomacia presidencial*, abordei a questão sob o ângulo do papel desempenhado pela diplomacia presidencial na criação e consolidação de paradigmas dessa importância. Cf. Luiz Felipe de Seixas Corrêa e Rosendo Fraga, *Brasil Argentina. Centenário de duas visitas. História fotográfica*. Buenos Aires, Editorial Centro de Estudios para la Nueva Mayoría, 1999. Cf. Sérgio Danese, *Diplomacia presidencial*, Rio de Janeiro, Topbooks, 1999.

gerada pela iniciativa da troca de visitas presidenciais — que se consolidou um novo paradigma da diplomacia brasileira: a Argentina como referência obrigatória da nossa política exterior e como campo privilegiado da nossa ação externa.

Não quer isso dizer que a relação tenha sido sempre harmoniosa ou cooperativa, nem que tenha sido objeto de aplicação de uma única política de Estado sustentada ao longo de todo o século e pouco que já dura. Quer apenas dizer que se definiu com clareza, em outro dos eixos fundamentais da nossa política exterior, o das relações simétricas ou de relativa igualdade, um paradigma que passaria a fazer necessariamente parte da maquinaria da nossa inserção externa com uma lógica própria, que o fazia um domínio cuja importância central nunca foi radicalmente afetada pelas vicissitudes das políticas internas brasileira e argentina e que tinha claro embasamento em interesses concretos da sociedade e dos agentes econômicos brasileiros, muito além, portanto, do fato — em si importante, mas não definitivo — da vizinhança e da contiguidade territorial.

Dentro desse paradigma construiu-se uma história, primeiro de alternância entre momentos de convergência (por exemplo, nos anos 30, com nova troca de visitas de Estado entre Justo e Getúlio, e em torno de 1960, na presidência de Arturo Frondizi, que se encontrou sucessivamente com JK, Jânio e Jango, atestando a força do paradigma dos dois lados da fronteira), de divergência ou rivalidade (por exemplo, nos anos 1970, com a rivalidade estratégico-militar e o conflito sobre rios internacionais) e de indiferença (por exemplo, nos anos 1920 e 1940), para que nos anos 1980, a partir da solução do diferendo sobre o aproveitamento dos rios internacionais (com o Acordo Tripartite de 1979) e a neutralização da competição nuclear (em especial a partir da Ata de Iguaçu, de 1985), se começasse a construir uma nova política de Estado que colocaria o paradigma argentino no topo das nossas prioridades de política externa e estaria na base de uma pro-

A ESCOLA DA LIDERANÇA 261

funda alteração da nossa concepção de inserção regional e internacional: a ideia de que a integração com um vizinho nos agrega poder e é a única forma de enfrentar os desafios do mundo exterior e de dar escala e vigor para a nossa economia.

Mais uma vez, a existência consolidada do paradigma não quer dizer que a relação seja perfeitamente harmoniosa e de plena convergência; ao contrário, a complexidade inerente a todo paradigma bilateral pressupõe a existência do contraditório e do contencioso (e haverá diplomacias em que um dos grandes paradigmas, a exigir-lhe grande dedicação e dispêndio de energias, será fundamentalmente contencioso com algum vizinho ou parceiro — um grande litígio territorial, um diferendo de fronteira, uma disputa pela exploração de recursos naturais compartilhados, um grave problema transfronteiriço, como imigração clandestina ou poluição ambiental etc.). O que não se pode é pensar na substituição do paradigma por outro ou no seu rebaixamento, porque é da natureza desse tipo de paradigmas marcar profundamente o perfil das diplomacias que sobre eles funciona ao longo de algum tempo. O problema está em saber reconhecer a existência do paradigma e em evitar compreendê-lo de forma equivocada, seja exagerando os aspectos do contencioso, seja tentando ocultar esses aspectos sob o manto do interesse permanente ou, pior, do discurso retórico ou ideológico. A existência do paradigma é um balizamento dentro do qual a diplomacia opera no seu cotidiano, seja cooperando, seja resolvendo contenciosos, sem que nenhum deles altere a natureza profunda do paradigma.

OUTROS PARADIGMAS DAS RELAÇÕES BILATERAIS

A política externa brasileira não consolidou ainda outros paradigmas bilaterais como esses, à exceção talvez do Paraguai depois dos anos 1950 (talvez o país com a mais intensa atividade de diplomacia presidencial bilateral conosco), do Uruguai e da Bolívia, países com os quais se consolidou, ao longo do século XX, uma política bilateral sistemática, mais tarde encorpada com a experiência do Mercosul, de que os dois primeiros são sócios e o terceiro é associado.

A África como conjunto, o mundo árabe e a Ásia, última grande fronteira geográfica da diplomacia brasileira, ainda não constituem propriamente paradigmas, ou o são em forma incipiente, graças à continuidade relativa de certas políticas de Estado, algumas das quais já perpassaram vários governos. Angola, África do Sul, China, Índia e Venezuela são os países em desenvolvimento que mais claramente se consolidam como paradigmas, dado que persistem e se arraigam as políticas de Estado que, nos últimos lustros — e de forma diferenciada —, vêm sendo mais ou menos consistentemente aplicadas a eles, seja bilateralmente, seja no âmbito de algumas geometrias especiais (como o grupo Ibas — Índia, Brasil, África do Sul, ou o grupo BRICs — Brasil, Rússia, Índia e China, ou ainda no âmbito da Comunidade de Países de Língua Portuguesa — CPLP), mas com evidente ganho em cada uma das relações bilaterais.

Essa é, aliás, creio, a marca das grandes diplomacias: a formação e consolidação de paradigmas de política bilateral *strictu sensu*, que sempre foram e devem ainda por longo tempo continuar a ser a base por excelência das relações internacionais, em especial daquelas que se tecem fora das sub-regiões em que países como o Brasil se movem. É apenas com o perfil de parceiro sólido e confiável de alguns países-chave, nos quatro cantos do mundo, que o Brasil poderá ampliar a base de sustentação da sua política multilateral, seja nos foros políticos como a ONU e as suas agências, seja nos foros econômicos como a OMC. E a consolidação de paradigmas de política bilateral nos protege contra uma das consequências naturais (e inevitáveis) do multilateralismo ou das geometrias regionais, sub-regionais ou inter-regionais: a busca de maiorias, de consensos ou de atuações coletivas que implicam sempre uma diluição relativa do interesse nacional, às vezes um nivelamento por baixo dos interesses, a resignação com um mínimo denominador comum que permite avançar ou contornar dificuldades e desafios.

Entretanto, enquanto não puderem ser alçadas à categoria de paradigmas como o da relação com a Argentina, essas relações bilaterais devem ainda ser objeto de consideração sob o tópico das políticas de Estado, categoria que mais corretamente identifica a abordagem dos países que hoje se perfilam como os nossos mais importantes parceiros políticos e/ou econômicos no mundo. São a consistência e a perseverança dessas políticas de Estado que consolidarão os paradigmas.

O PARADIGMA DO MULTILATERALISMO

O século XX diplomático nos impôs, contudo, outros paradigmas, como, por exemplo, o multilateralismo político e o multilateralismo econômico, nas suas dimensões mundial e regional ou mesmo sub-regional. Não que participar de um sistema multilateral por si só gere paradigmas no sentido que aqui estamos dando ao conceito. Os paradigmas, no nosso caso, surgiram a partir do momento em que no multilateralismo assumimos plenamente a identidade de país em desenvolvimento (agregando mais tarde a vocação integradora) e passamos a agir em consequência dessa identidade.

A nossa estreia no multilateralismo político seguiu o padrão geral internacional. Deu-se com reuniões regionais no âmbito do pan-americanismo e com as grandes conferências jurídico-diplomáticas internacionais — na II Conferência da Paz de Haia, em que, com Ruy Barbosa, desempenhamos um certo papel algo magnificado pela visão nacional,[9] e na própria Conferência de Paz de Paris, em 1919, em que tivemos uma presença protocolar e uma participação modestíssima.[10]Depois, houve um momento ambíguo com a Liga das Nações, a primeira grande experiência multilateral duradoura da história.

Ali, por uma incidência da política interna sobre a política externa durante o conturbado governo de Artur Bernardes (1924-1928), cometemos o grave erro de substituir um embrião de política de Estado (nossa incipiente atuação em um organismo multilateral permanente) pelo que acabou sendo o gesto mal conduzido de exigir, em 1926, ao lado da Alemanha recém-reabilitada pelo Tratado de Locarno (1925), um lugar permanente no Conselho em representação da América Latina. Ao termos nossa pretensão negada tanto pelas potências centrais quanto pelos nossos próprios vizinhos, empreendemos uma desastrada e irresponsável retirada da Liga, o abandono puro e simples da luta por um melhor *status* internacional à primeira contrariedade — uma lição que deveria ser valorizada — e uma retirada temporária da nova experiência na diplomacia multilateral.[11] Quando regressamos alguns anos depois, a Liga se havia desgas-

---

[9] Sobre as hesitações brasileiras na definição das instruções de Ruy Barbosa, ver E. Bradford Burns, op. cit.

[10] Sobre a conferência de paz de Paris, de 1919, em que o Brasil se destaca pela irrelevância, ver Margaret MacMillan, *Paz em Paris, 1919*. Uma leitura obrigatória para todos os que se interessam pelas relações internacionais.

[11] A obra clássica sobre o episódio é *O Brasil e a Liga das Nações*, de José Carlos de Macedo Soares (Paris, A. Pedone, 1927), um livro que mereceria uma cuidadosa reedição, pela sua atualidade. Eugênio Vargas Garcia tem uma excelente análise da questão em *O Brasil e a Liga das Nações (1919-1926)* (Porto Alegre/Brasília, Editora da Universidade/UFRS/Fundação Alexandre de Gusmão, 2000). Analisei detalhadamente o episódio do ponto de vista da diplomacia presidencial (porque a retirada foi um ato típico de interferência da presidência na diplomacia por razões internas) em meu livro *Diplomacia presidencial*, op. cit.

tado, mas ainda atuou em algumas questões internacionais, inclusive na Guerra do Chaco, de cuja solução participamos, mas na condição de coadjuvantes da Argentina, cujo chanceler, Saavedra Lamas, foi significativamente agraciado com o Nobel da Paz. Na vida, como nas relações internacionais, não há renúncia sem custo, sem frustração, sem alienação.

Essa política incipiente e acidentada, em seguida, ganhou corpo e sustentação com as Nações Unidas, onde teríamos primeiro uma atuação marcada pelo alinhamento aos EUA e às potências coloniais (até a presidência Kubitschek) e depois, com breves intervalos, uma atuação crescentemente marcada pela nossa condição assumida de país em desenvolvimento com uma agenda de reivindicações e reconhecida capacidade de atuar como facilitador em inúmeras negociações, pelo fato de o país fazer com facilidade uma ponte entre o mundo desenvolvido e o mundo subdesenvolvido.

No plano multilateral econômico também desenvolvemos um paradigma semelhante. Em décadas de atuação no Gatt e agora na OMC, o Brasil desenvolveu um perfil próprio de país em desenvolvimento com uma complexa economia industrial e grande competitividade agrícola. A sua atuação individual e na liderança de um grupo de articulação como o G-20 é decorrência natural dessa identidade.

O que identifica o paradigma na diplomacia e é bem exemplificado pelos multilateralismos político e econômico-comercial é a permanência, a continuidade dos interesses, do perfil e dos objetivos do país e a sua utilização do campo de atuação em favor de mudanças que favoreçam os seus interesses reais. A trajetória do país deu-lhe experiência, autoridade e credibilidade como ator no plano multilateral e essas conquistas certamente consultam os interesses do país em outros âmbitos. O nosso interesse por uma participação mais intensa no Conselho de Segurança, por exemplo — idealmente um assento permanente em igualdade de condições com os cinco membros originários dessa categoria —, vem da fundação das Nações Unidas e se originou há muito da visão de que as Nações Unidas sofrem de um *gap* institucional e normativo, agravado pela crescente sub-representação do mundo em desenvolvimento no Conselho de Segurança, cuja agenda, paradoxalmente, se centra majoritariamente sobre esse mundo. O pleito — uma política de Estado que já vem durando muitos anos — é uma decorrência natural do paradigma que se construiu ao longo de décadas de atuação multilateral e serve para reforçá-lo. Pode haver — e certamente há — diferentes visões sobre como alcançar o objetivo, e é legítima a preocupação, por exemplo, com que a opinião pública ou alguns dos nossos parceiros possam equivocadamente pensar que a política externa e em particular a diplomacia presidencial, instrumento tão útil no mundo contemporâneo, possam se subordinar exclusivamente a esse objetivo e tê-lo como prioridade absoluta. Mas o objetivo é indiscutível e permanente. Renunciar a ele teria custos — o primeiro deles o custo em frustração próprio de toda resignação a lutar por uma situação melhor.

Ao consolidar o multilateralismo político e econômico como paradigmas da sua atuação externa, o Brasil o fez assumindo uma identidade reivindicatória e reformista. A nossa atuação nesses paradigmas espelha em certa medida a dominante nas nossas relações com os países hegemônicos: não há e não deve haver nem conformismo nem subserviência, como não há nem deve haver confrontação ou conflitos estéreis. Os três paradigmas — o das relações assimétricas, o do multilateralismo político e o do multilateralismo econômico — são tributários de uma visão de mundo pragmática e engajada, impulsionada por interesses reais de um país que se transformou (de uma economia primária e confinada a uma economia diversificada e globalizada; de uma sociedade fechada e atrasada a uma sociedade democrática, aberta e pujante) e por isso passou a ter maior interesse

A ESCOLA DA LIDERANÇA 267

no mundo exterior. Por essas razões, esses paradigmas duram no tempo e costumam se sustentar em um amplo consenso nacional. Com eles, o Brasil preserva espaços de atuação e de interlocução importantes para defender os seus interesses.

O PARADIGMA SUL-AMERICANO E O DO MERCOSUL

Outro paradigma que estamos acabando de construir ainda nos nossos dias são as relações com a América do Sul, a partir de uma concepção do continente como um espaço diferenciado com uma vocação própria de integração regional e de atuação internacional.

Essa construção do paradigma sul-americano começou há muito, justamente com um perfeito exemplo de política de Estado forjada no Império e continuada pela República, a das nossas exitosas negociações de limites — submeter diferendos territoriais em que tivéssemos segurança jurídica a arbitragem internacional, deixando para negociações bilaterais aqueles que se baseassem em outros argumentos, como o *uti possidetis de facto*.

O peso do caráter estatal dessa política é ainda mais notável quando se recorda que a República quis inovar, preferindo ignorar o compromisso de arbitragem firmado pelo Império em 7 de setembro de 1889 com a Argentina em torno da questão de Palmas ou Missões e privilegiando uma negociação bilateral direta que dividia ao meio o território em disputa. O próprio chanceler do governo provisório, Quintino Bocaiúva, se daria conta do erro, instando o Congresso a não aprovar o tratado assinado com Buenos Aires e retomando a arbitragem com que se havia comprometido o Império e que nos daria em 1895 o ganho integral do território.

Foi a solidez dessa política de Estado — que demorou alguns lustros para consolidar-se e teve no início vacilações e titubeios (de que é exemplo a lenta maturação do conceito de *uti possidetis de facto* em contraposição ao *de jure*) — o que garantiu que concluíssemos com pleno êxito e duradoura segurança jurídica as negociações para definir todas as fronteiras com os nossos vizinhos, no que certamente constitui o maior patrimônio legado pela diplomacia brasileira ao país.[12] Foi o que nos abriu o caminho para construir as relações com cada vizinho, em particular a Argentina, e para começar o lento e seguro processo da nossa própria integração na América do Sul.

O que hoje constitui uma das mais altas prioridades da diplomacia brasileira contemporânea culmina um longo e paulatino processo de aproximação bilateral com os países vizinhos, em etapas que começam com as primeiras grandes trocas de visitas presidenciais com a Argentina (Roca/Campos Sales em 1899 e 1900; Justo e Getúlio, em 1933 e 1935) e com as primeiras obras de interconexão física (a ponte Uruguaiana-Paso de los Libres, em 1947, a ponte da Amizade, em 1959). A renovação por que passaram as relações bilaterais com quase todos os vizinhos sul-americanos foi possível porque não nos restou nenhuma hipoteca territorial, cujo potencial nocivo é amplamente conhecido e vivido ainda hoje no continente, nas relações entre países com diferendos territoriais ou fronteiriços. Apesar de problemas tópicos em algumas das relações sul-americanas do Brasil, continua válido o axioma segundo o qual temos com os nossos vizinhos relações melhores e mais densas do que muitos deles entre si, apesar dos laços históricos, culturais e linguísticos que os unem.

---

[12] Creio que a obra mais fundamental e ainda insuperada sobre a nossa diplomacia de fronteiras é a de Sinésio Sampaio Goes, *Navegantes, bandeirantes, diplomatas. Um ensaio sobre a formação das fronteiras do Brasil*. São Paulo, Martins Fontes, 1999.

A ESCOLA DA LIDERANÇA

Forjado à base de uma rede de relações bilaterais de qualidade e densidade com os nossos vizinhos, esse paradigma sul-americano ganhou assim uma nova dimensão, a multilateral, que valoriza e projeta a identidade regional e internacional própria de um verdadeiro continente (não esqueçamos que a América, como novo continente, surgiu na cosmografia ocidental identificada apenas à porção sul do hemisfério).[13]

Esse processo foi ganhando cada vez maior intensidade, quase sempre marcado por algum acordo ou tratado importante que ia sinalizando as diferentes etapas de evolução (os acordos de Roboré com a Bolívia, em 1958, o Tratado da Bacia do Prata em 1967, o Tratado de Cooperação Amazônica em 1978, o Acordo Tripartite sobre Itaipu e Corpus em 1979, os acordos de integração e construção da confiança com a Argentina no final dos anos 1980, o Tratado de Assunção em 1991 e o Protocolo de Ouro Preto em 1994).

Foi a sustentação e ampliação paulatina desse trabalho de aproximação com todos e cada um dos países sul-americanos, como políticas de Estado, o que acabou por consagrar um novo paradigma diplomático brasileiro, que alcançou uma etapa nova com a primeira cúpula de chefes de Estado sul-americanos em Brasília, em 2000, o processo de lançamento da Comunidade Sul-Americana de Nações, com a cúpula de Cusco, em 2004, com a assunção, pela América do Sul, de um papel de interlocutor regional internacional com a cúpula América do Sul-Países

---

[13] Cf. Edmundo O'Gorman, *La invención de América*, México, Fondo de Cultura Económica (Colección Tierra Firme), 1977. É talvez a obra mais importante sobre o processo de intelecção do Novo Mundo pela cultura ocidental e traz uma análise detalhada do processo de identificação da América como um novo continente, imprevisto na cosmografia. Em uma etapa desse processo, a América do Sul é que é claramente identificada como outro continente, enquanto pairavam dúvidas sobre a parte setentrional das terras encontradas por Colombo e outros exploradores.

Árabes, em maio de 2005, e a cúpula África-América do Sul, em novembro de 2006, e, finalmente, com a assinatura do acordo constitutivo da Unasul em 2008.

É bem verdade que essa nova inserção internacional e a atividade diplomática e política que gera exigem um cuidado redobrado.

Primeiro, para que não substitua a dimensão da nossa própria rede de relações bilaterais — dentro e fora do continente —, construída ao longo de décadas, sob o risco de nos vermos confrontados a uma contrapartida ou um engajamento muito matizados, sob a forma complexa de um *mínimo denominador comum* (os países tenderão a responder à política sul-americana do Brasil procurando preservar todos os seus espaços de manobra, o que pode acabar resultando em uma espécie de permanente tentativa de nivelamento por baixo), combinado com tentativas de promover interesses específicos desvinculados do interesse geral da iniciativa, enquanto as expectativas e solicitações virão como um somatório ou um *máximo múltiplo comum* (os países apresentarão as suas reivindicações em forma absoluta, somando-as às dos demais sócios).

Segundo, porque a multilateralização de uma rede de relações bilaterais acabará sempre implicando, direta ou indiretamente, algum tipo de renúncia à soberania, ainda que sob formas tênues, na medida em que as iniciativas ou reações dos países passem a ser conjuntas, condicionando a liberdade e a capacidade de iniciativa e de atuação ou resposta da nossa própria diplomacia. Seria preciso, pois, saber exatamente até que ponto existe disposição concreta de abrir mão de parcelas mais ou menos importantes de soberania ou liberdade de ação para dar conteúdo concreto à dimensão multilateral (intra e inter-regional) aplicada ao nosso paradigma sul-americano.

Essas preocupações, contudo, não invalidam de forma alguma essa dimensão nova de um paradigma que já ganhou força a par-

A ESCOLA DA LIDERANÇA   271

tir da teia de relações bilaterais do Brasil com os seus vizinhos; apenas mostram a importância de se preservarem os espaços de manobra e os interesses especificamente bilaterais do Brasil, de forma não excludente. Ter presente as contradições naturais entre a abordagem bilateralista e multilateralista (ou regional) das relações do Brasil com os seus parceiros, especialmente no mundo em desenvolvimento, levando em conta as nossas limitações de recursos e de poder, constitui, portanto, uma cautela produtiva no planejamento e execução da política externa brasileira.

O próprio Mercosul, por outro lado, se converteria em um paradigma com força própria, uma espécie de derivação que provém a um tempo, sem contudo com eles confudir-se, do paradigma da relação com a Argentina, por um lado, e do paradigma sul-americano, por outro. Construído a partir do processo de integração acelerado com a Argentina no final dos anos 1980, o Mercosul foi erigido em política de Estado e, apesar das vicissitudes próprias de todo processo de integração sub-regional (em especial entre países em desenvolvimento de tamanhos e poder nacional variados), acabou gerando um espaço próprio de atuação da nossa diplomacia política e econômico-comercial e funcionando como um elemento adicional definidor da nossa identidade internacional. A sua projeção externa, na forma de negociações com países individuais ou blocos de países, consolidou a sua personalidade e reforçou a sua identidade como paradigma.

AS ESCOLAS DA DIPLOMACIA BRASILEIRA

Um subproduto dos paradigmas na nossa diplomacia é a conformação, ao longo do tempo, de uma "escola diplomática" derivada da atuação em torno de cada um desses eixos. Essa é, aliás, a "prova dos nove" da existência de um verdadeiro paradigma em política externa: que a sua conformação, a partir de uma iniciativa e da construção de uma política de Estado com duração no tempo, acabe por ser um espaço/tempo de formação de diplomatas que se especializam de certa forma naquele tema ou acabam formando a sua personalidade funcional e a sua visão do mundo e da diplomacia brasileira a partir das sensibilidades desenvolvidas com o tratamento daquele tema.

A "escola do Prata" evoluiria com a construção do paradigma sul-americano e da relação especial com a Argenina: diplomatas que se formaram nas lides das relações bilaterais com os nossos principais vizinhos e que desenvolveram uma experiência e uma sensibilidade aguçadas em função da familiaridade com as especificidades, nuances e delicadezas desses relacionamentos. A América do Sul, em particular a Argentina e os demais países da bacia do Prata, ajudaram a forjar a grande escola de bilateralistas da diplomacia brasileira, uma escola que se beneficiou sempre, também, da experiência desenvolvida no domínio da outra grande relação bilateral do Brasil — com os EUA — e que agora se aperfeiçoa nas lides com os outros poucos parceiros-chave da nossa rede de relações bilaterais em todo o mundo.

Da mesma forma que a bacia do Prata, no século XIX, constituía um paradigma e formava os grandes diplomatas e estadistas do Império, naquilo que ficou tradicionalmente conhecido como "a escola do Prata", o multilateralismo político constituiu o segundo grande eixo formador dos nossos diplomatas, abrindo-lhes ao mesmo tempo as portas do mundo e obrigando-os a aperfeiçoar a diplomacia parlamentar, uma das grandes marcas da diplomacia do século XX, com o consequente desenvolvimento de uma sensibilidade multilateral e de um *know-how* negociador em foros políticos da família das Nações Unidas e nas suas grandes conferências internacionais, aí incluídas as primeiras Unctad, as Conferências sobre o Direito do Mar, em especial a III Conferência, e as grandes conferências temáticas das Nações Unidas nas décadas de 1970, 1980 e 1990 (por exemplo, sobre meio ambiente, direitos humanos, desenvolvimento humano, desarmamento etc.).

O multilateralismo econômico, primeiro no Gatt e depois na sua sucedânea OMC, também se erigiu em verdadeira escola da diplomacia brasileira, formando gerações de diplomatas que mais tarde derivaram a sua experiência também para os foros negociadores inter-regionais (Alca, Mercosul-União Europeia). Dessa escola, aliás, e não por acaso, saíram os últimos chanceleres brasileiros oriundos da carreira diplomática (Antônio Azeredo da Silveira, Ramiro Saraiva Guerreiro, Celso Amorim e Luiz Felipe Lampreia foram representantes permanentes em Genebra antes de assumir o ministério; Rubens Ricupero, igualmente representante permanente em Genebra, foi ministro da Fazenda, e outro chanceler de fora da carreira, Celso Lafer, também foi representante permanente em Genebra antes de assumir a cadeira de Rio Branco).

A integração regional, com o Mercosul à frente, responde pela mais recente escola da diplomacia brasileira e vem formando, a partir do final dos anos 1980, um grande número de diplomatas que aliam a dimensão multilateral regional ao imperativo da sensibilidade do bilateralismo do Prata para poderem mover-se.

Falta ainda à diplomacia brasileira consolidar o paradigma das suas políticas africana, árabe e asiática para que eles também possam gerar, de forma sustentada, escolas de diplomacia, a exemplo do que alguns países com grande experiência nessas regiões têm desde há muitas décadas. Não temos entre nós, como na França (em que o Quai d'Orsay tem uma carreira vinculada às línguas orientais), a tradição de uma diplomacia que se especializa regionalmente como resposta a um imperativo dos interesses nacionais. Mas já temos acumulado experiência suficiente para a abertura de algum espaço para que isso se desenvolva. Não nos falta sequer o patrimônio de comunidades expressivas de origem árabe, chinesa, coreana ou japonesa, que facilitam essa especialização (sem que esse patrimônio substitua outros imperativos ligados à especialização, a começar pelo volume dos interesses envolvidos e a intensidade da relação). Mas não há dúvida de que, quando a África, os países árabes ou a Ásia se firmarem como verdadeiros paradigmas da nossa diplomacia, a exemplo do que é a América do Sul (e levou tempo para isso), a formação dos nossos diplomatas se beneficiará também das escolas que inevitavelmente tenderão a se consolidar em torno desses eixos, os quais, por sua vez, em um movimento de retroalimentação, se beneficiarão desse avanço institucional.

PARADIGMAS E LIDERANÇA

Que relação têm os paradigmas com o aprendizado da liderança?

Os paradigmas são, a meu ver, condição necessária, embora não suficiente, para entrar numa equação relativa à capacidade e disposição de um país para exercer algum tipo de liderança. A liderança, na verdade, só ocorre em relação a algum paradigma, a algum eixo em torno do qual girem uma parcela importante da política externa e portanto uma parcela igualmente importante dos interesses de um país. Não há liderança fora de um paradigma, seja ele o multilateral político, o multilateral econômico, o regional, o sub-regional ou mesmo o da relação com um país especial, em relação ao qual pode-se estabelecer uma relação de liderança.

Ter bem claros os paradigmas-dogma, os paradigmas atuais e os paradigmas em formação em uma diplomacia é portanto condição essencial para que o diplomata avalie se, quando e em que condições e circunstâncias exercer ou buscar uma liderança, que será sempre, de qualquer maneira, referida a um ou mais desses paradigmas.

A ESCOLA DA LIDERANÇA

Entretanto, é sempre útil ter presente que, se é verdade que a liderança pode ajudar a reforçar um paradigma, ela não é necessariamente exigida para a sua conformação ou o seu bom funcionamento. No caso de um país como o Brasil, a lição que nos ensina a nossa história diplomática é que, ocasionalmente, exercemos uma liderança suave que nos ajudou a promover os nossos interesses dentro da linha de um paradigma, ou mesmo a consolidar um desses paradigmas; mas houve momentos em que afastar qualquer veleidade de liderança foi fundamental para que o paradigma se firmasse e que o interesse nacional, em última análise, fosse bem atendido. Nenhum exemplo de paradigma ilustra melhor essa visão de mundo e essa extrema profissionalização da nossa diplomacia do que o paradigma das relações com a Argentina.

E como não há liderança sem aprendizado, é claro que a política externa brasileira se tem beneficiado muito das escolas de diplomacia que os seus paradigmas têm gerado ao longo de décadas. Foram elas que desenvolveram a sensibilidade profissional, a autoridade e a respeitabilidade que hão de servir sempre para que o Brasil continue a se beneficiar desse privilégio dado a poucos países: ter uma diplomacia experiente, profissional e com um sentido claro do Estado a que serve e da história que ajuda a construir.

Sobre o autor

Sérgio França Danese (São Paulo, 1954), diplomata de carreira, foi aluno do antigo Colégio de Aplicação da Universidade de São Paulo (1966-72), formou-se em Letras Modernas pela mesma universidade em 1976, cursou pós-graduação em Letras Ibero-Americanas na Universidade Nacional Autônoma do México (1977-79) e graduou-se em 1981 pelo Instituto Rio Branco, onde obteve o Prêmio Rio Branco. No Brasil, foi assessor do chefe do Departamento das Américas do Itamaraty (1981-85), assessor da Assessoria Diplomática da Presidência da República (1985-87), assessor do secretário-geral das Relações Exteriores (1992-93), porta-voz do ministro do Meio Ambiente (1993-94), assessor especial e porta-voz do ministro da Fazenda (1994) e conselheiro político e porta-voz do ministro das Relações Exteriores (1995-98). No exterior, foi secretário das embaixadas em Washington (1987-90) e no México (1990-92), conselheiro político em Paris (1998-2000), ministro-conselheiro em Buenos Aires (2000-05) e embaixador na Argélia (2005-09). Foi professor de História Diplomática do Brasil (1982-87 e 1994-96) e de Política Externa Brasileira Contemporânea (1993-96) no Instituto Rio Branco. É autor de *Diplomacia presidencial* (História e Política Externa Brasileira, Topbooks, 1999), *A sombra do meio-*

dia (romance, Topbooks, 2003) e *A história verdadeira do Pássaro-Dodô* (ficção infanto-juvenil, Saraiva, 1998, prêmio Fundação Nacional do Livro Infanto-Juvenil 1993). É casado com Angela Tisani França Danese e tem dois filhos, Marcos e Lucas.

Este livro foi composto na tipologia Sabon,
em corpo 11,5/16, e impresso em papel off-white 80g/m²
no Sistema Cameron da Divisão Gráfica
da Distribuidora Record.

Seja um Leitor Preferencial Record
e receba informações sobre nossos lançamentos.
Escreva para
RP Record
Caixa Postal 23.052
Rio de Janeiro, RJ – CEP 20922-970
dando seu nome e endereço
e tenha acesso a nossas ofertas especiais.

Válido somente no Brasil.

Ou visite a nossa *home page*:
http://www.record.com.br